供应链仓储管理实战

可复制的40个策略与方法

史鹏飞 ◎ 著

化学工业出版社

·北京·

内容简介

《供应链仓储管理实战：可复制的 40 个策略与方法》是一本全面、系统的仓储管理实战指南，旨在帮助读者掌握仓储管理的核心知识和技能，提升仓储效率并有效控制仓储成本。全书分为仓库规划、仓内流程管理、仓内基本管理、仓内成本管控、上下游协同管理、管理制度与考核制度及仓内组织建设七个方面共 40 个策略与方法，深入浅出地阐述了仓储管理的相关知识，为仓储管理人员提供了一套完整的管理框架和实战策略，助力企业实现仓储管理的升级和优化。

本书不仅适合仓储管理人员阅读，也可作为物流、供应链管理等相关专业的学习参考资料。

图书在版编目（CIP）数据

供应链仓储管理实战：可复制的 40 个策略与方法 / 史鹏飞著. -- 北京：化学工业出版社，2024. 10.
ISBN 978-7-122-46056-1

Ⅰ. F253

中国国家版本馆 CIP 数据核字第 2024LC1296 号

责任编辑：夏明慧　刘　丹　　　版式设计：溢思视觉设计／程超
责任校对：宋　夏　　　　　　　　封面设计：仙境设计

出版发行：化学工业出版社
　　　　　（北京市东城区青年湖南街 13 号　邮政编码 100011）
印　　装：三河市双峰印刷装订有限公司
710mm×1000mm　1/16　印张 16½　字数 276 千字
2024 年 10 月北京第 1 版第 1 次印刷

购书咨询：010-64518888　　　售后服务：010-64518899
网　　址：http://www.cip.com.cn
凡购买本书，如有缺损质量问题，本社销售中心负责调换。

定　　价：88.00 元　　　　　　　　　　　版权所有　违者必究

前言

笔者在物流这个行业工作了十几年,从一个初出茅庐的学生成长为现如今的"业务骨干经理"。我在物流仓储的一线工作过,也做过仓储规划和管理;在小型的第三方物流公司和国内一线的物流企业都有过工作经历。相对驳杂的经历,让我对物流这个行业有一些自己的想法,也一直想做一些系统性的总结和整理。恰好这个阶段出版界的编辑找到我,希望能够合作一本书,以帮助想要在供应链仓储方面学习精进的朋友。于是一拍即合,就有了这本《供应链仓储管理实战:可复制的 40 个策略与方法》。

这本书是我对实践到的、观察到的、学习到的关于仓储管理策略与方法的知识总结及提炼,包含了大量的规划思路和管理方法论。读者朋友们可以像套公式一样代入自己仓库的实际情况及数据,以完善自己的仓储管理体系。

为了方便读者朋友们学习,让大家读起来不过于枯燥,我通过"老史"和"佟伟"这两个人物的对话,把仓库建设和管理的关键点通过提问的方式引出来,再通过对问题的回答,给出解决思路和方法,让大家更容易抓住关键点,掌握核心内容。

为什么给这本书取名叫《供应链仓储管理实战:可复制的 40 个策略与方法》呢?因为本书是从实战的角度出发,通过老史的指导,新晋仓储经理佟伟完成了从 0 到 1 的仓库建设、流程梳理、规则制定、机制建立、团队组建的全过程,共包含 40 个仓储管理的策略与方法。本书通过这个全过程的实战演练,展示了仓储管理中的重点和难点。全书共包括七篇笔记，分别从七个角度给出塑造仓库运营能力的整体框架。每篇笔记下又细分若干个主题，给出具体的管理方法，共 40 个仓储管理策略与方法。对于想要学习仓储管理理论，并想将理论应用于实践的读者来说，我认为本书是能够提供一定帮助的。

供应链有五大职能，物流是其中之一。物流串联起实物在供应链中的各个节点，通过不同的方式，承载着实物的流转，满足客户需求，实现供应链价值提升。仓库作为物流的枢纽站，对实物流转起到承上启下的作用，仓储管理的效率会直接影响整个物流链条的效率，进而也会影响整条供应链的运转效率。所以，当我们处于仓储管理者的岗位时，不断地研究仓储管理的方法，提升仓储管理效率是非常有必要的。

物流是一个重视实践的行业，对一线操作不了解的管理者，是很难做好规划和管理的。只有具备了一定的实践基础，才能真正地理解物流，才能知道管理和规划的具体内容是什么。初入此行的新朋友，则要付出更多的努力在实践上。

重视实践，但也不要掉进实践的陷阱中去。在物流行业，实践是绝大部分人正在做的事情，因此，这个行业里不缺"实践专家"。但是很多人也陷在实践中，既不能抬眼看行业，也不能俯身看全产业链，视界相对狭窄，思维固化，故不能成为行业的引领者。因此，学习物流供应链的朋友，在积累实践经验的同时，也要不断地补充理论知识，打开眼界，建立全链思维。

在阅读本书时，希望大家能够结合自己的实践，将这七篇笔记共 40 个仓储管理策略与方法有效地消化吸收，形成真正属于自己的仓储管理知识体系。

本书关键词：

供应链：供应链是以核心企业为枢纽，通过需求、计划、采购、生产及物流五大职能在资金流、信息流和实物流上的强交互，由供需链条形成的一个协作共同体。

物流：顾名思义，物流就是物体或者叫货物的流动，是将商品从生产者运送到消费者手中的过程。

仓库：仓库是物流体系的重要基础设施，承担货物的存储、作业和管理工作。

仓储管理：以仓库为基础，对货物进行管理，解决货物在时间维度的位移需求。

全链思维：以供应链全链作为思考的基本逻辑，考虑的是全链的利益、效率和安全。

著者

目 录

笔记一　仓库规划　　　　　　　　　　　　　　　　　001

　　一、仓库选址：怎样选一个好仓库　　　　　　　　002

　　二、仓内布局规划：如何划分功能区　　　　　　　012

　　三、仓内设备配置规划：如何合理地配置设备　　　017

　　四、库位规划：如何配置库位　　　　　　　　　　024

笔记二　仓内流程管理　　　　　　　　　　　　　　031

　　五、收货流程：如何放心地收货　　　　　　　　　032

　　六、分拣单打印流程：信息究竟有多重要　　　　　039

　　七、分拣及打包流程：仓库里的重头戏　　　　　　045

　　八、出库交接流程：货在仓中的最后一站　　　　　053

　　九、订单拦截及订单取消流程：订单下错了怎么办？　056

　　十、逆向退货流程：不想要了怎么办？　　　　　　062

　　十一、仓内盘点流程：仓里库存知多少　　　　　　067

笔记三　仓内基本管理　　077

十二、6S 管理：怎样让仓库更整洁　　078

十三、客户需求档案管理：客户的要求是什么　　083

十四、设备及物料管理：物资应该怎么用？　　090

十五、包装管理规范：货物要怎么包　　099

十六、货物码放规范：如何码放最安全　　106

十七、装卸及搬运管理制度：仓内的货物空间位移　　114

十八、峰值期生产管理：怎样保障大促　　120

十九、仓储管理中的会议制度：怎样把会开明白　　129

笔记四　仓内成本管控　　137

二十、仓内人力成本管控：精打细算地用人　　138

二十一、仓内物料使用管控：精打细算地用料　　143

二十二、仓内节能管理：精打细算地用电　　149

二十三、仓内场地使用的管理：精打细算地用场地　　155

二十四、仓内商品报损管控：不随便放弃　　161

笔记五　上下游协同管理　　169

二十五、全链协同的第一关键点：信息化建设　　170

二十六、关键信息协同：库存、周转率、动销数据的同步　　176

二十七、流程协同机制：实现全链目标　　182

二十八、座谈会机制：协同部门的意见交互机制　　187

二十九、异常订单协同机制：降低异常损失　　192

笔记六　管理制度与考核制度　　199

三十、基本管理制度：仓储管理的基本法　　200

三十一、绩效考核制度：激发员工的原动力　　206

三十二、奖惩制度：物质和文化的推动力　　211

三十三、安全生产制度：仓内风险管控体系的建立　　216

笔记七　仓内组织建设　　223

三十四、组织架构规划：仓内组织建设的骨架　　224

三十五、岗位配置规划：仓内的力量来源　　228

三十六、岗位手册编制：工作红宝书　　233

三十七、组织文化建设：仓内组织的软实力　　238

三十八、新员工培训：新生力量的成长之路　　242

三十九、员工成长培训：仓内力量的成长之路　　245

四十、员工晋升通道：仓库员工的职业发展之路　　250

结语　　254

引子

佟伟是星辉公司新上任的仓储经理,负责星辉公司自营仓库的建设和管理工作。但佟伟多年来在星辉公司负责的都是采购类工作,对于如何建设仓库、如何管理仓库并没有太多的经验。于是,佟伟找到好友老史,希望作为物流咨询专家的老史能够给予自己一些切实的建议和指导。

老史听了佟伟的需求,决定从七个大的角度出发,介绍仓储管理的 40 个关键点,帮助佟伟更快更好地提升仓库建设和管理的实战能力。对于这七个角度的 40 个关键点,老史将其命名为《供应链仓储管理实战:可复制的 40 个策略与方法》,故事从这里开始。

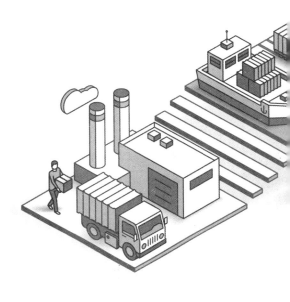

笔记一

仓库规划

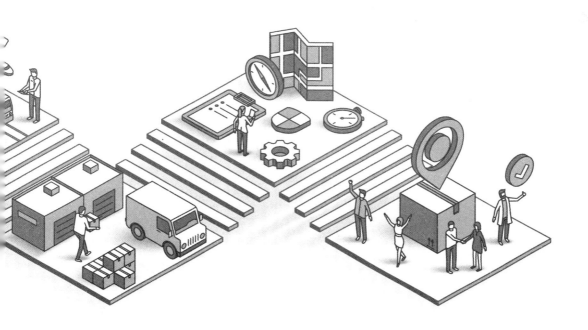

一、仓库选址：怎样选一个好仓库

对于新的工作，佟伟确实不知道从何入手，更不要说如何管理仓库了，最大的问题是现在公司连仓库都没有。于是，他开门见山，向老史一一提出自己的问题。

老史静静地听完，总结道："你们公司让你组织仓储管理部，建设一个自营仓库体系，但你不知道从哪儿开始，也不知道如何管理，更不晓得有什么细节，对吧？"

"没错。"佟伟点头。

"仓储管理好做也不好做，总共就是几大块，但细节特别多。我从仓储管理的实务角度给你梳理要做的工作吧！"

"首先，要做仓储管理，要组织仓储管理部，你必须先有一个仓库。这一点我想你没有意见吧？"

佟伟点点头说："没有意见，我也正为这件事情烦恼呢。"

老史笑眯眯地说："那好，我问你，找仓库，也就是仓库选址，它的核心是什么？"

佟伟摇了摇头，表示不知道。

老史认真地说道："你记住，仓库选址的核心是仓库画像，这是一切选址工作的核心。你要知道，要找的是什么样的仓库，它要满足什么条件，然后才需要考虑仓库资源、价格等方面的因素。"

佟伟若有所悟地点点头。

"下面我仔细地介绍仓库选址的主要工作，你仔细听。"老史说道。

做仓库选址的第一步，并不是冲出去四处寻找仓库，而是要做好**仓库画像，这是仓库选址的核心**。只有知道目标仓库需要满足哪些条件，才能更高效地进行下一步的选址工作。

（一）仓库需求分析

为了做好仓库画像，找准需求点，**必须要做四个方面的分析，也就是业务特性分析、业务量分析、服务标准分析及成本预期分析**。这四项分析可以比较全面地描述业务需求，那么针对业务特点的仓库需求也就分析出来了。

1. 业务特性分析

分析业务特性是要搞明白仓库里需要存储什么类型的产品，有什么特点，对仓储环境有什么要求，由此确认仓库的大体性质，例如是否需要冷藏、冷冻、恒湿及层高要求等。这些内容都从业务特性中来，在这个大的角度上将仓库的选址范围缩小。

2. 业务量分析

业务量分析在选址中尤为重要，选址过程中的重要指标——场地面积，便直接由业务量决定。仓库中的库存备货量、周转周期决定了仓库的存储面积有多大。平均出入库货量决定了出入库区及暂存区的面积。分拣订单的多少、操作的流程决定了生产场地的大小。再加上设备存放区域、办公区等辅助区域的面积，就是这个仓库的面积需求。

对于业务量的分析，还要具有一定的前探性，将未来3～5年的业务增长预期计算在内，以避免临时增加库房面积产生高昂的临时用仓成本，以及临时扩充面积带来的工作不顺畅，影响仓内运营。业务量分析的主旨是，要保证仓库的面积够用又不浪费。

3. 服务标准分析

服务标准决定了仓内的操作规范，以及与目标市场的距离。客户的要求越多，仓内的操作就越多，面积就需要扩大。客户对时效的要求越高，仓库与目标市场的距离就必须越近。所以，在仓库选址的过程中，服务标准分析是不可或缺的。

4. 成本预期分析

成本预期是企业比较关注的一个方面，建设一个仓库需要建设费用，后期的运营费用、管理成本、货物风险等，都需要考虑在内。

对于仓库来说，最主要的成本就是仓租费用，可以通过业务画像，在市场上找位置、面积等条件相仿的仓库作为参考。仓租费用在市面上相对透明，评估也最容易。**比较难评估的是仓库的物业情况，前期接触难以看出实际服务水平，但是对于后面的运营又比较重要。**服务不好的物业，会给仓库带来很多额外的支出，让仓库的负责人耗费很多精力，耽误生产，这些费用都是运营期才能体现的隐性成本。所以，在做选址时，相关人员对目标仓库的物业情况要做调查，掌握一些实际情况。

成本预期分析可以为企业提供建设仓库的资源投入参考，评估自身的资源投入风险。同时，这也是仓储经理与高层博弈，取得资源支持的重要数据项。

（二）构建仓库画像

通过前面的分析，就可以掌握业务的基本信息，从而把业务需求列出来，再针对需求逐一构建仓库画像。构建仓库画像，大体可以从以下九个方面入手。

1. 仓库面积

仓库面积是仓库选址时需要考虑的最基本要素。确定**仓库面积的第一原则是够用**，不仅够现在用，还要够未来一定周期内使用。第二原则是**不浪费**，每增加一平方米的面积，企业在仓租上都要多投入一部分成本，超出实际需求的仓库面积对企业来说是一种负担。

2. 温层要求

从温度控制的角度，仓库可以分为常温仓、冷藏仓、冷冻仓、深冻仓、恒温仓、保温仓等。根据业务需求的不同，企业判断需要选择哪个类型的仓库。**不同温层的仓库在成本上有很大区别，选错温层不但会影响运营，而且会影响仓租成本。**

3. 层高要求

仓库的建设，根据其设计的不同，层高各有区别。理论上，层高越高，仓库内可用空间也就越大。足够的高度，还可以支持建设高层的自动化立体库，提高仓内效率。所以，**对于层高的要求，通常给出的都是最低层高的数据。**

4. 卸货平台要求

卸货平台是仓库的一项重要设施，对于经常进出大件、整托货物及重货等不便于搬运货物的仓库来说，卸货平台可以很好地提高效率，让货物更顺畅地由车内过渡到库房或者由库房装载到车辆上，而无须转换搬运设备。

5. 库外场地要求

库外场地主要指的是供来往车辆暂时停靠、排队、行驶、转向所需的场地空间。对于吞吐量比较大的仓库，来往车辆数量多，场地就会要求更大一些。

6.出入口要求

仓库的出入口决定着仓库的吞吐阈值，也决定着仓内操作线路的布局。所以，企业需要按日常吞吐货量来分析对出入口的要求。同时，要关注仓内的操作路线是否对出入口有特别的要求。

7.地面承压能力要求

仓内地面是否进行了硬化处理？单位面积的承重能力是多少？这些对于需要存储重货和使用较大型叉车、立体库等机械设备的仓库而言，是必须考虑的参数。这样可以避免地面无法承载仓内操作，产生损坏，影响运营，产生风险。

8.物业要求

物业要求是在仓库硬件条件之外的服务性条件，也是仓库选址中比较容易被忽视的一个方面。但物业的服务能力对仓库运营会产生很大的影响，在仓库选址中不可忽视。

9.其他要求

其他要求包含一些相对小众的需求，例如无菌仓、恒湿仓等，都可以在这个模块里体现。

（三）圈定仓库位置

有了仓库画像，就知道目标仓库长什么样子了。接下来是要看在哪里能找到这样的仓库，如何圈定仓库的位置。圈定仓库位置，需要从三个层次去考虑。

1.服务区域的圈定

第一个层次是圈定服务区域，也就是这个仓库要服务哪些目标市场。例如星辉的仓库主要服务华东市场，辐射全国。那么其主要的目标市场无疑是华东区域，选择仓库时的第一层级定位就要定在华东。但是华东区域太大了，江浙沪加上安徽都能算华东，仓库具体建在哪里呢？这就需要第二个层次的定位。

2.核心目标市场的圈定

第二个层次的定位，需要在数据上再做细化，找到目标区域内的核心目标市场。还用华东举例，在华东这么大的区域里，订单量不是均匀分布的，哪几个点最集中，得把它们找出来。然后以这些点为端点，通过画线的方式确定哪些位置到达这些点的距离最短。这些位置就是仓库的理想目标区域。这个阶段，目标区域的范围已经很小了，仅通过业务数据分析已经不能再做下一层次的定位了，而是需要仓库选址者**实地考察，真正地寻找合适的仓源，这就涉及**第三个层次的圈定。

3. 实际仓源的圈定

实际仓源的圈定，需要在这些目标区域实地寻找，将合适的仓源记录备案，做好档案留存。没有合适的仓源，也可以对当地仓源的情况做记录，便于以后使用，但是在本次的仓库选址中，就要将其剔除出去。

（四）仓库寻源的影响因素

在做实际的寻仓工作的时候，除了关注仓库本身的条件，仓库所处的环境也需要关注。这里的环境不单单指自然环境，还包括政策环境、人文环境等。有以下几个关键点需要关注。

1. 政策环境

当地的政策是非常关键的一个要点，对仓库是否能真正在当地建立起来，有至关重要的影响。这里的政策包括法律法规信息、区域发展规划、城市建设规划、营商政策、环境及环保政策、交通运输管理政策。这些政策信息的收集和分析，是为了帮助我们明确仓源地是不是支持业务开展，有没有哪些阻碍和风险点。

例如，城市规划会指明未来五年到二十年城市的建设方向。我们从这里就能看出所选的仓源在不在城市的规划范围内、属于哪种类型的规划、有没有拆迁的风险，如果有，大概多长时间会遇到。这样再计算投入和产出，是否能有充足的时间做到平衡就会更有依据，避免刚刚投入大量的资源建设的仓库没多久就被拆掉了。

再比如环保政策，这是对很多特殊产业有致命影响的政策类型。**如果所经营的业务与环保政策存在冲突，多半是难以持续经营的。** 营商环境、区域发展规划，都是这个道理。所以，了解当地的政策，可以说是仓库选址的大前提，也是由中国的国情决定的。

2.地质环境

对于想长期使用的仓库来说，仓库用地的地质条件是需要关注的。现实中的很多库房都不是专业团队建设的，而是由厂房改建，甚至是居民自建。这些仓库的地质条件各异，很多都有地质风险。没有经过详尽的调研，选择了这类有风险的库房，长期使用就会让问题逐渐显现。地质条件主要是看地质结构是什么样的，有没有地震或是塌陷的风险；地质成分是什么样的，有没有沉降的风险；有没有地下水脉，对库房湿度是否会产生较大影响。

3.地形环境

仓源的地形环境包括仓库所在地是不是低洼地，有没有积水的风险；是不是高坡地区，车辆进出，尤其是大型车辆进出有没有困难，有没有滑坡的风险；是否在山脚，有没有落石的风险等。如果涉及地形方面的风险，需要提前评估到位。

4.自然环境

仓库周边的自然环境包括是住宅区还是林地，周边有没有河流，等等。这样可以判断有没有扰民的风险，失盗的风险高不高，有没有火情隐患，有没有内涝风险，这些都需要一一考虑和评估到位。

5.人文环境

人文环境包括当地的民风民俗，有没有特别需要注意的情况，选址前要对当地的民风民俗做一些了解。

这些细节虽然很难体现在公司的财务数据里，不能直接降本，但是如果疏忽，对于仓库的建设和运营都会产生很大的影响。对于仓源信息的收集，确实是一件非常重要的事。

（五）仓库寻源方法

圈定了仓库的目标区域，要实地寻找仓源，有四种常用的方法。

1.线上寻源

线上寻源就是通过互联网寻找仓源，有很多专门发布租仓和求租信息的专业网站可以使用。此外，一些信息类网站也是可以找到仓源信息的。

2. 线下寻源

通过三级定位，其实目标区域的范围已经不算大了，可以直接到线下寻找合适的仓源。仓库一般集中分布的比较多，可以直接到这些地方去找。

3. 中介寻源

市面上有很多做仓库中介工作的人，这些从业者长期在一个区域内收集仓库信息，对区域内的仓源非常熟悉，可以通过他们寻找合适的仓库，不过需要支付中介费用。

4. 渠道寻源

渠道寻源是指通过自身的朋友圈子和周边人的圈子来寻找仓源。渠道寻源有一个问题，即如果寻源的仓储经理和佟伟一样，没有这个行业的从业经历，那么可能自有人脉比较少，效果就不理想了。**在这种情况下，可以采用有奖寻仓的形式来拓展渠道。** 对于提供优质仓源信息者，不管是企业内部还是外部人员，在成功签约使用后，均可予以奖励。

（六）仓源评定方法

仓库的选择对于企业来说是一项重要资本投入，需要考虑全面，不能仅由寻源部门、使用部门或老板这些相关部门及负责人做一言独断的决策。最好是能够组织企业内的相关部门集体评测，依据评测结果再做决策。

这种多部门关键人参与决策的方法就叫专家评测法，在多仓源中确定最终仓源的情境下，这是最常用的方法，也是相对稳妥的办法。

专家评测法就是在企业内部的各相关部门中挑选合适的人选组成专家团队。 如果有条件，也可以聘请外部专家，一般情况下，企业内部组成专家团队即可。然后对各个仓源的各项参数进行打分，将分数与对应的权重相乘，得出最后分数。全部分数相加，得分最高的就是最适合的仓源。

通过专家评测法来确定仓源，还需要准备一样工具，就是**仓源综合评估表**（表1-1）。**在表中将调查仓源的各类信息加以展示**，并在打分板块将关注的信息给予对应的权重。在评测前，寻源人还需要对各个仓源进行简述，并回答专家的问题。然后各专家对信息进行评判，在仓源综合评估表上打分。

仓源综合评估表可以分为四个部分。

第一部分是仓源的基本信息，通过基本信息可以快速对仓源有一定的了解，建立基本框架。

表 1-1　仓源综合评估表

基本信息项					
仓源编号		仓库名称		业主信息	
仓库地址		建筑时间		承建单位	
硬性评估项（本评估项中有一项不通过，此仓源即淘汰）					
序号	评估项	是否契合	不契合内容	是否可调整	调整方案	是否通过
1	法律法规					
2	区域发展规划					
3	城市建设规划					
4	环保政策					
5	营商环境及政策					
6	交通运输管理政策					
技术性评估项						
序号	评估项	技术指标	实际指数	契合度	权重系数	最终分数
1	地质结构条件					
2	地质成分条件					
3	地下水脉条件					
4	地形环境					
5	是否有污染企业					
6	自然环境条件					
7	民情环境条件					
8	仓库基本情况					
9	仓库面积（建筑面积）					
10	仓库面积（使用面积）					
11	仓库高度					
12	建筑结构					
13	地面承重					
14	墙面抗压					
15	防雨防潮能力					
16	卸货平台					
17	温层设置					
18	冻库温度					
19	冷库温度					
20	高温库温度					
21	库外场地面积					
22	库外场地格局					
23	库外场地地面硬化					
24	出入库口设置					
25	租金					
26	租期					
27	租金上浮比例					
28	租金上浮周期					
29	资质文件					
30	物业服务					
31	临靠主要公路					
32	临靠机场					
33	临靠码头					
综合性评论						

第二部分是对硬性评估条件的判断，这一部分的内容是决定仓源是否可用的前提，如果在硬性评估条件中有一条最后评估是不能通过的，那么就要废弃这个仓源，不再作为备选仓源参与评估。

第三部分是技术性评估项，也就是将对仓源关注的各项指标进行契合度评估，再和权重系数进行加权，最后得出总的评估分数，与其他仓源得分进行对比，得分高者，作为实际仓源使用。

第四部分是综合性结论，也就是根据上述三部分的评估信息给出最终的结论。

（七）仓源租赁

做完评测，确定了最后的仓源，就可以进入正式的商务阶段了。和业主把租赁的细节和条款确认下来，把签约流程做完，正式承租。商务合同中有几个需要关注的点。

1. 仓租

仓租是仓库租赁中最重要的一项商务条款。仓租是直接体现在仓库成本中的，所以在谈判中需要做到据理力争，争取每一分的利益。除了租金本身，在这个板块还要关注几个容易忽视的点。

- 确认租赁的面积是多少，这些面积是使用面积还是建筑面积。
- 仓外的场地能否免费使用？
- 仓租中的水电、网络、卫生等费用如何计算，要一一明确。
- 明确租金的支付方式和支付周期。

2. 仓租调整周期

租金的调整周期也是一项重要条款。一般来讲，业主不会签租金长期不变的租赁合同，都会要求一段时间后调整租金。**这里就需要在合同中明确，在什么周期调整租金，如何调整租金，调整的幅度是什么样的。**

3. 签约材料

签约材料是证明双方资质、租赁交易合作关系的前提。因此，在签约前要把签约所需的材料准备好，例如业主的产权证明、产权关系证明、双方的资质证明及仓库的具体信息材料。

4.权责条款

确认双方的权责，除了明确双方的权力和责任外，还需要明确违约责任、免责条款及纠纷处理办法等。

（八）仓源交接

将前述租赁条款明确好，租赁合同签署完成。对于仓库选址和寻源来讲，外部的工作到这里基本上就结束了。但对于内部来说，还需要进行交接，把收尾工作做好。

1.场地交接

如果寻源部门不是实际使用部门，在完成寻源选址工作后，要把场地交接给实际使用部门，包括建筑、设备、设施、场地等现场情况，进行巡视确认完成交接。

2.合约交接

和业主签订的租赁合同原件要交由资产管理、财务这些合同管理部门存档。复印件至少要有两份，一份由寻源部门备案，另一份由使用部门留存。

3.资质交接

把仓库及业主的资质文件整理齐全，交给管理部门存档，复印件由寻源部门备案，使用单位可以留存，也可以不留存。

4.关系交接

关系交接主要是和业主、物业等与后期运营相关的人员和使用部门建立联系，保证在后期运营中遇到相应的问题能够快速解决。

这几项交接工作完成后，整个仓库寻源选址的工作就算完成了。通过系统化的选址工作，选定的仓库可以最大限度地贴合业务需求，保障仓库平稳运营。

二、仓内布局规划：如何划分功能区

> "好了，现在仓库有了。那么，这个仓库你应该怎么用呢？"老史问道。
>
> "不知道。"佟伟老老实实地回答，紧接着不确定地说："该安排货进入了吧？"
>
> 老史笑着说："为时过早，仓库现在选好了，即使不需要改造便可以直接使用，也需要把仓库内的功能区规划好。"
>
> "功能区是什么意思呢？"佟伟小心地问。
>
> 老史拍拍额头，无奈地说："你的老板到底为什么要把这个部门交给你呀？"
>
> 佟伟尴尬地笑了笑。
>
> "好吧，下面我给你讲一讲怎么划分功能区。"老史无奈地说道。

仓库承租下来，通常不能原样使用，需要对仓内的场地进行规划，明确各个区域的作用。这就是仓内的布局规划，也就是功能区的划分。

仓库内的不同区域承载不同的业务活动，这些不同的区域就叫作功能区。功能区的规划，就是把已有库房内的场地区域划分好、设计好。

（一）功能区梳理

规划功能区，首先要确认的是这个仓库里需要有哪些功能区。这里有一个简单的办法，就是先把仓库的操作全流程画下来。看一看，这个流程涉及哪些板块。这些板块在仓库内很可能是一个个单独的功能区，以承载这些流程的流转。

举个例子，比如仓库内的操作是收货、暂存、上架、分拣、打包、等候出库、出库交接这样一个简单的流程，那么，你的仓库内就需要有收货区、收货暂存区、存储区、分拣区、打包区、出库暂存区和出库区，如果上架是直接上到分拣货架上，那么分拣区可以和存储区合并，但是大多数情况下可能不可行。

所以，划分功能区的第一个关键是要对仓内的流程进行梳理，知道货物从入仓到出仓交接整个过程的所有步骤和关键点。把这些都明确好，就可以从中抽丝剥茧般地找到要用到的功能区了。

（二）功能区分类

流程画完了，需要向里面匹配对应的功能区。仓内的功能区可以分为两种类型：一类是流程型功能区，另一类是辅助型功能区。所谓流程型功能区是指推进货物流转过程的功能区，是仓内的核心能力要素。

1.流程型功能区

（1）收货区

收货区是大多数仓库实际货物操作的起点，在这之前的信息传递和单据流转属于信息流，通常不涉及功能区的划分。当货物到仓后，要在一个区域里码放，收货员在这个区域对货物进行清点、检视，确认没有破损且与单据上的内容相符后，才能完成货物的入仓交接，**这个区域就是收货区，也是收货员与送货司机完成交接的区域。**

（2）收货暂存区

收货暂存区是为了承接已经完成收货，但因为种种原因还不能入仓上架的货物。如高峰期，收货速度大于上架速度的时候，或者在特殊货物需要暂存静置的情况下，都可以使用这个区域来实现暂存。

（3）存储区

存储区是仓库的核心区域，对于需要备货的品类仓而言，存储是其主要的功能。存储区储存着仓库内的绝大部分货物，仓内价值是最高的。所以，在仓库的功能区中，存储区最重要。存储区一般位于仓库的最内侧，以保证货物的安全。对于存储区，依据不同的业务类型，**还可以再做细分，例如高值区、普货区、易碎品区、危险品区等。**这可以在实际业务中灵活运用。

（4）分拣区

分拣区的货物，是为了方便订单生产而存放的，一般会做拆零处理，按照销售的最小单位码放。**拣货员按照订单，在拣货区将货物拣齐，组合成完整订单，完成拣货任务。**此外，分拣区和存储区是有互动的，当分拣区的货物不足以满足订单需求时，需要在存储区取货，补货到分拣区。

（5）复核打包区

复核打包区承接分拣区完成的订单，在此进行运输包装的打包工作。同时，在此区域要进行清单打印、箱签打印、运单打印等单据配置。在打包前，操作员还需要对分拣好的订单进行复核，确认分拣的货物是否正确，有没有多拣、少拣、错拣或者货物破损等情况。此区域主要做这三项操作，这三项操作已经接近出库环节，因此通常距离仓库出口较近。有时候，复核区和打包区也会分开规划，依业务的实际情况而定。

（6）出库暂存区

出库暂存区和收货暂存区的功能类似，都是为了下一个区域做缓冲，避免前面区域处理速度大于下一区域产生积压。区别在于，出库暂存区针对的是已完成运输包装的等待交接配送的订单货物。由于紧挨着出库交接，这个功能区一般就在仓库出口的附近，随时准备出库交接。

（7）出库区

出库区是仓库的货物出口，所有货物都需要从这里离开。接货司机或跟单员在这里和出库员进行货物交接，并获取和下游交接的单据。

以上七个功能区是仓库内的主要功能区，**是典型的流程型功能区。接下来介绍辅助型功能区**，它们虽然不直接推动货物的流转过程，但却是仓库里不可缺少的存在。

2. 辅助型功能区

（1）通道

通道是仓库里占地面积最大的一个辅助型功能区，而且是遍布整个库房的。虽然占仓库面积的体量不小，但通道是最容易被忽视的。这种往往是因为仓内管理粗放，没有对通道的面积进行计算，但是通道是实实在在的重要区域。各功能区规划得再好，如果通道规划得不好，运营也会出现问题。通道面积规划过大，则非常容易造成浪费；规划面积过小，则会造成货物设备通行不畅，影响效率。所以，规划通道时，要把仓内需要考虑的情况全部计算在内，这样才能确保面积的合理使用。

（2）办公区

办公区更多的是承载管理和信息流转两项职能，是仓库的指挥中心和信息中心。如果不是全信息化的仓库，大部分信息都是来自办公区。因此，在不影响仓内布局的情况下，大部分办公区都应尽量靠近仓库的出入口，以方便单据往来，以及处理异常情况。

（3）物料设备存放区

仓库的管理水平在很大程度上是通过仓容仓貌来体现的，这也是我们常说的仓库 6S 管理中的一部分，对于仓内的高效运转也是有必要的。所以，仓库内暂时用不到的设备，就不能在仓内随意摆放。暂时用不到的物料，也不宜到处乱放。**选择一个固定的区域，把这些暂时用不到的设备、物料统一地保存管理起来，既可以保证仓内的整洁，也可以在一定程度上提升效率**，物料也不易丢失，这样的区域就是物料设备存放区。

以上是最常见的仓库功能区，除此之外，有些仓库还需要具备退货存放区、不合格品区、报废品区、物资回收区、清洗区等不同的功能区。**理论上，功能区的类别是没有上限的**，需要依据仓库的实际业务需求规划。

了解这些功能区，再依据已经梳理规划好的仓内运转流程，仓库功能区的模块就出来了。

（三）功能区规划的影响因素

功能区布局主要受三个因素的影响。

1. 仓内流程对功能区布局的影响

仓内的操作流程通常决定了功能区的分布，相邻的两个流程模块所对应的功能区一般情况下也是相邻的。这样我们根据流程，就能大概地排出先后顺序。这个顺序应该是一条线，这条线不论是直线还是曲线都应该是顺滑的，不能是跳跃的或出现死角。这样才能**保证货物不走"回头路"**，在仓库内能够一直向前，达到最高效率。在这条线之外，再去看辅助性功能区应该如何排布。

2. 仓库结构对功能区布局的影响

仓库结构，尤其是出入口的位置，对于功能区布局有非常重要的影响。首先看仓库本身是什么格局，是不是异形仓库，有没有大型的柱子之类的障碍物。如果存在障碍物，就需要在布局时考虑到越过障碍物的线路，或者作为单独的区域使用，避免其出现在主要通道上。

出入口对功能区布局的影响会更直接一些。

例如仓库的出入口在对侧，则可以将主要的流程功能区按照直线排布，货物从入仓到出仓，走的是一条直线。有的仓库的出入口在相邻的两侧，则流程功能区的布局大概率要按照 L 形排布。出入口在同侧的，则要将功能区按照 U 形或双 U 形排布，这样才能充分地利用空间，提高运营的流畅性。

3.多线程业务对仓内布局的影响

第三个影响因素是多线程的仓内工作，仓内不会只存在一种操作流程，不同商品的操作流程大概率是不同的。相关人员在做功能区规划时，就需要在整体布局上考虑到这一方面。如果是全线流程都不相同，就需要布置完全独立的两个功能区。如果是在某些节点需要单独拆分，在某些节点需要再次合并，就需要对应地把功能区进行拆解和合并。布局方法没有变化，还是流程分析加配合现场结构去划分，只是把一条线变成多条线，或者是把一条顺滑的线变成网络形式。

功能区布局，要依照流程来规划。流程中需要设置哪些功能区，就应设置哪些功能区，这些功能区可能是"串联"的，可能是"并联"的，也可能是"半串联半并联"的。这些都不要紧，只要依照流程设置功能区就好了。

（四）功能区的面积规划

完成了功能区的布局规划，接下来就要对每个功能区的面积进行规划了。那么，怎么去计算功能区的面积呢？市面上的方法很多，也有不少先进的理念。我觉得还是**从业务本身的特点、仓库本身条件及对仓库的需求出发，去计算仓库功能区面积**。

根据业务本身对各个功能区需求的不同，我们可以对面积的规划有一个大致的方向。例如对于周转率很高的快消品，其存储区的面积占比可能稍小一些，如果是周转率很低的设备，可能存储区的面积就要大一些。**这需要从业务出发来考虑，分拣的SKU（Stock Keeping Unit，最小存货单位）数量、进出库的吞吐量、包装的数据等**，都是需要收集和分析的。

以存储区为例，假设某仓库的库存货位为A、B、C三种。其中，A商品现有库存5740件，B商品现有库存7330件，C商品现有库存1780件。A商品使用1.2平方米托板，每个托板可存放36件商品。B商品使用1平方米托板，每个托板可存放50件商品。C商品使用0.36平方米托板，每个托板可存放6件商品。那么，A商品需要托板159.4个，向上取整十，需要160个托板。由同样的计算方式可知，B商品需要托板146.6个，向上取整十，即150个托板，C商品需要300个托板。三类商品均无先入先出要求，因此可以做分类无缝堆放，在存储区划分三个品类存储区，面积分别为192平方米、150平方米和108平方米，共450平方米。按长30米、宽15米的空间计算，在三个存储区前留通道供叉车通行和操作，通道宽 3.5 米，通道面积 52.5 平方米，则该存储区至少需要 502.5 平方米。在实际操作中，还需要考虑货物进出的吞吐量，以及订单高峰期的增加值，因此仓储面积还需要有一个安全系数。

收货区的面积计算则需要考虑单位时间内的货物处理量，分拣区则需要考虑分拣的 SKU 量和订单量，这些都是关注点。

小结

功能区作为仓库中的基本结构，对于仓内的运营影响深远。不合理的仓内布局会造成仓内的流程不畅、运营混乱、仓内效率降低。因此，作为仓库的管理者，**仓储经理应该重视仓内布局的规划**，不厌其烦地分析流程，把各个环节都分析到位，再去看如何按流程划分功能区，使仓库的运营能力最大限度地释放。

三、仓内设备配置规划：如何合理地配置设备

经过上次的沟通学习，佟伟对于仓库的选址和仓内的功能区规划有了初步的认识，今天他又找到老史，继续请教仓储管理实战策略与方法。

佟伟说："仓库已经有眉目了，按照你说的方法圈定了目标区域，目标仓库也有几个了，不过还在补充。仓内的操作流程，我也梳理得差不多了，等仓库真正到位，就可以按照仓库的实际情况做最终划分。但是，我感觉仓库里是不是少点什么？"

老史听完哈哈大笑："废话，当然少东西，你把仓库定了，把库位规划完成了，不过是解决了场地的问题，想要用起来还早呢。不过你的动作也算不慢了，仓库差不多快定了，下一步动作该开始了。"

佟伟认真地说："下一步是什么？"

"仓内设备规划。"老史说道："仓库内要用的设备可不是几个托盘、几台地牛那么简单，它是仓库建设过程中一笔非常大的投入，要相当地谨慎。下面我给你讲讲仓内的设备规划怎么做。"

除了仓库本身的仓租成本、改造成本，仓库建设还有一项重要的成本支出，就是设备购置的费用。**设备的投入多属于一次性投入，投入的金额较高。**仓储经理要仔细计算仓内的需求，做好配置规划，减少浪费。

仓内设备可以分为七个大类，分别是存储设备、装卸设备、搬运设备及传输设备、分拣设备、打包设备、信息处理设备及其他设备。这些设备不一定每个仓都会用到，需要看业务情况决定使用哪些设备。**通过分析业务情况，确定仓内设备的过程，就是设备规划的内容。**

（一）存储设备

存储设备是每个仓库都会用到的设备类型。存储设备以货架为主，有非常多的类型。例如全自动的立体货架，高达几米、十几米甚至几十米的高货架，承载数吨的重型货架，最常见的中型货架，承放散货的货格架，以及旋转货架、流利货架等。每种货架的应用场景不同，有时候需要几种类型组合才能满足仓内需求。

1.全自动立体货架

全自动立体货架通过先进的系统程序，指挥自动化的进出库设备、存储设备完成存取作业，**是高度集成化的存储解决方案。**全自动立体货架的**软硬件投入是比较大的。**而且自动化立体货架一旦部署，**可变动性就很小了，**如果仓内的服务品类变动较大，货品的体积、重量和器型等经常出现变动，这就不太适合应用全自动立体货架。

因此，立体货架的规划要有充分的业务分析，并通过高层决策，不是仓储经理能够决定的。如果企业要做自动化仓库，需要从商品的标准化及货位规划开始，这是第四节会讲到的内容。

此外，货架的选择也会影响功能区的规划，在货位数量相同的情况下，立体货架和普通货架占地面积是不同的。在做功能区规划的时候，仓储经理要把这些内容考虑进去。

2.高货架

如果仓库的层高条件允许，**也可以考虑使用高货架，**高货架可以有效利用上层空间，提高仓库的使用率。但是出于安全考虑，**高货架不宜存放过重和过大的商品，**轻小商品较为适宜。

高货架的投入较大，除货架本身的投入外，还需要配合使用高位叉车，普通叉车满足不了高货架的挑高需求。高位叉车的价格相对于普通叉车要高出不少，因此，需要依据业务的实际情况，综合对比收益率，评估是否使用高货架。

3.旋转货架

旋转货架是一种新型货架，可以单层转动、多层转动、水平转动，也有垂直转动的，分拣比较便利。**货架转动，拣货线路简洁，拣货效率高，拣货时不容易出现差错。** 但旋转货架本身的投入较高，且不易拆卸，如果需要搬仓，货架装卸成本高。旋转货架也可以归为自动货架的一种形式，**需要性能比较优异的仓库管理系统的支持**，否则当商品的种类较多时，管理易出现错误。此外，旋转货架**耗电量较高**，对于仓库内的能源要求严格。

4.流利货架

流利货架是指将货物从货架的一头放入，**依靠重力或者额外加一个力，货物可以自行向前补位**，从而减少通道数量，节省成本。但问题在于，每个货架每层只能存放一种商品，当服务的商品是小批量多品种时就不太适用了。如果发生故障，中间卡顿，则会影响整条货道物品的进出。

星辉玩具公司案例

以星辉玩具公司为例，根据不同的配置，投入不同的资源，可以产生不同的效果。大体可分为三个方案。

第一个方案是效率最高的，自动化立体库+货到人系统。在资源充沛的情况下，星辉适合采用全自动化的立体货架。因为其主营业务是玩具，品类多，绝大部分的品类都是小件，如果使用立体货架，配合周转箱，可以将单个货位的空间缩小，节省存储空间。再配合货到人系统，实现全程自动化，分拣员只需在原地不动，就会有源源不断的商品自动到他们面前，他们依照订单提示选取即可。这个方案可以最大限度地降低人工使用率，节省人力成本，仓内的分拣效率也可以大幅提升。当然，全自动立体货架的一次性投入非常大，企业要想引入此类存储设备，需要做好硬件投入的准备、软件开发的准备，最重要的是要做好系统集成。只有这样，全自动立体货架才能发挥真正的价值。

第二个方案可以选择高货架+普通分拣货架的方案。这个方案相比第一种方案，前期投入要低一些，但也不算很低，尤其是高货架加上高位叉车的成本都不低。其优点在于仓库面积的利用率高，且货架寻源方便，增补易于操作。

第三个方案是采用流利货架+分拣货架的形式，同样可以提高场地的使用率。其缺点在于每个货架的单层只能是一种产品，对于体量小的货物，会产生较大的浪费。

如果业务体量没有这么大，暂时使用普通货架或地堆的形式存储批量货物，再加上轻型货架用于分拣，也不是不可以。反之，如果货量非常大，也可以采用多种货架的混合模式。在这一点上，仓储经理要分析好业务量和商品特点，要有充足的数据分析作为支撑。

存储设备是仓内的基础，把存储设备规划好，仓内的设备规划就完成了一半。

（二）装卸设备

当然，仓内设备不只是存储设备，七类重要设备中的第二类就是装卸设备。

装卸设备，顾名思义，就是用来装载和卸载的设备，主要包括叉车、吊车、升降平台等。吊车通常是户外或者大型的机械厂房用得比较多，一般库房更多的是使用叉车和升降平台。尤其是叉车，是应用最广泛的。叉车有很多种类别，不同的场景使用不同类型的叉车。

1.轻量级叉车

最轻量级的是手动液压叉车，针对的一般是500千克以下、单体体积不太大的货物。其价格便宜，操作简单。但是它需要依靠人力推动，只能算是人力装卸的一种辅助工具，机动性不强。

2.轻型叉车

比轻量级叉车高一个级别的是轻型叉车，针对1吨以下的货物，一般电动叉车在这个范围用得多一些。机动性比手动叉车强，处理的货物范围也大。

3.中型叉车

再往上是3吨以内的中型叉车，以及3吨以上的重型叉车。对于10吨以上的超重型叉车，一般消费品的库房是用不到的，多用于设备和建材装卸。

4.高位叉车

除了按起重的重量划分，叉车还有高位叉车，主要是配合高货架使用的。普通叉车的起叉高度在 2~2.5 米，高位叉车的起叉高度可以达到几十米。在自动化的立体货架中配套使用的堆垛机，可以算作高位叉车的一种。此外，还有侧位叉车，不是从叉车的正面进叉，而是从侧面进叉。对通道空间相对狭窄的仓库来说，适宜采用侧位叉车。

叉车的价格相差较大，从几万元到几十万元甚至上百万元，在仓库中是比较昂贵的资产，所以在选择叉车的时候，**要充分分析业务特点**，找到合适的款式。要对业务量做好预估，不要买多造成浪费，也不要买少影响运营。

叉车的选择，对于地面承重是有要求的，要能够承载叉车的来往行驶，以及叉载货物的状态下造成的地面压力。此外，**叉车的车长、车宽，对于通道的设计是有影响的**，尤其是要预留好进叉的空间、转弯的空间。

5.升降平台

升降平台分为两种：一种是室内用的，一般用于货架的取货。也就是货物以周转箱或小包装状态存放在超过普通人能够取到的位置时，就需要小型的升降车作为辅助工具。另一种是在车辆装卸货时需要用到的升降平台，应对的是不同高度的车辆的装卸货问题。通过升降平台的高度调整，车辆的高度能够匹配卸货平台的高度，进而完成装卸货工作。

升降平台主要视仓内的货架选择和仓外的卸货平台情况而定，不是必备的设备，费用也相对较低。

（三）搬运设备及传输设备

搬运设备及传输设备是完成仓库内货物的空间位移的辅助工具，前文讲到的叉车、吊车在一定程度上也具备短途搬运能力，只不过其主要的功能在于装卸。

1.搬运设备

搬运设备一般是指仓库内带轮子的辅助搬运设备，例如地牛、笼车、小推车，以及 AGV（Automated Guided Vehicle，自动导向车）等。除了 AGV，其他的价格相对较低，在仓库中只要保证其数量充足、质量稳定就可以了，无须投入太多的精力去评估，可以随用随买。而 AGV 是一套系统性的工程，和自动化的立体货架一样，除了硬件，还需要软件和系统集成的支持。要发挥AGV的作用，不是随便买一两台机器就可以的，需要比较大的投入，还需要解决商品标准化的问题及信息化的问题，是一项大工程。

2.传输设备

传输设备则主要是指传输机，也就是传送带。虽然叫传送带，但是可不一定全是带状的。传输机按照传输方式可以分为皮带传输机、辊筒传输机、托盘传输机、链式传输机。

皮带传输机：以各种材质的宽带子作为传输机的承载面，由于其表面没有缝隙，适合较轻的、较小的货物的传输，不易发生卷货的情况。

辊筒传输机：以圆筒作为承载面，一个个的圆筒紧密连接，通过圆筒的转动带动货物位移。辊筒传输机的辊筒之间是存在一定的缝隙的，不适合中小件商品和较轻、较软的商品的传输，容易出现卷入传输机的问题。一般情况下，辊筒传输机多用于整托货物运输或大件运输。

托盘传输机：承载面为一个个的小型托盘，此类传输机主要适合包装比较规整、体积不大的商品。

链式传输机：承载面为链式结构，主要用于整托运输或包装比较规整的大件商品。

除此之外，**按照形态又可以将传输机分为直线传输机、转角传输机、螺旋传输机、爬坡传输机**等。通过不同形态的传输机组合，可以使传输线依据场地现场的实际情况完成布局，满足生产需求。

从星辉的商品来看，如果仓内设置传输机，皮带传输机和托盘传输机是比较适合的，在分拣和包装之间的通道上使用传输机，可以减少员工的走动时间。

（四）分拣设备

分拣设备分为两种形式：第一种是人到货分拣设备；第二种是货到人分拣设备。

1.人到货分拣设备

人到货分拣，就是货物在库位上保持不动，拣货员通过路线主动到目标货物的货位上进行分拣工作的形式。

这类设备主要用于分拣工作，构成也是比较多的，例如分拣车、称重台、料箱等。其目的是帮助分拣员更快更有效地完成分拣工作。这几种设备一般用于人到货的分拣，设备价格相对较低，可以做到随用随买，只要保证其数量和质量一般不会有问题。

2.货到人分拣设备

货到人分拣是一种自动化的分拣方式，针对的就是前面讲的传输机。其通过自动化地识别目标商品所在的料箱，将料箱自动传输到被分配任务的分拣员处。分拣员将货物拣出后，料箱被传输走，完成分拣。这套系统也是自动化仓库的一部分，需要配合立体库使用。

立体库的自动化是货到人系统的起始点，如果没有立体库的自动化，货到人系统基本上是无用的。

（五）打包设备

打包设备其实可以算是一套集成系统，最基础的就是打包台。

1.打包台

打包台包含打包使用的操作台，还要有能显示商品信息的显示器，以及能够通过扫码获得商品信息的扫码枪。这两个设备是为了在打包前对商品进行再次核对，避免少货、混货、破损等情况发生。

打包台的数量取决于仓内的生产线数量。上游的分拣延伸出的传输设备或虚拟的传输线路，最终都是由打包工作台的数量决定的。打包台的数量，也是仓内生产能力的直接体现。对打包台的规划，就是依据仓内的目标生产能力来进行反推的。**在准备的时候，通常会多备出 10%～20% 的打包台**，以应对订单波动及设备故障等问题。

2.其他配套设备

包材存放处是能够让预备出来的包材有固定位置存放。最重要的是标签打印机，用来打印订单标签，以及发货用的运单。有的需要随订单给付发票，那么还需要在打包台上架设发票打印机。

（六）信息处理设备

信息处理设备在这里指的是仓库内的数据处理器、各个环节都会用到的

PDA（Personal Digital Assistant，掌上电脑），这都属于信息处理中会用到的设备。还有一个重要的信息处理设备是仓内的管理系统，对于现代化企业来说，具备仓内的信息化管理能力也是很重要的。

（七）其他设备

其他设备就是上述几种设备之外的仓内设备设施，这些设备设施多为辅助类型，不在仓内生产中使用，但是不可或缺。其他设备最主要的是消防设备、监控设备，以及照明、网络和办公设备等。

1. 消防设备、监控设备

消防设备是仓库里面必须具备的，安全无小事，一定要按照消防规定在仓库内设置消防栓、灭火器等设备。如果是存放特殊品类商品的库房，还需要配置多种灭火器。

监控设备是防盗及出现异常问题时现场取证的重要设备。在仓库内架设监控设备，应按照对角架设的原则，让仓库内无死角。同时，仓库的四周也应架设监控摄像头，对周边情况进行监控。

2. 照明、网络和办公设备等

照明、网络和办公设备应按照仓库的实际情况及人员的配备情况去核算。

小结

仓库内的设备是最直接的固定资产，是仓租以外第二笔大的支出，在这上面精打细算是非常值得的。它可以减少浪费和物资闲置，又可以避免设备备置不够造成运营效率下降，对于保证仓库内的生产能力，以及设施设备的规划能起到基础作用。

四、库位规划：如何配置库位

> 佟伟把仓内设备的内容记录整理好，问道："仓库有了，功能区划完了，设备也做完规划了，接下来可以开仓进货了吧？"

> "还不行。"老史摆摆手,"仓里的硬件都齐了,但是货进来之后怎么安置、如何摆放、什么品类放什么地方,这些要提前规划好,以便货物进入仓库后,能够快速地分类归位,能够尽快进入生产状态,避免货物堆积造成混乱,这就是库位规划。"

库位规划最主要的目的当然不是快速开仓,而是**缩短分拣行走距离,提高分拣效率**。快速开仓,只是它附加的价值。分拣工作的效率提升,对于整个仓库的生产效率提升都具有关键性的作用,因为分拣的工作量差不多占到仓内工作量的 45%~60%,是占比最高的一个工作项目。所以,在做库位规划的时候,如何**缩短分拣行走距离,是最重要的**一个方面。

(一)库位布局规划

货架或者库位如何摆放更利于分拣,需要对库位布局进行规划,以下是几种主要的库位布局类型。

1. 垂直型

垂直型是指货架摆放和分拣区的出入通道相垂直,在主通道外货架之间有子通道,分拣时需要进入各个子通道完成分拣工作。这种摆放方式,单排货架的长度更短,可以更方便地在不同货架区域活动,对于分拣不同区域的商品更为便利。但这种分布方式对于仓库面积的利用率不高,且在不同子通道间往返穿梭,形成的重复路径也较多。

2. 平行型

平行型是指货架沿着分拣区出入口通道的平行线摆放。分拣员不需要再进入子通道,可以沿着主通道或主通道的平行线进行分拣工作。这种分布方式的回头路线几乎没有,对仓库的使用率也较高。但是对于不同区域的商品分拣,灵活性有所欠缺。对于 SKU 数量较多的仓库来说,会造成拣选路径较长,降低分拣效率。

3. 综合型

综合型是上面两种形式的结合,大批量的 SKU 采用平行型摆放,少量多品的 SKU 采用垂直型摆放。这样就可以综合两种摆放方式的优点,拣选路径、面积使用率和效率都能得到最优的组合。

4.其他类型

除上面的几种类型外，还有倾斜摆放的方式。这种方式是为了加大转角度数，使叉车更方便操作。另外，还有一种是通道倾斜的方式，是为了将不同储量的存储区分开，使用较少。

对于星辉玩具来说，选择综合型或垂直型是比较合适的，因为星辉的SKU比较多，在仓库中的分布是分散的，在做订单分拣时走动的距离较长，涉及的存储区域比较多，要考虑分拣工作中的跨区分拣问题。

以上是货架摆放和库位画线的几种方法，是库位规划的第一步。选择合适的方式，可以很好地辅助分拣工作更高效地进行，也可以让仓内的操作更顺畅。

5.库位尺寸规划

除了货架摆放，库位的大小也要设计好，要符合仓内的商品特性。零散小件，用格口货架，节省面积。大件或批量货物，则需要使用大格口。格口的样式不宜过多，每种品类都做出不同的格口是不行的，因为货架成本太高，且复用率太低。将其分成几个大类，按大类去选就可以。

（二）库位分配

库位规划的核心，是货物的库位分配。 库位规划介绍的是怎么搭这个框架，房子应该盖什么样的。库位分配涉及的是房子怎么分配的问题，哪个品放到哪个货架、哪个库位上，才是规划工作的重点。库位分配可以依照以下几个规则和方式进行。

1.品类分配法

品类分配法是对货物进行基本分类，再依照分类分配库位。

第一，要区分的信息首先是要确认是不是含有生鲜产品、冷冻产品这种需要特殊存储温度的商品。有的话，单独划分出来，不能和其他商品一起规划。

第二，看有没有化学品等危化产品，其本身对存储环境有一定要求，而且会对其他货物产生危害。有的话，务必单独划分出来，不能和其他商品一起存储。

第三，要把诸如易碎品、高值品单独划分出来，在独立的场地存放，单独做库位规划，不能和其他商品一起规划。

第四，要把重货大件品类区分出来，可以和其他商品一起规划，但是要把这些商品的库位规划在货架的底层，不能过高。这样做的目的，是方便进出货分拣，最重要的是能确保安全，避免发生坠落等风险。

2.一品一位法

一品一位法就是要把相同的品类放在一个存储区域，如果分拣区和存储区是分开的，那么存储区的就是所有在库品放在一起。分拣区的则是按照规则保持最低或最高库存量。这个库存有可能占据几个库位，没有关系，只要这个品类都在一个区域里即可。相似的品类也按这个逻辑相邻存放。依此类推，直至此区域全部品类完成库位规划。

3.分区排布法

分区排布法即同样的品类按照不同的区域码放，占用不同的库位。这种规划方式的主要目的是提高分拣效率。这样订单下来后，就可以进行多线程并进分拣，尽快完成订单，而不必等到上一张订单分拣完成后才能进行下一张分拣。

4.最佳销量法

最佳销量法即按照销售量确定库位与分拣点的距离，对于销量较好的品类，把库位安排在靠近分拣起点的位置，次一级的则要排布得远一些。依此类推，销量最差的商品安排在存储区或分拣区的最内侧。这样排布的原理是，销量最好的品类，其所需分拣的次数也是最多的，将其排布在最靠近分拣起点的位置，可以有效地缩减分拣线路的总长度，提高分拣效率。反之，销量最差的品类，分拣次数少，把优质的库位分配给销量更好的品类，可以促进整体分拣线路的优化。

5.最佳销售组合法

对于绑定在一起销售的，或者客户下单的时候会把多个 SKU 一起下单的商品，应临近排布。这样做同样是为了减少分拣行走距离的长度，提高效率。

例如手机和手机壳、手机贴膜就属于最佳销售组合范围，某型号的手机和其对应的手机壳和手机贴膜同时被下单购买的概率非常高。那么，在仓里将这三个品类临近摆放，不管是在存储区还是在分拣区都要尽量在一起。这样在订单下达后，分拣员可以在一个区域内拣齐三类商品，从识别到行走路程，都是比较好的一种状态。如果这三个SKU不在一个区域，而是在不同的区域，那么分拣员首先要识别三个库位区，其次要在三个区域间穿梭，拣取货物。其用时远超临近摆放，效率不高。

6. 先进先出法

先进先出法适用于很多品类，最常见的是食品、化工制品、具有压力的产品。这些品类对于保质期的剩余时间非常重视，因为剩余时间越短，越难销售，达到一定时间后就不能再销售。因此，必须要求仓库对于生产时间在前的要优先出库，生产时间在后的后出库，这样可以保证产品的可销售性最大化。基于此，对于库位的安排就需要遵循此原则。**对于生产时间靠前的商品，要将其摆放在更有利于分拣的位置，生产时间靠后的商品，靠近货位的内侧存放**。也就是说，要保证生产日期靠前的可以优先分拣出库，做到先进先出。

另外，到货商品的批次不同，采购成本也不同，为了保证账务的一致性，也需要采用先进先出法。在库位规划的实际操作中，这两种先进先出没有什么区别。

（三）库位信息数据化

最后一个要点，也是很重要的一个方面，即库位信息数据化。什么是库位信息数据化？就是将规划好的库位、设计好的储位、分配好的商品等信息做好编码，再将编码和库位一一对应，做好标识，以方便查找。

这么做的目的很简单，**几种类型的信息交叉在一起，数据量非常大，单单依靠人脑记忆是不现实的**。那么，不管是传统的管理台账，还是现在普遍使用的仓储管理系统，只要是想要应用，就需要把这些信息数据化，才能清晰、简洁地进行统计和应用。所以，在完成规划等相关的几项工作后，一定要将信息数据化，以方便管理。

信息数据化最简单的方式就是编码，按照库区、货架、库位等信息对每个库位进行编码。

1. 库区数据化示例

举个例子，甲仓库一共有A、B、C、D四个库区，分别存放常温品、冷藏品、冷冻品和恒温品。其中，存放常温品的A库区共有18个货架，按照垂直方式排列，共有3排6列，每个货架共5层，每层4个库位，不考虑库位内商品顺序，我们就可以按照一种简单的方式对其进行编码。

库区，我们就按照A、B、C、D四个字母来标识，那么常温库的编码就是A。先定位货架的排数，一共3排货架，我们用01、02、03标识，那么就有A01、A02、A03三个排位编码。然后再去定位列，每排有6列，那我们用a、b、c、d、e、f来分别标识，就获得了18个货架编码，即A01a~A03f。通过排和列的两个标识数据，就可以定位到某一个货架。接下来就是定位层数，一共5层，用01、02、03、04、05来标识，就可以得到80个层编码，即A01a01~A03f05。最后要标记定位的是库位，每层4个，就用1、2、3、4来标识，得出320个库位编码，即A01a011~A03f054，如果考虑到商品码放的顺序，就需要再加一层编码数据。这里我就不举例子了，理解意思就可以。这是非常简单的一个编码逻辑，在实际中会遇到更复杂的情况，要考虑的信息可能会更多。

2.编码标识

编码完成了，还要将其制作成标识签或标识牌，在每个库位上真真实实地标记上，让分拣员可以快速地找到，并能清晰核对。除此之外，编码不能仅仅在库位上标识，单单这一个编码是没有意义的，**要在台账中一一记录，和对应的SKU做匹配**。这样当订单下来时，就可以调取这些对应关系，分拣单就出来了。分拣员拿着分拣单，找到对应库区、对应排、对应列、对应层、对应库位拣取就可以了，这就是标识的作用。

当然，依靠手工的方式，效率还是低的，现在绝大多数仓库都已经开始使用系统管理，**这种对应关系要在系统中进行映射**。订单下达后，在系统中自动分配，效率就更高了。

完成这一步，库位规划的工作就算简单地完成了，就可以安排货物进仓了。货物进仓后，按预定库位快速分配，能够以最快的速度开始运营，可以节省时间。

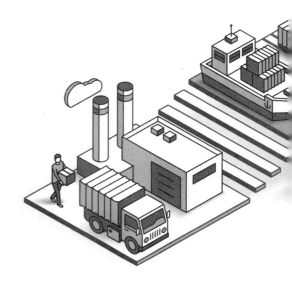

笔记二 仓内流程管理

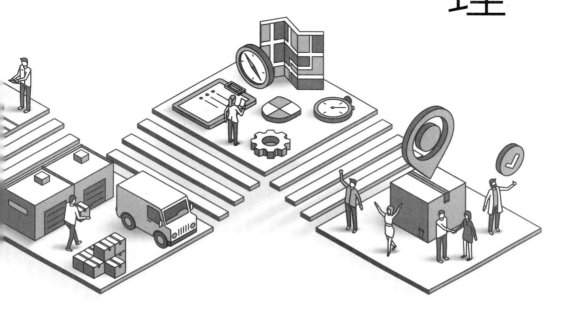

五、收货流程：如何放心地收货

"万事万物皆有其道，道就是运行的规律。"老史看着佟伟说道，"仓库的管理工作也不例外，也有道要遵循。而仓库里的道，就是一个个的流程，这是仓储管理的根本。"

佟伟一边记录，一边疑惑地说道："为了做仓内的规划，我已经将仓内流程梳理了好几遍，和你说的仓内流程有什么不一样吗？"

老史笑道："一样，也不一样。一样是因为确实都是仓内流程，而区别在于你梳理的叫作流程环节，将这些环节展开，去看具体应该做什么，才是真正的仓内流程。"

佟伟点头，表示明白了。

老史继续说："仓内流程梳理得清晰简洁，仓内操作才能严谨高效，才能形成竞争力。通过流程来提升仓内效率，实现道者则胜之。"

佟伟向前翻了翻笔记，说道："也就是说，要将我梳理的仓内操作环节展开，细化为具体的操作流程。那么，第一个应该是收货的环节。"

老史说道："不错，正是收货的流程。下面给你讲一讲这一流程都有什么要点。"

收货流程是仓库实际运营的第一步，在仓内全流程中处于第一个节点。其重要的作用在于和上游的供应商或生产环节，完成货物的实际交割。货权和风险，交由仓库负责。对于仓库来说，流程从这里开始，责任也从这里开始。这一项工作流程，关系着仓内的风险，是第一道关口，责任重大。

收货流程看起来简单，不过是对货物的交割，但要想做好，还有许多细节工作，这项工作做好，能最大限度地提升效率、降低风险。

（一）收货预约

不管是传统的仓库还是现代的仓库，**货物到仓都不是收货流程的起始点，真正的起始点应该是收货预约**。正所谓："实物未到，信息先行。"本次要送过来入仓的是什么？数量有多少？什么时间到？这些信息都需要在货物到达前就确认好。

只有确认了这些信息，仓库才能明确要准备多少货位，要在什么区域准备货位，要在什么时间准备货位，收货区的场地需要预留多少，人员配备多少，物资物料如何匹配，等等。有了预案，当实际货物到仓后，才能更快速、高效地完成收货入仓上架流程，有效避免临时调配所产生的资源浪费和降低时间成本。

收货预约的流程，涉及多个部门，是一个多方确认的过程。

以供应商送货为例，首先是采购员向供应商发起采购订单，供应商接到订单后调取自己的库存信息，核算可出货时间。然后，将时间反馈给采购员，采购员确认出货时间可行，采购订单确认，货期确认。临近出货时间，供应商按照预计送货时间，在仓库可接货时间段内进行预约。仓库收到预约信息，向采购员确认订单情况，获取订单信息，随后盘点库位资源，确认可送货，反馈给供应商。供应商收到预约成功的消息后，安排配送。

到这里，收货预约的工作才算完成，其中涉及采购员、仓库和供应商三个角色，信息在三个角色间彼此确认，确保无误。

生产部门的收货预约也是同样的道理，差别就是其中的角色变了。送货和预约的主体由供应商转变为生产车间，确认信息由采购变成生产计划。虽然角色有所变化，但信息传递和多方确认的关键是没有改变的。

有了预约信息，仓库就可以进行收货计划的安排，提前准备对应的货位和需要的设备资源等。这样货物到仓后，整个收货的流程就会更加顺畅。

（二）现场信息核对

收货预约完成，货物到仓后，需要对到货信息进行验证，避免货物交接出现错误。

一是要确认车辆信息。 要核对到仓车辆的信息和预约信息是否相符。如车辆信息不符，要及时和司机确认送货信息，和采购员及供应商核实信息，是否存在车辆改派。确认车辆信息后，才能进行收货验收等动作，避免认错车辆、卸错货。

二是要确认封签信息。 这里需要确认的有两个信息：一个是封签的完整性，确认在运输途中封签没有破损、开封，确保货物安全；另一个是要核对封签号，封签号是封签的标识号码，具有一定的唯一性，可以此确认封签是不是原备案封签，中途是否有调包替换的行为。

封签对于保证货物在途运输的安全，是一个不错的方案，避免在中途被人调包、偷拿。这类问题主要在贵重物品、小件物品，以及长途运输的货物中出现。对于厂内收货的仓库，不太容易出现此类情况，所以可以不采用封签制度。

三是要确认单据信息。这里同样需要确认两点：**第一点是单据上的商品信息和预约信息是否一致**，如有差异，需要和采购、供应商确认。**第二点是要验证单据是否齐全**，是否符合收货标准，需要的资格证书、检测报告等是否齐全。如果是生产部门送货的厂内物流，同样需要单据齐全、信息准确，差别在于单据的类型有所不同。

四是要确认仓内库位准备情况。经过前三个方面信息的确认，这批货物确定是预约收货的货物，那么仓库内是否准备完毕也需要进行确认，避免收货完毕，无法进入库内，造成收货区拥堵。

经过四个方面信息的确认，基本可以确定到仓货物信息没有问题，可以收货入库了，正式进入实物的操作阶段。

（三）卸货管理

卸货管理是货物进行验收的必备环节，是一个看似简单，但容易造成混乱的环节。因此，要对卸货环节进行统一的管理，避免送货司机随意卸货，造成混乱。

1. 车辆排号管理

在大型仓库，车辆来往非常频繁。如果没有有效的管理手段，任由车辆随意停靠装卸货物，很快就会造成车辆拥堵，影响进出货效率。

为了防止这种情况的发生，首先需要对仓外场地进行合理的规划，停车场、进出场路线、排队区、卸货停车区、出货停车区，都要一一规划明白。**车辆进场后，要按照规划区域进行作业，禁止私自随意停靠。**

此外，就是对于秩序的管理，让车辆进出有序，装卸货有计划进行。**对此，最常用的做法就是排队叫号。**车辆到仓完成确认后，在登记员处领取排号，在停车场静候叫号。叫号员在收货区完成验收，准备入库时，安排对应车辆进入排队区。车辆进入排队区后，按照队列顺序进入卸货区或装货区，等待交接货物。

2.指定月台

指定月台同样是为了避免司机随意停靠，产生车辆和货物拥堵造成混乱。仓内收货应有一定的计划，哪个月台的货物已清空，可以接待下一批货物，哪个月台已经有了预约的卸货车辆，在仓内应该是有规划的，不能仅凭看到有空闲月台，就让车辆停靠过去，而是**应在指定月台卸货**。

指定月台可以配合车辆排号使用，在叫号时将预计的月台同步出来，让车辆直接到对应月台的排队区排队等候。

3.指定载具

指定载具也是为了避免混乱。月台上的卸货区域通常不是隔离的，而是相通的，载具很容易被拖来拖去地交叉使用，造成正在卸货的没有载具，富余的载具在角落里闲置。

仓内应提供充足的载具供卸货使用，同时指定载具的使用者禁止随意乱拿乱用。如果载具确实不够用，可以向收货员申请增加，但不能私到其他卸货平台取用。

4.指定规则

卸货规则就是对卸货这项作业的具体要求，为了使收货工作更顺畅，所有的卸货方都需要按照统一的仓内要求进行卸货，具体可以包括以下几方面。

① 同类产品，集中码放，按照每层相同的数量进行码托。
② 非同类商品，但外形近似的，需相互隔开，不混放。
③ 商品标签及商品信息向外码放，方便辨认及扫码。
④ 托盘码放，要关注牢固性，且货物边角不超出托盘边角。
⑤ 遵循基本的重不压轻、大不压小、零散货物不填空原则。

除此之外，仓库管理者需要按照自己仓库的特点，以及所处理货物的特点，制定卸货规则。

5.单货匹配原则

完成卸货及码托等工作，最后需要将对应的单据和货物相匹配，以便收货时能够快速找到货物，进行核对。

仓库的实物操作大多是在其内部完成的，只有两个和外界产生交互的环节，一个是收货环节，另一个是出货环节。这两个看似简单的环节，其实蕴藏的是仓库和外界对接的运行逻辑。要想让仓内的工作顺畅高效，需要合作伙伴按照一定的规则操作。所以,在这两个环节把规则制定好、把工作做细,是很有必要的。

(四)验货管理

验货是收货环节的核心。收货环节是把货物所有权及责任风险和上游做交割的节点,而真正完成这一交割动作的环节就是验货。

验货分为三种方式,分别是免检验收、抽检验收和全检验收。这三种方式代表着三种对于供应商的合作状态,取决于仓库对供应商的信任程度。

1. 免检验收

免检验收是对供应商的最高信任,对于到仓货物,仅对数量进行核对,对外包装进行检验,两者都没有问题的直接入仓。这种收货方式可以极大地提升收货效率,就算是大批量的货物,也可以快速完成收货工作。

但免检验收也不是无本之木,除了供应商长期的供货表现积累的信誉度,关于入仓后产生异常货物的处理机制也是重要的保障之一。**只有在双方认可的处理机制的保障下,才能顺利地执行免检验收。**

2. 抽检验收

抽检验收是最常见的验收方式,即按照一定的比例,在货物中进行抽样检查。按照抽样产品的合格比例,评估整批产品是否符合收货的标准。**在批量较大的货物和低货值商品中,这是最常见的一种验收方式。**

3. 全检验收

全检验收是指对到货的每一件商品,都要按照验收要求进行检验。 这种验收方式可以很好地规避不良品入仓,但是检验耗时,会花费很大的人力、物力,并不经常用于仓库收货工作,主要是涉及高值小批量商品,如高端电子产品、珠宝、红木家具等,或者是针对信誉值过低的供应商,在淘汰观察期采用此种验收方式。

例如星辉公司的仓库的收货,主要对接的是自己的生产部门,上游供应商提供的原材料,以及代工厂生产的成品。那么,就可以按照这三种情况划分,如果是生产车间自己生产的,需要仓库和车间制定一个机制,如需不需要仓库做二次验收。因为在出车间前,肯定是有合格检验机制的。在交货的时候，也会有相关的合格证交到仓库。

这种内部关系最好采用免检交接的形式，对于不良品可以建立相关机制，提高效率。对于外部供应商，不管是原材料供应商还是成品的代工厂，都要按照供应商本身的能力和信誉去确认验收机制。可以联动采购部门，建立一个供应商评测机制，给优质供应商提供一些便利条件。

（五）单据交接

单据交接的流程很重要，在货物完成验收后，收货员要在送货单上签字或盖章，以确认货物收到。供应商需要以此作为财务结款的依据。司机或配送员则需要将货物相关的资质文件转交给收货员备案。

到这里，收货对外的部分正式结束，接下来的动作属于仓库内部的管理工作。验货是确认货物是否能够收货入仓的关键，单据交接则是针对这种判断给出凭证，是双方对此判断予以认可的体现。

（六）货物入库上架

货物完成验收、单据交接，对于供应商而言就算是完成任务了，货权和责任已经完成了转移。但对于仓库来讲，还没有完成收货工作，还需要将货物收入仓内，完成上架工作。

货物入库的关键在于前面收货预约中的库位预留。如果库位预留没有问题，则将货物搬运到预留库区。随后，按照不同的品类、不同的SKU或其他的分类规则，将货物放到对应的库位，入库上架的工作就算完成了。

入库上架方式分为两种：一种是收货员自行入库上架，这种形式不需要交接，收货员直接操作即可；另一种是如果收货工作比较繁忙，收货员无法兼顾入库上架工作，那么就需要将其单独拆分出来。此时，就出现了收货员和入库员之间的交接环节，此环节无须对货物做二次验收，直接交接运走即可。但需要对信息进行交接，明确货物预占库位情况，能够让入库员将货物准确入库、准确上架。

（七）信息录入

实际的货物完成了收货工作，但在系统中还没有记录，和仓库的整体库存还没有进行融合，需要在系统中录入收货的信息，更改库存数据，绑定库位和供应商关系等信息。这些信息完成录入，才能使货物和仓内库存融为一体，在销售和出库时才能准确提供货物的在库信息。

（八）拒收流程

完成以上七项工作，货物的收货工作就完成了，再依照不同仓库的实际情况去做更多的细化即可。除收货的七步流程，拒收流程也是必要的一项。

仓库收货时，不可能所有的货物全部符合收货标准，这是不现实的，总会出现这样或那样的问题。拒收类型可以分为单品拒收、SKU拒收、批量拒收、整单拒收和整车拒收。

不同的拒收类型对应着问题商品的范围，同时对应着仓内处理权限，相应的流程也有所不同。

举例来说，对于单品拒收，除了个别重要品类，收货员可以直接操作，无须发起审批。但在操作后需要将信息同步采购员，以便确认是否需要供应商补发。

SKU拒收则需要仓储经理审批，确认确实需要拒收后才能操作拒收。同样，操作后**需要将信息同步采购员，明确是否需要补发**。

对于批量拒收，除了仓储经理审批，还需要对应的采购员审批。确认后，才能操作拒收。**对于整单拒收和整车拒收**，建议在采购侧需要由负责人审批，甚至由**公司高层审批，确认风险可控后**，才能操作。

不管是哪种类型的拒收，在完成操作后，都需要在原有的收货预约上做数据修改或备注，使拒收动作留痕，以便在后期有针对性地分析原因，予以改善，同时其也可以作为对供应商的一项考核。

小结

综上所述，收货过程信息类环节有两项，分别是收货预约和信息录入。实物操作有五项，分别是现场信息核对、卸货管理、验货管理、单据交接及货物入库上架。逆向流程有一个，即拒收流程。这些是收货工作的流程框架，依照此框架，再结合仓内的实际情况，就可以总结出一套系统的收货流程。

六、分拣单打印流程：信息究竟有多重要

老史拿过一张分拣单，对佟伟说："入库流程讲完了，下面是分拣单打印流程。"

佟伟不解地问道："分拣单打印还需要流程吗？不是从系统里直接打印就可以吗？"

老史摇摇头，说道："你说的那叫分拣单打印，而不是分拣单打印流程。分拣单打印流程关系到订单信息，是否能进入仓内的实际运营层面。你说订单信息有多重要？"

佟伟老实地答道："要多重要有多重要。"

"对了。"老史笑着说："就是要多重要有多重要。分拣单打印流程，就是为了给这件重要的事情保驾护航。流程主要分为四个部分，一是分拣单制作，属于信息部分；二是分拣单的制作形式，是一单一打，还是多单联打；三是打印顺序，是按时间打印、按波次打印还是按什么规则打印；四是分拣单打印出来后如何分配任务、如何领取分拣单。"

佟伟皱眉说道："听起来还是挺复杂的。"

老史说道："是的，仓储管理中没有哪个环节是非常单一的，都是有其内在逻辑的。下面给你一一展开讲。"

（一）分拣单制作

分拣单制作是分拣单打印流程的第一步，整个流程中要打印出来的就是在这个环节制作出来的单据。分拣单是分拣单打印流程的操作基础，所以要保证其在对应时间内快速制作完成，并保证信息的准确性。

1.分拣单信息

分拣单信息有两个来源：首先是上游的订单信息；其次是仓内的分拣线路。它承接的是上游订单信息中的商品信息，包括商品名称、商品型号、商品SKU编码、数量等。这些内容的作用是便于核对信息，方便确认商品。这里面SKU编码是最重要的信息，因为只有SKU编码是最小类别商品的唯一编码。仓库

内就是依靠这一信息去匹配对应的仓内数据，找到最重要的库位信息。

在仓内，同一个 SKU 编码的商品，除了数量和生产批次不同，其他信息和参数均是相同的。对于客户而言，选择哪个发给他都是可以的，并没有区别。

前面的库位规划中提到过，每一个库位都需要和库位内的商品做绑定，绑定的就是 SKU 编码，以便分拣到、找到货、拣出货。

2.分拣线路

分拣线路也是分拣单上的重要信息，但和基本信息不同。一般情况下，分拣线路不是直接体现在分拣单上的，而是通过分拣顺序的形式展示。在系统化的仓库，系统会依据货物的库位信息，安排分拣的先后顺序。分拣员按照这个顺序实施分拣动作，理论上这就是此次分拣动作的最佳路线。如果没有系统的支持，依靠手工计算也是同样的道理。否则，会造成分拣效率的大幅下降，如果是新员工，可能根本没法按时完成分拣工作。

也不是所有的分拣单上都只是通过库位顺序的形式展现分拣线路。在一些仓库，新员工较多的情况下，也可在分拣单上体现线路图。不过这种分拣单的制作更为复杂，不是哪个仓库都能做到的，但内在逻辑是一样的。

像星辉公司就可以采用普通分拣单的形式，仓库不算太大，还是以批量出库为主，员工能够快速熟悉。

（二）分拣单的制作形式

分拣单的制作形式，是依据分拣方式而定的。主流的分拣方式有两种：第一种是**摘果式**，也就是一张订单拣到底，不管有多少 SKU，只有完成此单的全部商品分拣，才会进行下一单的分拣工作。第二种是**播种式分拣**，是指多张订单先形成一个总的分拣单，每种 SKU 进行数量合并。分拣时将每种 SKU 都分拣完毕，再根据订单中 SKU 的种类做二次分拣，完成订单拣货。

从这两种分拣方式来看，分拣单制作形式有很大区别。摘果式的分拣单制作相对简单，将订单上的商品信息和仓内的库位信息做匹配，就可以形成可使用的分拣单。分拣员根据分拣单，就可以完成订单的分拣任务。

播种式分拣单就要复杂一些，要将分拣动作拆成两个环节，对相对应的分拣单也要进行组合和拆分，形成两个环节使用的分拣单。

播种式分拣单的第一部分信息，也是需要包括商品名称等基本信息的，区别在于数量是多笔订单的总和。第二部分信息实际上可以由送货单代替，展示订单维度的商品信息，完成播种分拣。

除此之外，还有一种分区分拣，是在播种式分拣的基础上再做划分。按照不同的品类区域，将一张分拣单划分成多个部分。所有区域的品类全部分拣完毕后，再采用播种分拣的第二段，合成最终的订单。

制作分拣单的目的无疑是辅助分拣工作，所以其形式必须和分拣的方式相符，否则无法发挥其辅助的作用。要注意，不只是分拣单，绝大部分的单据以及所有的系统化功能，都是因实际业务而存在的。其内在的逻辑必须和业务逻辑相符，否则就和不匹配分拣方式的分拣单一样，没有用处。

（三）打印顺序

分拣单打印顺序主要遵循两个大的逻辑：**一是按照订单下达的时间顺序，逐一打印；二是按照一定的时间阶段，波次打印**。至于说仓库内选择哪种，主要看仓内的订单多寡、出库量的多少。

如果仓库面积不大，订单量也不大，完全可以采用逐单打印的形式，有订单下达立即安排打印、分拣工作。这样可以及时完成订单生产，随时可以发出，能够保证时效。

如果仓内面积很大，且订单量较大，此时就不适宜采用逐单打印的形式。因为一单单打印，采用的分拣形式必然是摘果式分拣法。这对于规模较大和订单量较大的仓库来说，过于浪费时间，重复路线太多。因此，这种情况通常会采用波次分拣，也就是积累一定时间的订单，然后将订单合并，采用播种式分拣法分拣。相应地，分拣单打印也就是在一定的时间内波次打印。

以上是主要的两种打印顺序，但是难免会有插队的情况出现。在这种情况下，就需要在原有顺序中单独摘出来需要打印的订单。通常插队的订单分为两种情况：第一种是加急订单，这类订单因为某些原因，不能按原有顺序排队打印生产，只好提前打印生产；第二种是单品批量订单，即某个单品或某几个单品，虽然品类不多，但是单品的量非常大，已经足以支撑一次分拣任务了。此时，就没必要再按顺序等待打印，可以直接进行打印分拣。

还有一种是延迟的订单，也不能按原有顺序生产。这种延迟的订单已经下达到仓库了，但由于某些原因，客户要延迟收货，或者业务侧要延迟送货。这种订单不需要立刻分拣生产，需要等待指令或等待时间，那么此时订单就需要暂停，从原有顺序中剔除出来。

最后一种是取消订单，即客户原因或企业自身的原因，订单不再进行履约。此类订单需要从分拣任务中去除，分拣单也就不需要在原有顺序中留存了。

（四）分拣单分配

分拣单打印完毕，要落实到实际的分拣工作中，还需要把分拣单分配下去。按仓内的实际情况，可以按两种形式分配分拣单。

第一种是派单。分拣单打印完成后，通过管理者指派的形式，把分拣任务分派下去。分拣员是被动地接受任务，将派发的任务逐一完成即可，派单形式的主动权在仓储管理者手中。这适用于订单操作难度差异较大、耗时差别大、新员工占比较大的仓库。通过派单模式，可以全盘考虑仓内情况，按照一定的规则，推动仓内订单完成。对于派单的公平性，则需要从全局的角度做出调整，在规则上兼顾公平和扶持两方面。

其缺点在于仓内员工的选择权小，基本上是被动地接受任务，本身**自主能动性不足**。同时，订单等候时长较长，对于效率提升的推动作用较弱。

第二种是抢单。也就是当一份分拣单完成后，会释放到一个公共的池子里，符合条件的分拣员都可以参与抢单。这里的抢单资格可以依据仓内情况进行设定。例如已完成上一个分拣单的闲时分拣员可以参与抢单，或者符合一定级别的分拣员可以参与抢单，等等。

抢单还涉及一个规则——确认规则，也就是当一个分拣单被多个分拣员抢单时，如何判断应该将此分拣单分配给谁。这个规则的设定，同样要考虑到公平性和仓内的实际运营情况。

抢单模式可以增强员工的参与感，提高员工的自主性，对于提高工作效率具有一定的推动作用。

但是**抢单模式的缺点**也很明显，当订单量足够且难易差距较大时，较难处理的分拣单**会出现无人抢单的窘境**，分拣员挑单的情况会不可避免地出现。对于多区协同的分拣单，很难做到协同并进。此外，会出现分拣员为了多做几单，而对当下的分拣单敷衍了事，工作不细致的情况。这无法保证仓内的操作质量，存在一定的风险。

这两种形式完全不同，甚至是相反的。派单模式是一种强中央弱地方的形式，对单据处理中心的能力要求较高，能够明确每一个分拣单的特点，能够了解承接业务的分拣员的能力。所以，在选择分配方式时**要评估单据处理中心的能力**。此外，**派单形式的控制力比较强**，对于分拣工作复杂、分拣员差距较大的仓库较为适宜。我们可以从这两点去评估，是否适合采用派单形式。

对于星辉的新库来说，采用派单形式是合适的。初期仓库订单量不大，单据处理中心完全可以处理，而且新人较多，其能力差距较大，采用这种方式能够更好地把控质量。

抢单的形式是一种弱中央强地方的形式。分拣单放到池子里，单据处理中心也不知道最终由谁来操作。为了避免任务完全失控，就需要设定完善的规则来保证服务质量在可接受的范围内。规则应该至少包括抢单资格规则、任务确认规则、超时未落分拣单转派单规则、分拣单验收规则和奖惩规则。

（五）抢单规则制定

1.抢单资格规则

抢单资格规则，就是要在所有的分拣员中去圈定，谁能够抢这单分拣任务。一般看两点，**第一点是否为闲时**，也就是分拣员现在是否有时间处理此单，或者在规定的时间内是否有时间处理此单。如果没有，那么就不具备抢单资格。

第二点是看分拣员是否达到级别，分拣员是否有能力处理此单。这种情况适用于仓内分拣单处理难度差别较大，并非所有的分拣员都可以操作所有分拣单的情况。那么就需要对分拣单和分拣员进行分级，级别匹配才能参与抢单，否则不具备抢单资格。

2.任务确认规则

任务确认规则即明确由谁来作为最终的任务执行者。首先，参与抢单的分拣员都必须具有抢单资格，分拣单落在哪个分拣员的身上都是可以完成的，只是完成的质量、效率因人而异。为公平起见，一般情况下，抢单模式遵循的第一原则是时间原则，即谁最先提出的抢单申请，就由谁来操作。除此之外，根据仓内情况还可增加一些权重，作为辅助决策，如分拣员技术等级、分拣员差错率评级、分拣员按时完成率等。

3.超时未落分拣单转派单规则

在抢单模式中，有一个不容忽视的问题，就是有些分拣单会因为操作难度问题、客诉率问题等，造成无人抢单的情况。对于仓库整体而言，是不能有分拣单不操作的，**因此对于此类订单，如果超过一定时间无人抢单，应转为派单形式**，将其派给符合规则的分拣员。此时的派单规则，需要视仓内情况设定。例如如果此类订单不多，可以指派给仓内的优秀员工承接，要有相应的激励机制。也可以作为一种处罚方式，指派给仓内的落后员工，要有相应的考核机制。当然，也可以随机派发，形成仓内规则。

4.分拣单验收规则

抢单模式是弱中央强地方的形式，对于分配出去的分拣单的把控能力是弱的。**因此，要有完善的分拣单验收规则**，分拣后的差错率、包装的合格率、分拣单的完成及时率等，都应作为验收规则的一部分。

5.奖惩规则

抢单模式是强规则的运营模式，在前面设置了很多的规则来保障运营质量和效率，但是如果没有相匹配的奖惩制度，规则就会逐步缺乏效力。奖惩制度设定，**首先要考虑公平原则，不是针对所有人的绝对公平，是针对不同员工、不同分拣单、不同效率的相对公平**。奖惩规则的制定，要掌握一定的技巧，使其确实能发挥相应的作用。

抢单形式是一种很好的方式，但也是一种高难度的运营方式，制定规则并让其长久地有效运营，远比提升自身能力来完成困难得多。

（六）电子化分拣单

现在的仓库拿着纸质单据去分拣的已经不多了，以使用 PDA 分拣单为主。所有的系统化电子化，都是以实际业务为基本的逻辑框架的。所以，使用 PDA 和使用纸质单据在逻辑上是没有区别的。其区别在于电子化的分拣单更为便利，订单不用再一张张打印，也不用分拣员到办公室的单据框里拿，直接传输到对应分拣员的 PDA 上即可，既便利，也不容易出错。

七、分拣及打包流程：仓库里的重头戏

> 老史看了看佟伟，问道："仓库里这么多环节、这么多操作，你知道最耗费人力和成本的是什么环节吗？"
>
> 佟伟笑了笑，说道："我还真做了些功课，看网上说仓库里最消耗成本的环节就是分拣环节。"
>
> 老史称赞道："不错，功课做得很好。仓库里最消耗成本的确实是分拣环节，不过还要加上打包环节。这两个环节是仓内生产中最主要的环节，产生的成本占仓内总成本的50%~80%，是仓内运营的重头戏。"

分拣方式的分类有多种方法，从流程大类上看，可以分为人到货分拣方式和货到人分拣方式。**从分拣操作上可以分为摘果式分拣法、播种式分拣法、分区分拣法、接力分拣法和混合分拣法等。**

（一）常见的分拣方式

1.流程类区分

首先介绍人到货分拣，此种分拣方式是传统的分拣方式，也是当前使用最普遍的。它是通过分拣员主动地找到对应货物，完成分拣。这种分拣方式的优点在于适应性强，从几十平方米的小仓库到数万平方米的仓储中心，都可以采用这种方式运营。其劣势在于**仓库越大，人员走动的距离越远，走动的线路越复杂，产生的人力、时间浪费就越明显。**后面要讲到的各类型分拣方法，多是为了弥补人到货分拣的种种不足。但当仓库面积达到一定规模，SKU数量达到一定体量的时候，这些方法能起到的作用逐渐变弱，不足以弥补人到货分拣中的种种不足。由此，也就出现了现代化的分拣方式——货到人分拣系统。

之所以把货到人的分拣方式定义为系统，是因为**这种分拣方式是一套高度集成的软硬件系统。**它包括硬件的自动货架、架起货和分拣员之间桥梁的传送带、穿梭其间的AGV，最主要的是在其中起到指挥和支持作用的各类仓储管理及应用系统。正是通过这些系统的运行计算，才能准确地将分拣单中所需的商品由货位上自动地运输到分拣员面前，分拣员才能依据电子化的分拣单逐一分拣。

这套系统的优点在于，能够通过系统的计算，找到 SKU 分拣的最优顺序，按照顺序，主动运送到分拣员面前，不需要分拣员来回走动，分拣员可以把全部的精力都放在分拣这件事上，指数级地提升分拣效率，降低成本。

货到人分拣系统也有其劣势，就是**前期投入费用较多**，软硬件都不便宜，还要对其按照仓内情况去做定制化的集成，这些都是不菲的成本。此外，这套系统的维护费用也不低，如配件耗材的使用、大量电力的消耗，还需要有软硬件的维护工程师。这些费用对于普通的企业来说，都是相当沉重的负担。这也是货到人分拣系统未能在全物流行业应用的主要问题之一，就算是京东、顺丰这样的物流企业，也不是所有的仓库分拣中心都能够使用货到人分拣系统的。

2.运营方式的区分

从运营方式上区分，分拣类型就更多一些，但是如前所说，大部分是为了解决人到货分拣方式中的一些问题。当然，货到人分拣系统中也会应用到其中的一些逻辑，但都是做在系统中的，可变动性较小，就不在此处讨论了。

（1）摘果式分拣法

对于摘果式分拣法，前面介绍分拣单制作形式时有提及，是对一张订单进行一步到位的分拣，订单完成后，直接进入打包环节，不再进行二次分拣。这种分拣形式适用于 SKU 数量较少的订单，分拣路径短，没必要再增加一个分拣环节，或者是单 SKU 数量较大的订单，也可以用这种分拣形式。

摘果式分拣法的优势就是分拣环节少，在适宜的场景中效率更高，流程也更简洁。

（2）播种式分拣法

播种式分拣法前面也提到过，是对多张订单合并，与 SKU 数量加和，形成一张分拣单。按照分拣单，先做 SKU 维度的分拣，在分拣单中的所有 SKU 分拣完成后，再按照订单的维度进行拣选，完成订单维度 SKU 的集货。就好像从口袋里拿出一粒粒种子，投到对应的田垄里，这也是播种式分拣法名称的由来。

播种式分拣法适用于 SKU 数量较多、订单量较大的场景。将多订单合并，可以减少分拣员重复分拣路线，提高分拣效率。电商仓库，一般选用播种式分拣法的较多。

（3）分区分拣法

分区分拣法包括两种形式。

第一种是不同 SKU 按照一定的规则划分为不同的区域，每个区域由不同的分拣员负责。分拣单下达后，各区分拣员持有自己区域内的分拣单，多区域协同完成分拣。这种形式的划分，目的在于缩短分拣员的行走路线，提高效率。同时，分拣员持续在固定区域内作业，对于区域内的 SKU 分布更熟悉，分拣效率更高。

第二种是将相同 SKU 划分为多个区域，或者销量较大的 SKU 和其他不同 SKU 的销售组合作为分区依据。这种分区方式可以提高分拣单的生产效率，适用于订单量大、订单 SKU 重复率高的场景。

（4）接力分拣法

严格意义上讲，接力分拣法可以归类为分区分拣法。区别在于，上一个区域分拣完后，将分拣载具交接给下游区域。下游区域承接上游区域的分拣任务，继续完成分拣。此类分拣方式适用于分拣路径较长，分拣起始点和分拣终点距离较远的情况，目的也是缩短分拣员的行走距离，从而提高效率。

（5）混合分拣法

无论是摘果式分拣法还是播种式分拣法，分区分拣法还是接力分拣法，都有其优势和劣势。在实际工作中，经常需要将两种或多种分拣方式进行嫁接混合，以达到优势互补的效果。

这么多的分拣方式，**从根本目的上看是精减**，从减环节、精减路线，最终达到降本增效的目的。分拣和打包的成本，占仓储成本的 50%～80%，是重头戏。选择好分拣方式，对于仓内的成本降低有很大作用。

分拣工作归根结底要做的就是三个动作：一是找到货；二是拣出货；三是交接货。把这三个动作梳理明白，分拣的流程就清楚了。

（二）分拣流程1——找到货

找到货是分拣流程中的第一个动作，对于效率来说也是最重要的一个动作。各类型的信息化建设、各类型设备的应用，在很大程度上都是为了解决这个问题。解决这个问题最初的起始点就在于找到对应的货位，也就是货位识别。

1.货位识别

拿到分拣单后，要先确认的第一项信息就是上面的 SKU 都对应哪些货位。这在分拣单上一般是有标注的，依靠对应关系，明确库位编号。随后需要对货位进行定位，找到库位在哪里。定位方式有三种。

第一种是人脑定位，是最粗糙、最传统的方式，依靠分拣员的记忆力去一一核对。这种方式无疑是反应最慢、最易出错的，除了很小型的传统仓库，几乎没有人使用了。

第二种是货位号标记，按照一定的规则和逻辑，对分拣区进行编号。分拣员按照编号逻辑，逐一定位。

第三种是信息化手段，分拣员通过手中的PDA的指引，直接找到对应的巷道、对应的货架和货位，不必一层层地按标记规则定位。

这个环节的速度快慢，对于整个分拣环节的效率有较大影响，尤其是涉及众多的SKU。如果每个货位的定位速度足够快，通过叠加就可以在整体上提升分拣效率。

2.线路规划

有了每一个货位的定位，接下来就是对于线路的规划。通过什么方式，能够在线路最短的情况下把所有的货位全都串起来？这是对分拣效率影响较大的第二个环节。这个环节一般情况下是放在订单制作过程中，由订单处理中心根据货位信息进行排线，或者在信息化比较好的仓库会有系统直接计算出最佳路线。

分拣线路的规划，涉及分拣的起点和终点，也涉及货位的布局、通道间隙等。其根本原则是**在方便分拣的情况下，线路最短**。由此可以区分出不同的分拣方法和线路规划方法。

例如单面分拣回转法，分拣员在巷道内先从一面拣起，一面的SKU完成分拣，再向另一面回转，完成另一面的分拣。完成本巷道的分拣后，再到其他巷道分拣。

例如双面分拣回转法，在巷道宽度不大的情况下，也可以对两面就近的货位进行分拣，两面交替进行，直到完成整个巷道的分拣后再转入下一个巷道。

这两种分拣方式的主要影响因素是巷道的宽度，是不是适合分拣员两侧分拣，以及SKU的分布是不是适合两侧分拣。

其他路线规划方式也是同样的道理，依此分析即可。

3.货位复核

找到货位并到达后，还要对货位的信息进行复核，确保定位的货位是准确的，保证后面的分拣工作能够顺利进行。

"找到货"是最影响效率的一步，这个环节做好了，对于分拣效率的提升是非常有利的，这也是那么多的仓库进行系统化、信息化的主要动力之一。

（三）分拣流程2——拣出货

拣出货分为四个步骤，分别是认出货、点好数、取出来、放分开。前两个环节是为了保证订单上信息和SKU相匹配，第四个环节是为了保证取出的商品在后续的环节清晰明确，不易出错。

1.SKU识别

SKU识别是拣出环节的第一步，要确认好哪个SKU是需要分拣出来的品类。最传统的做法是通过肉眼识别，包括看外观、核对包装上的信息等。这需要分拣员具备一定的产品认知能力，能够初步识别出对应的SKU，还要在近似外观的SKU中分辨出哪些是要拣出的那个。这不但对仓内分拣员的能力要求较高，而且核对时间较长，对于提升仓内效率的作用不大。

现在常用的方法是，通过系统的辅助，使用PDA直接扫码确认。一旦扫码信息和系统中的分拣单信息不符，PDA就会发出报警，分拣员就可以知道这次的SKU识别是错误的。如果两个信息相符，PDA发出通过的提示音，分拣员就可以进行下一项分拣。这种分拣方式既降低了仓内用人的标准和成本，又可以减少识别时间，提高效率。

2.数量清点

数量清点是在完成了SKU识别后的动作，清点出对应SKU需求的数量。

3.商品取出

商品取出，即把清点完的商品从货位中取出，此处要注意不能打乱货位中商品的摆放顺序。

4.品类分开

按照分拣单将不同的SKU拣出后，在分拣车或托板上将不同的品类相隔存放，避免混装造成二次分拣。

这部分的动作都相对简单，除了SKU识别，对于其他操作，普通人经过简单培训后都可以胜任。其重点在于细心。SKU识别要准确，不能被相似的品类混淆。商品的数量要清点对，一次两次容易，分拣次数多了很容易出错。商品取出环节，重点注意不造成货位中其他商品的混乱。最后一步分开放，是为了保证后续工作更顺畅。这四个环节，如果借用系统和终端工具会更加简单。

（四）分拣流程3——交接货

1. 接力交接

接力交接是指接力分拣产生的交接过程，涉及两个交接项。

第一个是分拣车的交接。下游从上游承接分拣车，对本区域的货物进行分拣。对于上游的分拣质量，这个环节是不做校验的，只对本区域的分拣负责。但商品随分拣车交接给了下游，下游需要对商品的安全负责。

第二个是分拣单的交接。同样的道理，分拣单交接的主要目的是为本区域分拣提供信息。所以，上游的分拣单是否完成，不需要此区域考虑。分拣单在上游完成分拣后，应保留一联作为分拣完成的凭证，放在固定位置，转交给下游。要避免出现分拣单随意放置，下游消耗时间寻找分拣单的情况。如果仓库内采用分区分拣单，也就是各区域的分拣单不共用，或者直接采用PDA的形式下传分拣单，则不存在此问题。

2. 完单交接

完单交接是指分拣单中的所有商品均已完成分拣，从分拣环节向下一个环节交接的过程。完成此部分交接，分拣工作就算是完成了。

分拣的这三个动作以第一项最为复杂和困难，是仓内管理的重点。把这三个动作管理好，能使仓内分拣效率提升70%，成本降低60%，是真正的重头戏。而且分拣是仓内主要的生产动作，和其他环节相比，这个环节的动态性更强，可变性更大，也最适宜做些文章。

分拣环节之后就是打包环节，打包环节作为仓内SKU维度操作的最后一个环节，有一定的复核检查的作用。所以，下面关于打包，首先要讲的就是打包复核，这也是仓内实物流转的正常顺序。

（五）打包复核

这个环节承接的是上游分拣环节的货物。关于分拣质量的好坏，打包复核是第一个检验窗口。其关系到订单出仓后的客诉率、退换货售后率等关键指标和客户的心智认知，是很重要的环节。

1.商品复核

在打包装前，要对分拣的货物进行复核。第一个要复核的内容就是商品品类、型号、规格等基本信息是否符合订单要求。如果有问题，按订单及时上报；如果没问题，就进入第二个环节，即数量复核。

2.数量复核

数量复核就是对已分拣的SKU再做一次清点，确保数量没有问题。

3.状态复核

状态复核就是对商品的外包装、内在状态进行复核，检查有没有不符合发货标准的。如果发现问题，及时上报，明确处理办法；如果没有问题，就进入实质性的打包环节。

（六）包材的选择

包材的选择是打包的第二步，在这个环节，打包员要按照一定的规则，选择适合这类商品的包材。包材的选择分为三部分。

一是外包装的选择。商品使用纸箱包装还是木箱包装，或者是袋装、信封包装，都需要根据商品的实际情况判断。

二是填充物的选择。一般情况下，商品和外包装不会完全契合，除非是定制的包装物。尤其是箱体类外包装，这种情况更明显。所以，需要使用填充物将空隙填满，起到固定减震的作用，保护商品在运输途中不受震荡损伤。填充物的种类有很多，主要根据商品特点，选择不同的填充物。

三是封装耗材的选择。对于大部分的仓库，胶带封装是最常见的方式。此外，还有图钉封装、线装封装等。

选择包装物不能随意而为，因为包装物的选择除了关系到成本，还关系到商品出仓后在运输途中所能得到的保护。**包装的好坏对于物流破损的概率有很大影响**。因此，仓内应对商品进行梳理，制定出合理的包装物组合方式，满足不同品类的包装需求，并将这种组合方式固定下来，作为仓内生产执行规范的一部分来落地，对于提高效率是一大助力。

（七）打包执行

打包执行是指进行实际的包装动作，这是仓内生产的最后一个环节。下面大致介绍一下打包执行的五项内容。

1.外包预加工

外包装预加工是为了将外包装物由存储形式改为包装模式。此外，还需要对包装物进行固定。以纸箱为例，纸箱作为耗材到仓时是折叠起来的，方便存放。在使用时，不但要将其立起来，最重要的是需要使用胶带等耗材把承重面固定住。

2.商品包装

完成了外包装预加工，就要进入实际的操作阶段，即需要将商品放入包装内，放置好填充物，然后使用规定好的封装设备进行封装就可以了。

3.装箱单打印

商品完成包装后，要在系统内导出装箱单，完成打印和贴码动作，以便客户在验收时，知道是哪种货到了，方便进行验收工作。

4.运单打印

货物打包好，终归是要发走的，那么就需要使用到快递、物流或自送货的形式。不论是哪种形式，都需要将物流侧对应的运单打印出来，贴在外包装物上，以便物流各环节的确认和跟进。

5.预分拣投线

完成所有的包装贴签动作后，就需要将完成打包的包裹，按照不同的线路进行预分拣投线。简单来讲，就是让完成打包的货物到该去的地方去。

小结

这节的内容比较多，简要做个总结。**首先是从流程上看，分拣方式分为人到货分拣方式和货到人分拣系统**，运营的几种分拣方式主要对应的就是人到货分拣方式。此外，我们了解了实际分拣工作中的流程，包括找到货、拣出货和交接货。其中，**找到货**是最复杂，也是最具有价值的一部分，要想降低成本，可以重点从这方面去考虑。拣出货的关键点在于工作中的细节，通过把控细节，确保分拣出的商品的准确性。

至于打包的大致流程，包括如何保证货物的安全、如何方便下游的操作、如何确保已发出的货物不会产生异常投诉。

八、出库交接流程：货在仓中的最后一站

> "我给你讲一个故事，"老史笑着说道："在明朝，有一个粮栈的老板，他待人很友善，做生意价格公道，生意很不错。但是没过半年，生意却经营不下去了。你知道为什么吗？"
>
> 佟伟摇摇头说："你给的信息太少了，我判断不出来。"
>
> 老史笑了笑说道："因为他有一个习惯，就是每天做生意只顾着在前面收钱记账，粮食都放在门口让买粮的人自己拿。买粮食的人有老史这样的实在人，也有奸诈的，久而久之，入不敷出，自然就赔了。"
>
> 佟伟鄙夷地看了一眼"实在人"老史，说道："你是想告诉我出库交接的重要性吧？"
>
> 老史点头说道："不错，出库是仓内操作的最后一个环节，是货物在仓的最后一站。要值好最后一班勤，站好最后一班岗，把出库交接做好，因为这是整个仓内流程的收官环节。"

（一）预分拣暂存

出库交接流程，承接着分拣打包流程，需要将完成分拣打包的货物交给不同的发货渠道，进行下一步的配送或运输动作。在出库交接中，第一步要完成的就是**将分拣打包环节流转下来的货物承接住，按照不同的逻辑进行预分拣**。通俗来讲，就是要将这些货物分成不同的堆，这一工作一般按照两个逻辑来区分。

第一个逻辑是线路逻辑，这个逻辑适合于配送的模式。这批货从仓库出发，需要送到哪些地址，不管这些地址是终端客户，还是要使用的物流，或者是某种类型的前置仓，都是由一辆车一一地配送过去。这些需要配送的地址连

起来，就是一条配送线路。

将同一条线路的货物从传下来的货物里挑出来，归拢在一个区域里暂存，以便车辆到仓后能够快速完成装车作业，提升效率。在这个逻辑中，暂存的货物还有一定的顺序，最后配送的地址的货物放在最前面，装货时也是最先装这批货物。这样，卸货顺序和配送顺序一致，可以减少翻找货物的次数，减少重复劳动，也能降低破损率。

第二个逻辑是提货方逻辑，也就是以提货人为依据进行预分拣。例如将要使用A、B、C、D四家不同的承运商，那么在做预分拣时，就需要将货物按照A、B、C、D四个维度进行分拣整理及分区暂存。承运商的提货人到仓，就可以快速地将对应货物提走。在这个逻辑中，不需要按照地址呈现货物顺序。因为这些货物提走后，还要打散，与其他同流向的货物汇集，在仓内按地址排序没有意义。

预分拣暂存就是提前做好准备工作，待提货车辆到仓后能够快速交接，提升效率。

（二）提货预约

在出库交接流程中，和收货一样，也需要预约。但是和收货预约不同，这次的预约发起者是仓库，仓库要根据每日订单的情况和分拣生产的效率，预估物流到仓提货的时间，并和对应物流达成一致，这就是提货预约。

提货预约可以让承运商有计划地派车，避免多派或少派造成的成本浪费和运营问题。此外，做好提货预约，也方便仓内制订出货计划，安排出货时间，避免提货车辆集中到达造成堵车。因为那样仓库的人力协调不开，会导致出库效率低下。

（三）提货人员信息核对

提货人员到仓后，同样需要进行信息核对，而且它的重要性远远超过了收货预约。在收货预约环节，如果送货人员信息有误，最多造成货物错送，产生一些麻烦，但如果提货人员的信息没有核对清楚，极有可能造成货物交接错误，导致货物丢失。

基于此，只有对到仓的提货人员信息进行确认后，才能开始交接工作。**需要确认的信息包括车辆信息、人员信息、提货凭证等。**

（四）货物清点

货物清点是出库交接流程中的核心。在这个环节，提货员和仓内的出库员对货物的数量、型号、状态等做核验和确认。在此期间，如发现任何货物问题，应及时提出来，避免将问题件发走。如果没有反馈，则默认为货物没有问题，在出库后产生的非商品异常，会判定为物流承运商的责任。**因此，需要和承运商提前明确好规则，同时督促其认真地完成货物清点工作。**

（五）单据交接

单据交接是为了给整个交接过程提供证据支持，以及为后面的销售工作提供单证支持。单据交接主要分为三种类型：

第一种类型的单据是货物交接清单。 这是证明双方完成交接的主要依据。货物交接清单上要有此批货物的详细信息，包括品名、类型、型号、规格、数量、生产日期等，不同类型的货物需要呈现的关键信息有所不同。

货物交接清单是由仓库打印提供的，在清点货物时以此单据为依据进行清点。清点无误后，双方需要在此单据上进行签字确认，单据一式两份，仓内和提货方各一份。这就是交接留痕的主要凭证。

第二种类型的单据是物流的发运单或面单。 这是物流公司提货后留给发货人的提货凭证。物流面单代表着该物流公司已将货物提走，完成了责任交接。如货物在运输途中出现问题，则需要以此单据为凭证判定责任方。

第三种类型的单据是资质类单据。 这是仓内需要准备好转交出去的单据。资质类单据包括合格证、检测报告、质检报告等。其所起到的作用是证明商品的属性和能力，证明其品质及出厂标准，是对商品进行背书的单据。这类单据一般是采购方验证产品是否符合标准必需的材料。仓内将此类单据交由提货人，使其随货一起送达采购方手中，完成其应有的功能。

这三个部分的内容，其实都是为了确认，即**确认提货人无误，确认货物无误，确认货物质量无误**。最后将这些确认好的内容通过单据进行证据留存。确认是出库交接流程的核心内容，只有完成了每个项目的确认，才能真正地把货物交接出去。

（六）货物装车离场

完成交接后，货物就可以装车了。在装车过程中，应避免将未交接的新订单暂存在此装货区，造成新旧货物混淆。货物完全装车完毕，装货区空置出来后，才能承接新的订单。

提货车辆在完成装货后应携带单据尽快离场，避免在仓库内长时间停留，给送货车辆和新到提货车辆留出足够的暂停和操作空间。

（七）更新数据，任务完结

车辆离场后，实货的交接流程就彻底结束了。但仓库内还需要进行系统操作，**对货物的出库数据在仓储管理系统中进行更新，使实物和库存数据相匹配**。这是出库交接流程中的最后一步，也是整个仓内正向生产流程中的最后一步。

小结

出库工作并不难，**要想做好，关键在于要仔细。前面流程捋得越顺，后面越省力**。这个环节还有一个隐藏的重点，就是**现场的管理能力**。比如预分拣暂存，如果是一两个地址，那么谁都没问题，一旦需要预分拣的地址多起来，就不是谁都可以把控的了。比如司机到仓后的管理，像指定月台、限制速度等，都是需要现场人员在现场进行把控和管理的。只有把这两项工作做好，才能保证每个环节不至于出乱子，能够顺畅进行。

九、订单拦截及订单取消流程：订单下错了怎么办？

"事物的发展是多变的，客户也是多变的，也许这个时间点急得不得了，到下一个时间点就不需要了。"老史说道："所以订单不但要能正向传递，还要能在各个时间节点把订单拦截住，甚至取消。这就是我们要讨论的话题，即订单拦截和订单取消的流程。"

佟伟问道："订单拦截应该主要是信息流的问题吧？关键点是不是应该在信息传递的系统建设？"

> 老史说道："嗯，信息流是关键，但不是全部。在信息流里完成了拦截，还要在实物流里进行善后处理。所以，它是一个信息和实物操作相配合的流程，缺一不可。"
>
> "下面，我把订单拦截和订单取消不同阶段的流程和你说一说。"老史说道。

（一）订单拦截流程发起

订单下达后，并非一成不变的，经常会因为种种原因需要对订单进行更改。一旦发生以上的情况，就需要对订单发起拦截。

订单拦截流程的发起，通常有两种途径。**第一种是客户侧发起**，一般情况是客户自身的采购计划改变，但是订单已提交。客户需要在系统里对本次的订单拦截提供合理的原因，并提交拦截申请。这一般是电商的操作方式，订单的全流程在系统中可见、可操作，APP或小程序也可以触达最终端的客户群体。

对于线下商家或者对B端的客户，这种方式就不太好用了。因为客户没有系统可以操作，或者客户不愿意进行系统操作。在这种情况下，通过客户发起订单拦截申请，就行不通了，需要由其他人来代为操作。这就是**第二种发起途径，即客服发起**。（客服是统称，可能在不同的企业内部，有叫客户专员的，有叫服务专员的，也有销售协助发起的，各种各样的人来负责这件事。但其内在的逻辑是一样的，因此在这里统一都按照最常见的客服发起，作为统一的代称，方便理解。）

客服发起订单拦截，必须是得到了客户的指令，或者是企业内部被授权的部门或个人的指令，客服自身没有主动发起订单拦截的权力。 在获得指令后，客服做第一轮的判断，确认订单拦截原因合理，可以通过系统或线下的方式发起订单拦截。

对于星辉来说，大部分订单是直送门店或外发经销商的，客户和门店的可控性比较强。可以考虑将客户发起订单拦截的功能做到系统中，由客户发起，这样就可以在这个环节节省一些人力。

如果只是单纯地将发起订单拦截的能力释放出去，必然是有风险的，因此需要下面的一个环节，即订单拦截流程的审核。

（二）订单拦截流程审核

订单拦截是订单正向流程中的分支，执行订单拦截需要改变原有流程的流向，要产生额外成本，因此不鼓励执行这一流程，只能将其作为一种针对特殊情况处理的补充流程。所以，订单拦截不能是提交即自动通过，需要对订单拦截的合理性做出审核。符合标准的予以拦截，不符合标准的要求正常下传或取消。

对于流程审核，**需要关注的重点有两个**。

一个是审核人，不管订单拦截的流程是通过哪种途径发起的，在企业内部，都要有一个明确的岗位来审核其必要性。这个岗位必须要对业务逻辑非常清晰，精通企业内部的运营方式，这样才能判断这一流程的合理性，并预估在企业内部产生的成本是多少。有了这两项判断，流程的审核才能是有根据的。

二是标准审核项，除了依靠审核人的判断外，还需要整理一些能够免审核的标准项目。这样在客服的第一轮判断和审核人的终审中，能起到提高效率的作用。已经确认的内容，没有必要再去来回地拉扯判断，可以直接下结论。

有了发起的途径，有了审核的人和标准，订单拦截这个流程就可以运转起来了。

订单拦截会产生额外成本，但在订单流转的不同环节进行拦截，所产生的额外成本是不一样的。简单来说，**越接近最后的交付环节，拦截的成本就会越高**。下面对几个不同的节点订单拦截的方式及预计产生的成本项做一下介绍。

（三）订单未下传拦截

订单拦截第一个可能的环节是订单未下传拦截，也就是**销售单刚刚确定，还没有向仓内传达**。对于订单拦截来说，这种情况是最理想的状态，所产生的额外成本是最少的。

订单未下传拦截，不会对实际运营产生任何影响，只是需要在销售订单里做好修改，再下传就可以了。这种订单拦截通常是因为客户下单匆忙，漏选了商品，或者一时马虎填错了收货地址，在重新检查订单时发现问题，对订单进行了修改。

（四）订单未生产拦截

第二个拦截环节是生产前的环节，也就是**订单已经下传到仓里了，但是还没来得及进行分拣、打包等动作。此时的订单已经完成分拣单制作，在等待打印，分配分拣任务。

这个阶段发起的订单拦截，也是比较及时的，订单还未分配任务，没有占用仓内过多的人力资源，也不会产生过多的额外成本。在此阶段，首先应该将订单暂停，如果已经完成了分拣单的制作，应将分拣单作废，将被拦截订单的信息剔除，重新制作剩余订单的分拣单。如果还没有制作完成分拣单，则直接将订单暂停，不再进行下一步操作。当上游给出明确的处理方案后，订单再开始操作。

在生产前拦截订单，是纯信息流拦截的最后一次机会。在这个阶段之前操作的是信息层面的拦截，实际产生的成本是较少的。在此之后，将进入实物的操作环节，每一项操作都将产生相应的成本。订单拦截后，这部分成本因为要做重复操作，多半会成为无价值支出，成为企业的额外成本项。因此，对于订单拦截流程，应尽可能地在这个阶段或之前完成。

但是客户的行为是难以完全把控的，因此如果在其确认订单前给出相应的提示，在确认订单后给予适当的跟进，需要发起订单拦截的订单量会有大幅度的降低，对于成本管控是很有意义的。

（五）订单未打包拦截

订单未打包拦截，就是指在**订单打包环节前产生的订单拦截流程，订单的状态是在分拣环节中或分拣环节完成，但还没有进入打包环节**。这是订单拦截在实物操作中遇到的第一个环节，也是第一个产生额外运营成本的环节。

这个阶段的订单拦截分为两种情况，**第一种是未完成分拣，处于"分拣中"状态的订单接收到订单拦截的任务**。此时接到任务后，分拣员应及时将此订单的分拣任务暂停，将已完成分拣的商品汇集。未分拣的商品不再进行分拣，并在分拣单中将此订单商品数量从分拣单中剔除。完成后，再进行此单以外其他订单的分拣。

第二种情况是已经完成分拣的订单，要将所有已分拣商品按订单维度做汇集，打印订单标签，将此订单商品封存，单独存放，将订单标签在显眼位置贴好，以便查看。

不管是已完成分拣的订单，还是分拣中的订单，都**要将已分拣的货物和其他订单区分开来，单独存放**，等待上游的指令，明确指令下达后，再按照指令去推动订单下传或取消。

（六）订单未出库拦截

订单未出库拦截，是指订单已经完成了分拣和打包工作，在暂存区等候运输车辆。这个阶段发起的订单拦截，需要仓中额外支付成本，包括分拣单制作的成本、分拣员的人工成本、打包员的人工成本、包装材料的成本、耗材成本，以及设备能源的均摊成本。由此可知，作为第二成本阶梯中的最后一环，出库前发起的订单拦截成本高昂。

虽然成本较高，但是不可避免地还是会出现这种情况。当订单拦截的流程在此时通知到仓后仓库还是要在第一时间及时将对应订单的货物和其他货物分离，单独存放。同时在系统中对订单做暂停处理，并将货物的暂存信息录入系统，以便查询。做完这些动作后，就需要和上游积极互动，及时获取订单的处理方案，方案明确后，再对订单进行下一步的操作。

订单未出库环节进行订单拦截也是一个关键的节点，在这个节点前的环节，还都是仓库内的范围，可控性比较强，产生的成本也多是仓内复用人员设备的成本。 如果在这个阶段没有完成订单拦截流程，就需要在交付的末端去实现拦截了。

（七）订单未交付拦截

订单未交付拦截，是订单拦截中的最后一道防线。 在此之后，就没有所谓的订单拦截了，因为订单已经到客户手里，再有操作就是售后的范畴了。订单未交付拦截是指订单已出库，但还未到客户手里，需要在物流配送的环节进行拦截。

这个环节的拦截，处于拦截流程中的第三成本阶梯，整个订单的实物流转中应该产生的成本几乎都已经产生了，成本格外高昂。

除了成本外，**在这个环节做订单拦截，货损的风险也很高。** 因为被拦截的订单也需要在第一时间做暂停，接到上游的进一步指示后再操作。那么暂停的这段时间，货物就需要在物流节点暂存。大多数物流节点的存储能力是很弱的，它们更多的是为了货物快速流转而设立的，并不擅长存储。所以货物无论是在分拣、转运，还是在配送站，都是不安全的。缺乏货物管理能力，缺乏货物管理意愿，缺乏货物暂存管理的场地，这些都是造成货物安全问题的原因。受限于实际情况，这些问题短时间内难以改善。因此，尽量在交付环节前做订单拦截，各方面的风险也要考虑到位。

从整个链路来看，订单拦截流程发起得越早，在订单生产的环节中越靠前，产出成本就越低。

（八）订单取消流程发起

订单取消是订单拦截后的处理方案之一。**被拦截的订单，不是在订单信息中做某项更改后再次下传，而是直接将订单取消，不再进行后续处理，已操作部分也要作废。**

这种将订单取消掉的操作方案，对于企业来说损失是比较大的。**除了订单本身的营业额、利润外，订单正向下传中产生的各项费用和订单退回产生的逆向费用，都成为纯粹的成本支出，而没有任何的收入回报。**因此，企业应尽量避免订单取消，而是应该通过一些其他方案争取订单，客户确认坚决取消了，再做取消处理。

取消订单的发起和订单拦截的发起是相似的，分为客户发起和客服发起。如果是客户直接发起取消订单，则应由客服及时介入，明确客户需求，降低取消订单数量。如果是客服发起，则应在发起前和客户充分沟通，了解其取消的诉求之后再做发起。

订单取消的流程，可以是以单个流程发起，也可以是对拦截订单下发的处理方案。但关键点都在于明确客户的真实需求，降低取消订单数量，减少订单损失。

（九）订单取消流程审核

订单取消同样需要流程审核，而且更加需要。因为订单拦截产生的成本是有限的，只要订单能够再次顺利下传，成本大概率可以被覆盖。但是取消订单产生的是纯粹的额外成本，没有销售额去覆盖，因此需要更加谨慎。

审核的关键点和订单拦截是相同的，都需要有明确的审核人和明确的审核标准。区别在于，审核人的权限可能需要更大一些，审核的标准需要更严格、更细致一些。相关内容可参考上文，此处不做赘述。

（十）订单取消

订单审核完成后，就可以操作取消了。订单取消后，和客户的订单关系就不存在了，但企业内部还需要进行一系列的善后操作，订单还是要在企业内部延续一段时间。这些善后的操作，根据所处环节不同，操作的步骤也不尽相同。如果处于订单未下传阶段，取消即可，因为订单信息还没有到实际的运营层面，只需要关闭订单就可以了。如果在未分拣阶段，则需要将分拣单作废，确保不会再做下一步操作后才能关闭订单。如果在未打包前，则需要将订单重新拣出，重新入回库位中，并对分拣单做剔除处理，订单才能关闭。以此类推，未出库和未交付都要做对应的逆向操作，才能关闭订单。

订单取消流程一定是在所有的善后工作都已完成，订单确认可关闭后才能完结。退回的货物要在系统中做记录更新，做到账实相符。

这一策的三个重点，就是发起、审核和善后。在设计实际的流程时，要把这三点都考虑进去，才能使订单拦截和订单取消的流程更严谨。

十、逆向退货流程：不想要了怎么办？

"前面讲的订单暂停和订单取消，是交付前的流程，属于售前流程。今天要了解的退货流程，是交付后产生的，是售后流程。"老史说道。

佟伟问道："两者之间除了发起的时间不同外，还有什么不同吗？"

老史点头说道："是有的，大的环节来看还是发起、审核及实操善后这几个环节。但是从细节来看，因为订单已经交付给客户了，客户拆包装之后反馈需要退货。货物在整个过程中有脱离企业本身监管的情况，因此仓库除了进行善后操作外，还需要承担起对货物进行检验复核的职责，以及最后确定订单如何处理。这是和订单拦截以及订单取消流程不同的地方。"

佟伟说道："嗯，这我明白了。那么整个流程都包含哪些方面呢？"

老史笑道："别急，听我慢慢道来。"

（一）退货流程发起

任何一个流程都需要有发起方，退货流程也不例外。作为售后流程，一般发起方为收货人。因为货物在收货人手中，由其发起是最合适的。当然，如果客户不能自行操作，**客服代为操作也是可以的，但真正的发起方始终为客户。**

由于涉及成本较高、周期长、环节多，退货一旦发起，货物本身的完好性就难以保障。因此，**需要对退货流程给出明确的标准**。如规定一定期限内的订单可以发起退货，比如 15 天、7 天、3 天等，超出这个时间限定的，就不能发起退货了。再如，需要限定品类，某些品类实际售出后就没有再回收的可能，例如生鲜产品、蔬菜水果等。订单正向流程过去都难以保障质量，更不要说逆向操作了，硬要将货物返回，收到的很有可能也是变质的。仓库对于这类订单，也没有什么比较好的解决办法，只能报损承担损失。所以，生鲜订单通常是不支持退货的，但是可以为客户退款。

除了时间、品类等维度，还有企业本身规则、客户要求等维度，这些规则能有效地限制客户操作退货流程，降低其中的不合理性。

（二）退货流程审核

既然退货流程会造成比较大的损失，那么必然需要在企业内部有一个审核机制。根据客户类型的不同，可以区分为 C 端客户和 B 端客户。如果是 C 端客户发起退货，可以由客服承接，由客服主管或仓库主管做审批，流程相对简单。

B 端客户则有所不同，因为涉及金额较大，货物数量较多，除了客服承接，客服主管审批外，还需要有对应销售部门的审批，以确认这批订单是否存在其他未考虑周全的信息，是否有挽回的可能。同时，需要协同财税部门确认是否能够安排此单退货退款、是否有票务要求等，避免产生其他影响。

对于企业来说，退货的成本负担较重，因此不是随便就可以发起的。根据发起原因的不同，可以将其区分为有理由发起和无理由发起。这两种退货流程发起的规则，从字面上就可以很清楚地区分开。有理由退货流程在发起时需要提供退货的理由，并且需要提供相应的照片或视频作为证据，以便审核人判断发起理由是否真实合理。无理由退货流程的发起则不需要提供退货理由，可以直接发起，由审核人审批。**无理由退货一般和时间规则一并使用，也就是说，会对无理由退货流程加上一定的时间限制，以此保证卖方的利益**。最常用的无理由退货时间限制，就是七天无理由，依照正常的快递时效，七天在国内的大部分地区都可以完成发货收货的过程。

退货流程的审核，作为售后处理的第一责任人，客服在退货流程中起主导作用是肯定的。对于做 B 端生意的企业来说，业务侧参与其中，也是为了给客户提供更好的体验。两者在退货流程中是直面客户的，自然是能起到重要作用的。但是这和仓储部门在退货流程审核中起到的作用并不相悖。主要体现在两个方面。

一是作为审核人出现。在很多企业，售后的主责人实际上是定位在仓库的，因为实际的货物在正向上发出方是仓库，在逆向上仓库又成了接收方。除了客户以外的货物两端，其对于实际货物负有责任。

二是对于审核规则的制定。仓储部门是有话语权的，什么样的订单是可以审核通过的，什么样的订单是需要驳回的，在制定规则时，应有仓储部门的人员参与其中。

（三）退货方式选择

退货流程发起审核通过了，在信息流上的节点正常向下流转了。但实际的货物还在客户手中，需要通过不同的退货方式，将货物寄到企业指定的收货地址，以完成整个的退货流程。

退货方式分为两种：一种是客户自行选择快递物流公司，将货物寄回。这种退货方式的运费承担方式分为三种，分别是客户承担、客户垫付和到付运费，特殊情况下也会出现客户和企业分担运费的情况。对于客户来说，选择这种退货方式的体验是不好的，不仅需要自己联系快递物流，还有极大的概率要支付运费。对于本就没有在商品中得到需求满足的客户而言，更是一种很差的消费体验，有可能会造成客户流失。

另一种退货方式是企业安排合作快递物流公司上门提货，客户只需要准备好货物，等候上门即可。这种情况一般是不需要客户支付费用的，操作也简单。这种退货方式，客户的体验就有很好的提升，客户的需求虽然没有得到满足，但服务上的体验很好，会促进客户的留存，促使其再次下单。

对于星辉来说，业务的主体是 B 端业务，收货方大部分是经销商，从目前的情况看，星辉并没有选择上门取件的方式，而是要求下游的经销商自行发货。此外，星辉也会区分有理由退货和无理由退货。如果是有理由退货，且证明材料齐全，证明确实是需要退货，这部分运费是由星辉承担，但是一般是通过货款代扣的形式，对这部分费用在下一次的货款中进行减免。如果是无理由退货，星辉一般是不支持的，这一点和 C 端不一样。如果确实有特殊情况，需要无理由退货的，运费部分也是由经销商承担。这就是 B 端和 C 端的区别，作为供应链中的强势企业，星辉对于收货方的经销商的管辖能力是很强的，可以协同买方按照要求去做。

（四）到仓验收

经过一段时间的运输，货物最终会回到仓里。和订单拦截不同，退货货物曾离开过企业的监管。在这段时间内，货物经历了什么，无人知晓。为了保障到仓后的货物状态，**需要对到仓的货物进行验收。**

此时的验收和供应商送货时的验收动作大体相同，但是会要求检验得更细致、更全面，以此来确认货物的状态，评估入仓与否。

检验的动作可以分为以下几个部分。

第一，**看外形**。评估商品的外包装是否符合入仓要求，有无重大的挤压变形，有无破损、划伤等。

第二，**要对外包装进行开箱，检验内部商品的情况**，包括数量、品类、外观状态等。需要注意的是，要仔细确认是否有随货配件、退货到仓的商品，要求配件齐全。如果有不全的情况，需要客服外呼确认配件情况，尽量将配件找回。

第三，**要核对商品的使用性能**。例如显示器，只有在通电点亮的情况下，才能看出屏幕本身是否有亮点和噪点。因此，对于到仓货物的使用性能，要重点审核。

第四，**要核对各项流程的进展**，确认线上的流程到了对应节点，避免流程倒挂，造成不必要的风险。

完成以上内容后，退货才能进入仓库，入库商品要及时更新库存，确保账实相符。

（五）退款

退款是非常关键的一步，涉及的是逆向的资金流。客户在操作退货后，最关心的也是货款什么时间能够全额退回。对于客户来说，收到退款，退货流程才算结束。那么企业应在什么时间操作退款呢？常规来讲，**需要货物到仓后，仓库完成验收，符合退款条件，且线上流程已经完成，此时财务才可以安排退款。**当然，如果有平台在其中做担保，也可以为客户提供提前退款的服务。

退款流程还有一个要点，就是款项要原路退回，尤其是对于 B 端客户，不能依照退货人的意愿，随意改变退款渠道。这里要规避的是 B 端客户中的某些人利用退货流程套取企业资金。如果客户提出确实需要更改退款渠道，需要出具正式的函件，并加盖公章，方可执行。

（六）换包再售

前面讲过，退货商品到仓后要先做验收，如果商品没有任何问题，就可以正常入库、更新库存数据了。但大多数情况下，退回的商品都不具备直接再售的条件。因为经过正逆两次的物流环节，且在客户侧开箱的概率很高，外包装破损的概率极高。**对于这种外包装有破损、商品本身没有问题的商品，可以通过换包装的形式，使商品达到可再售的条件。**然后按照正常品进行入库，更新库存，进行再次售卖。

如果换包装成本较高，或不具备换包装的条件，而且商品本身没有任何问题的话，也可以采用折扣销售的形式进行再售。

（七）退供应商

退货商品还有一种情况，就是货物本身没有大的损坏，但是由于过了可售卖周期，或者其他原因无法进行二次售卖了，**在和供应商有相关约定的情况下，可做退供应商处理。**

在企业内部，根据流程的不同，退供应商可以分为仓库自操作和采购协同操作两种方式。区别就是和供应商的对接、沟通及确认工作，是由仓库直接进行还是由采购进行。不管是哪一方来主导这项工作，首先都要和供应商建立联系，将预计退回的货物的信息如实反馈，包括货物名称、型号、数量、生产批次、当前状态、货物照片等。在和供应商达成一致后，再将实物安排退回或安排供应商提走。

退回供应商的操作要有明确的流程留痕，退回的商品信息要在确认信息中列明，可以是邮件往来，也可以是发信息。最好的方式是在系统中进行对接，退货流程线上化，仓库或采购直接在系统中提交退回申请，供应商在线审批。和客户退货一样，要有所记录。

完成退货的商品，要在库存系统中更新，明确商品去向，确保数据准确。

（八）残品报损

当退回商品破损过于严重时，换包装再售和退回供应商都不可行，甚至产品本身不再具有使用价值，只能作为残品进行报损。商品报损对于企业来讲是较大的损失，因此需要有严格的审批流程，以确保报损的必要性和合理性。

关于报损流程，后面有详细的介绍，此处不做赘述。

（九）补充换货流程

换货流程是售后的另一种方案。换货在前半段和退货是一样的，商品都需要回到仓内。区别在于货物到仓，验收完成后，不能给客户安排退款，而是要在同样的品类里拣选出同样数量的商品重新发给客户。客户收到新的商品，确认没有问题后，客户侧流程结束。这一环节不涉及资金的逆向流转，而是涉及商品的再次发货。

对于已经到仓验收的货物，则需要像退货处理一样，判断货物情况，给出解决方案。

小结

总结起来，退货的流程，**实际上核心就是 12 个字**，即**发起、审核、退货、验收、退款、处置**，这六个环节构成了退货的整个流程，在每个环节又可以细化出小的流程。各个流程彼此衔接，能确保退货的顺畅、准确和安全。

退货流程实际上也是服务中的一项，是客户体验的重要一环。在仓内做好退货流程，确保客户的合理退货顺畅，从侧面也可以增强客户黏性，有助于树立品牌形象，促进销售。

十一、仓内盘点流程：仓里库存知多少

"仓内还有一个重要的流程，就是盘点流程。"老史说道："盘点流程是为了掌握真实准确的库存数据，确保仓内资产的安全。"

佟伟笑道："这就是'仓里库存知多少'的意思吗？"

老史也笑道："不错，就是'仓里库存知多少'。掌握仓内的真实准确的库存数据有三个主要作用：第一个作用是最重要的，就是刚才提到的资产安全的问题。尤其是像星辉这样的生产企业，仓内的库存都是自己的资产，如果库存数据是一笔糊涂账，那么对于资产的评估、管理和处置都是不利的。好像一个人口袋里有钱，却不知道有多少，也就不知

> 道自己能买什么，不能买什么，没法安排计划。"
>
> "第二个作用是能够更好地支持运营工作。有了准确的库存数据，仓内就能判断能够支持多少业务、如何支持业务、哪些需要采购、哪些需要生产、哪些能够直发，一清二楚。"
>
> "第三个作用就是管理审查，盘点数据可以有效地反映出仓储管理的水平。盘后数据和在册数据的差异不大，说明平时管理严谨，员工按照流程操作出入库，保证了信息准确。两者信息差距大，说明平时管理松散，操作漏洞较多。更有甚者可能存在贪腐行为，造成账实不符。"
>
> 老史一气说完库存盘点的作用，然后对佟伟说："下面我详细地向你介绍一下库存盘点的工作应该怎么做，流程到底是什么样子的。"

（一）盘点方式

库存盘点有很多种方式，可以根据仓内的工作情况及所管理的商品的性质进行选择。盘点方式主要分为五种，其盘点目的各异，盘点方式不同，下面一一介绍。

1.周期盘点

周期盘点是比较常见的盘点方式，商品动销率比较高、库存数据变化较大的仓库适宜采用周期盘点。**周期盘点，顾名思义，就是按照一定的固定周期，对一定范围内的商品进行盘点工作**。常见的有月度盘点和季度盘点。

周期盘点是为了缩短盘点间隔时间，确保高动销商品或贵重商品不会因为盘点期长而产生库存数据失控的情况。在周期内，数据的变化是可控的，如果有异常，也比较好追溯。在数据因为频繁变化而失控前对数据进行复核，能保证数据的准确。

2.抽检盘点

当仓内库存数量较大，且以低值商品为主时，大规模的盘点得不偿失，就可以采用抽检盘点的方式。**抽检盘点的操作方式是指随机选取全量商品中的一部分，即时进行盘点**。这种盘点方式有两个要点：一是随机的，也就是没有事先的安排；二是即时性，也就是确认之后即刻开始盘点。这体现了抽检盘点的突然性，不容易作假，在一定程度上可以反映库存的整体状况。

3.审计盘点

审计盘点的目的是通过核对仓内实物，比对账册或系统数据，防范腐败风险，或通过这种方式找出腐败现象。**审计盘点和仓内盘点的主要区别除了盘点目的不同，还有盘点执行人不同。**审计盘点的执行人不会选择仓内原有员工，一般以财务部门主导，选择其他部门的人组成临时团队完成盘点工作，要避免的就是仓内人员盘点作假。对于商品价值较高，且多为中小件日常用品的仓库，采用这种审计盘点非常有必要。

审计盘点还有一个特点和抽检盘点是相同的，就是随机性。不同之处在于**抽检盘点的随机性是针对物品，而审计盘点的随机性是针对盘点工作本身。**当企业要对某个仓库进行审计盘点时，仓内人员是不能提前得到任何通知的，盘点人员到仓后直接进行对接，安排好运营工作后立刻开始盘点。盘点工作彻底完成后，仓内人员才能进入仓库操作区域。

4.循环盘点

循环盘点适用于大型仓库，仓内 SKU 众多，库存量大，单次全盘耗费的资源较多、时间较长，对正常运营有较大影响，此种情况不适合经常性地全盘，就可以采用循环盘点的形式。**循环盘点可以从两个角度入手：一是区域的角度；二是 SKU 的角度。**

从区域的角度而言，循环盘点是指对于在库商品的存储区域，按照一定的规则进行划分，划分成若干的区域后，每天对其中一个区域的商品进行盘点，盘点的主要目的是和系统数据核对，修改差异。**盘点完一个区域后，接着盘点下一个区域，**直到所有的区域全部盘点完毕，再开始新的盘点循环，整个过程就像是不断地在区域中循环画圆，所以叫循环盘点。

另一种从 SKU 的角度，其内在逻辑和区域角度是一样的，只不过是按照划定的品类来进行循环。

采用循环盘点需要建立专门的盘点团队，每天进行盘点工作，员工工作熟练度增加，可以提高盘点速度。

5.年终大盘

一个仓库，不管其管理的 SKU 有多少，库存数量有多少，**每年进行一次全面的盘点，清楚地查一查家底，是有必要的，这就是年终大盘。**年终大盘会耗费更多的人力、资源和时间，就是对仓内家底做一次统查，并将结果与之前的盘点结果进行对比，明确各级盘点是否存在问题，以便改善管理。

（二）盘点计划

盘点计划可以用几个问题表示，就是在什么时间、对哪个仓库、哪些品类进行怎样的盘点，盘点过程预计时间是多久，需要准备哪些工具，匹配多少人员，运营怎样保障。

上述几个问题展示的就是时间、范围、物料、周期、人员、培训、运营方案七个盘点工作中的要素。 将七个要素展开，明确其中的详细信息，以时间为轴将这些信息按照先后顺序串联起来，使盘点的整个过程清晰地展现，盘点计划也就完成了。

在条件允许的情况下，盘点计划需要先做，这样对于筹备资源、调集人手更有利，整个过程也更顺畅。

（三）盘点前准备

盘点计划制订完毕，就需要按照计划逐步实施盘点工作。首先进行**盘点前的准备**，共涉及四个方面。

1. 物料准备

盘点工作不是空着两只手就可以去做的，需要提前准备盘点所需的各种物料，有了这些物料，盘点工作才能正常进行。**首先要准备的就是系统中的现有数据，将要盘点部分的商品的在库数据导出。** 如果没有使用管理系统，那么在册的库存数据也需要单独抄录一份。这部分数据不下发给盘点人员，而是保留在盘点组织者手中，作为数据比对使用。

其次要准备的是盘点需要的工具，例如统一模板的盘点表，表格中要填写盘点所需的数据项，并按照盘点规则对盘点表进行编号。此外，A4的夹板、笔等都要准备齐全。如果是通过扫码盘点，还需要准备足够的扫码枪。

2. 人员准备

盘点工作通常是通过人来执行的，所以人力是盘点工作另一个需要准备的资源。人员准备有两个关键点。

一是人员要充足。 由于盘点工作和仓内的日常运营工作不同，工作量大，仓内自有人员有可能不足，这就需要向其他部门寻求人力支援。一些大型盘点工作本身就是企业统一安排的，仓库可能只是执行部门甚至是配合部门，因此人力准备充足，是执行盘点的前提之一。

二是人员的培训。盘点工作是一项细致的工作，对人员的专业素养要求不算高，但如果盘点执行人员对盘点工作一无所知，盘点出错的概率就会大增，且盘点效率也会下降。因此，盘点前的培训是必要的，可以有效地防止上述问题出现。

3.系统准备

现在的仓库绝大部分都在使用系统管理，如果信息化水平足够高，还会和上下游部门打通，甚至和上下游企业打通，形成一个高效而复杂的信息网络。但盘点工作进行时，是不能承接上下游任务的，也不能为上下游提供信息反馈，也就是说**系统需要暂停**。

因此，盘点计划要和上下游的部门间、企业间进行同步，告知系统暂停时间及周期，并在仓内配备专门的系统维护工程师，以保障系统暂停和重启不会产生问题。

4.运营准备

和系统准备相同，**在盘点期间，仓内的运营也是需要暂停的。因此，需要提前做好运营暂停的准备**工作。相关部门和客户确认好，将必要的订单提前处理完毕，将必须入仓的物料商品提前完成入库，并整理仓内的商品，货位以外货物按照规定送回原位，需要退供应商的商品提前安排退回，需要报废的商品完成报废。把有可能造成干扰的因素都排除，以方便盘点工作的进行。

（四）分配任务

在开始实际操作之前，还有一项工作要做，就是要分配任务。参加盘点的很多是非仓内人员，对于仓内的情况并不熟悉，也不了解商品情况，很难快速完成工作。因此，作为盘点的组织者和管理者，要对整个盘点工作有一个通盘的考虑，有明确的任务划分。同时，将任务匹配到每个小组或每个人身上，传达明确，如某人或某个小组要完成哪些区域的哪些商品的盘点工作。这样盘点工作才能井然有序地进行。

（五）操作盘点

盘点工作的实际操作部分决定了最终的盘点结果是否可靠。有三个关键点需要关注：一是盘点小组配置；二是复核盘点；三是盘点现场管理。

1. 盘点小组配置

盘点小组配置有两种方式：一种是单人模式；另一种是多人模式。单人模式通常是采用扫码盘点的配置，盘点时不需要记录，完成扫码，信息就会自动上传，一个人就可以完成任务。多人模式通常是两人一组，一人读出信息，清点数量，另一人进行记录，两人彼此配合，完成盘点工作。这种方式分工更细化，读出信息和记录工作之间不用来回切换，可以提高效率。

2. 复核盘点

为保证其准确性，盘点工作通常不能只进行一次。在完成第一次清点后，基本数据已经具备，但数据还不能直接使用，要进行第二次清点，作为第一次清点的数据复核。第二次清点需要对责任区进行重新调配，每个清点小组都要负责新的区域，以确保如果第一次盘点中有失误的操作，在第二次清点中不会再次出现。

第二次清点完成后，要对两次清点的数据和原有的库存数据进行比对。如果三组数据相吻合，则可以判定此部分清点是正确的，与原库存数据相吻合，库存数据无异常。如果三项数据不一致，存在差异，哪怕是其中的两项相符，也属于异常数据，要对差异部分进行第三次盘点。对于需要第三次盘点的差异部分，需要再次调换负责小组，和前两次的盘点小组均不相同。如有必要，可能需要盘点工作的管理者亲自执行盘点工作，确保失误的可能性控制在最小。

以此类推，如果三次盘点还不能保持三次数据一致，则需要继续进行核对，直到三次以上的数据达到一致，才能确认盘点数据的准确性。

3. 盘点现场管理

盘点工作是一项即时工作，不是持续性的，加之人员组成多样化，又是在仓内作业，因此，**有必要在现场设立管理小组，对盘点工作进行管理**。管理的内容主要包括资源协调、人员调配、跨部门协同、盘点信息接收及审核、安全管理、后勤管理等一系列的管理工作。其主要的目的就是保证盘点工作安全、有序、高效地完成，获取准确的库存数据。

（六）库存差异处理方案

库存盘点工作的结果无外乎三个。第一，盘准，账实无差异，皆大欢喜。

对于管理规范，出入库操作有规范的流程支持和留痕的仓库来说，盘准是主旋律。第二，盘盈，实际库存高于在账库存。第三，盘亏，也就是实际库存低于在账库存。

盘亏和盘盈都是仓内操作失误造成的库存差异，并不是说盘盈就比盘亏好。两种结果都需要在仓内做追溯，到底是什么原因造成的差异，尽量搞清楚。当然，差异的追溯不是为了追责，而是找到管理的问题点，在后面的管理工作中应尽量规避。两种情况有所区别，盘盈毕竟是货在自己手中，是可控的，更多的是管理漏洞，但是企业在实际中并未受损。追溯的主旨可以完全放在找到管理漏洞上。如果是盘亏，则需要按照一定的限度去评估，是否需要追溯责任人的责任。因为盘亏表明企业有直接损失，需要企业承担额外成本。

当然，人难免出错，尤其是仓内工作琐碎繁杂，而且高峰期工作量暴增，都会造成仓内的工作失误。无论是盘亏还是盘盈，在所有仓库内几乎都会出现，并不奇怪。**组织者对于仓内的盈亏结果也不必上纲上线，应以平常心看待，只要在一定的范围内，都可以看作是正常情况。**

此外，对于盘亏和盘盈两种结果，都要给出处理方案。**盘盈部分要对盈余商品进行拆解**，看看哪些是上游供应商多送的，和供应商核实，重新完成补订单工作，或退回供应商。如果是向下游客户处少发货物，要与客户沟通，确认是否还需要货物。如果需要，则按订单补发；如果不需要，则按订单退款；如果货款未付，则将订单取消，账目拉平。还有可能确实找不到盈余节点，可以将商品放在暂存区暂存，在一定时间内还没有明确原因，则可以将其作为库存转入销售。

盘亏部分同样需要追溯，找到盘亏原因。如果是管理者的责任，在公司许可的范围之外部分，由管理者买赔。如果是免责范围之内的，由企业承担，计入管理费或成本。属于产品自然消减的，则计入财务费用项，冲抵管理费用。

盘亏和盘盈都是正常的，是常见的盘点结果，产生的原因比较多，完全避免的可能性比较小，所以仓储管理者要有一定的容忍度。至于如何充分地降低异常率，则需要按照前面讲过的仔细梳理流程，确保操作规范。

（七）信息录入

经过三次盘点确认的数据，基本就可以认为是真实的库存数据了。对比原有的库存数据，将正确的数据在系统中做更新，确保系统中可调用数据的准确性。信息录入和盘点都是一项细致的工作，在录入时容易产生错误。因此，在录入实施时，一定要做好培训和审核工作，保证录入数据的真实性、可靠性。

（八）盘点总结，促进管理

前面提到过，盘点的目的除了掌握真实的在库数据，还需要在管理上做自查。通过盘点数据的结果，就可以清晰地看出管理者是如何管理仓库的。仓内是否有明确的操作流程，是否有有效的培训体系，执行情况是否有监管，操作标准是否在执行，奖惩制度是否合理，员工状态是什么样的，在盘点工作中都能展现出来。企业的管理者能通过这些数据了解仓内的真实情况，促进仓储管理水平提高。

（九）现代化盘点方式

现代化的库房会采用自动化的盘点方式，这和之前讲到的盘点方式有些不同。下面介绍几种现代化的盘点方式。

1.无人机盘点

无人机盘点，顾名思义，不再把人作为盘点小组，而是以无人机作为盘点操作小组。在无人机上挂载大范围扫码设备，使其在仓库边飞行边扫码，将数据一一上传，这和扫码盘点是一种操作方式，区别在于扫码枪不在人的手里，而是在无人机上。

2.推车式盘点

推车式盘点和无人机盘点是相同的，只是将无人机挂载的扫码器转到推车上，由人工推动，在各储位间快速实现扫码盘点。

3.RFID盘点

RFID全称为Radio Frequency Identification，指射频识别技术，在商品上配置RFID，可以实现快速的信息比对，提高效率。采用这种方式进行盘点，首先需要保证每件商品上都有RFID，这样才能对其信息进行读取。除此之外，还要确定是货就读码器还是读码器就货。如果是货就读码器，就需要将所有货物都经过读码器，使其能够读取信息。读码器就货的方式就是将读码器放在某类设备上，使其能够在仓内快速通过，找到对应的货物，完成盘点。

RFID盘点和无人机盘点与推车式盘点是相同的，只不过是将扫码器改成了读码器。

4.立体库盘点

立体库是自动化水平较高的一种仓储解决方案,设备可以自动化地进行进出仓工作,人为因素产生的盘点异常就会非常少。在自动化的立体库中货物进出大多是采用扫码法和读码法。

仓库盘点的实质,就是要获取准确的信息,其他的工作都是为了这一核心服务的。

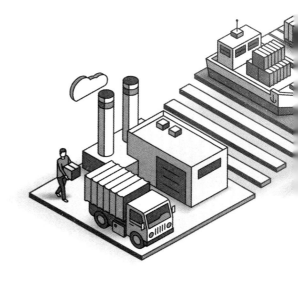

笔记三

仓内基本管理

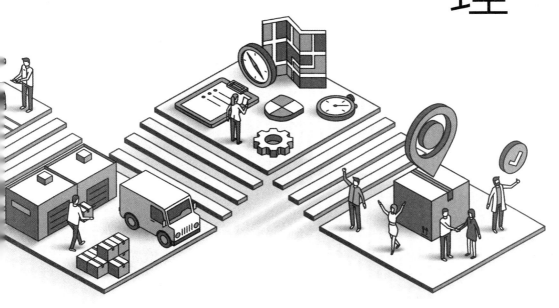

老史说道:"从今天开始,咱们讲仓内基本管理。古代的法家分三个流派,分别是法、术、势。仓内管理也分道和术,笔记二讲过了,道是规律,是流程,是仓内运营的基本法。术是办法,是手段,是仓内管理的实际动作。两者相结合,才能算是虚实相合、动静相济,仓内的管理工作才算立体、完整。"

佟伟道:"也就是说,这篇笔记虽然是讲具体的管理工作,但是并不能单独地理解,而是应该结合前面的内容去做糅合,从几个层面把这些内容融为一体,形成自身的理论。"

老史赞许地点头说道:"不错,仓内的所有动作都不能孤立地去看,彼此之间都是有因果关系的。如果将来你从仓储这个个体的板块中脱离,负责供应链的时候,更应该具备这种整体的思维、糅合的思维。掌握不同板块之间的内在联系,知道通过哪些动作去提高整体的质量。这就是所谓的熔为一炉,无招胜有招的境界。"

随后老史又笑了笑说道:"不过现在还是先别着急无招,先把有招学到手,接下来我给你讲一讲笔记三里的第一种方法——6S管理。"

十二、6S 管理:怎样让仓库更整洁

老史问道:"提到 6S 管理,你知道是哪 6S 吗?"

佟伟说道:"我做过功课,在网上很容易查到,分别是整理、整顿、清扫、清洁、安全和素养。因为这六个词的英文首字母都是 S,所以又被称为 6S 管理。"

老史说道:"回答正确,市面上也有不少的专业书籍介绍过 6S 管理,不过 6S 并不是仓储管理的专有概念,而是在日本兴起的现场管理方式,仓内管理借鉴了 6S 管理的理论。"

(一)6S 的概念

6S 管理是在日本兴起的现场管理理论,由最初的 2S(整理、整顿)逐步发展为 5S 理论(整理、整顿、清扫、清洁、素养),又发展到现在的 6S 理论。

随着管理理论的发展，未来拓展为 7S、8S 也是有可能的。现在的 6S 理论，被广泛地应用在工厂、仓库、工地等操作现场，能提升管理水平。

6S 管理理论的核心在于提升现场的整洁度，减少非必要的干扰因素，提升人员素养，塑造整洁、安全、流畅的现场操作环境，避免危险，提高效率。

既然叫作 6S 理论，就有 6 个要素，下面逐一介绍 6 个要素的基本概念。

1. 整理（seiri）

整理是将现场的物品进行分类，把有用的、无用的、现在用的和储备物资区分开。将无用的物品按照规则及时丢弃或变卖，避免在仓内占用空间及管理资源。

2. 整顿（seiton）

整顿就是将整理的工作进一步延伸，对有用的物品进行整顿管理，区分现在用的还是储备物资。如果是储备物资，需要整理好，放置在规定的存放处，未到使用时间，不再取出。现在要用到的物品，也要做好管理，做好标识，以便查找使用时更加方便。

3. 清扫（seisou）

清扫很好理解，就是对仓库内的地面、墙面、屋顶、货架等空间进行清理和打扫，保证仓内空间干净、整洁、清爽。

4. 清洁（seiketsu）

清洁是将整理、整顿、清扫这三项工作演化为制度固定下来，使其成为一项日常工作，确保仓内环境能够持续地保持干净整洁，物品码放合理，标识清晰，方便查找。

5. 素养（shitsuke）

员工的职业素养也是 6S 中的重要部分，即培养员工按照流程操作、按照规则工作，使其养成良好的工作习惯，避免在工作中自我意识泛滥，产生过多的非标操作，造成混乱。

6. 安全（safety）

安全无小事，在 6S 管理中也需要不断地强调安全管理规范，强化安全意识，让安全第一的思想在每一个员工的心中扎根，从而规避或降低发生安全事故的风险。

（二）6S管理的目的

6S管理是一种日常管理方法，需要不断地推行，持之以恒地推进，才能在仓内形成固化的工作习惯，对于管理者的精力占用比较大。那么，进行6S管理有什么好处呢？

1.提升仓内形象

通过6S管理可以改善仓内环境，使仓库看起来清爽、整洁，人员精神饱满。

2.改善工作效率

货物和仓内耗材等有序摆放，标识清晰，区域划分明确，分拣时可以更快地找到货物，需要工具时可以快速找到工具，能减少寻找时间，提升效率。

3.提高安全性

加强安全培训，员工的安全意识提高，且仓内物品摆放合理明确，能降低安全隐患，提高安全性。

4.降低成本

无用物品清理，可以有效地减少对库房空间的占用，多出来的库房空间可以做更有价值的应用，从而摊薄成本。

5.改善员工精神面貌

6S中的"素养"一项注重对员工进行职业素养培训，使其成良好的工作习惯，使员工工作实现进退有度、攻守有法，呈现一种训练有素的精神状态。除此之外，工作环境凭借6S管理实现整洁、清爽，员工在其中工作也能保持一种愉悦的心情。

（三）6S管理的推行办法

6S管理是一项根植在日常管理中的管理工作，这套管理方法的落地，最重要的不是方法，**而是坚持**，即要不断地在仓内推行，不断地和员工强调，不断地复盘结果。

推行 6S 管理是一项精细的持之以恒的工作，仅靠管理者去说是不行的，要建立推行管理机制。推行管理机制可以按照以下八步法建立。

1.明确标准

第一步是明确标准，**要想让仓内的员工按照 6S 管理去做，就要让员工知道什么是 6S**，具体做什么，做到什么程度。

举个例子，仓内要做整理，那么如何对物资进行分类，明确哪些是有用物资，哪些是无用物品。作为管理者，可能有一套分辨的标准，老员工也知道，但是不能保证仓内的员工都是有分辨能力的。因此，需要给员工一个明确的标准。有明确的标准，员工才能知道怎么做，在定好规则后，即使没有管理人员，员工也能自主地按照 6S 理论进行工作。

2.标准上墙

第二步是标准上墙，标准制定出来，是没有办法在短时间内要求员工都背下来的。要确保员工按照标准去做，最好的方式就是让员工更方便地看到它。把制定好的标准打印出来，贴在显眼的位置，使员工随时都能看到标准是什么，这是最简便的方法。否则，一套制定好的标准就容易被束之高阁。上墙是最省时、省事的展示方式，适用任何需要推行的标准、制度。

3.划分责任区

第三步是划分责任区。作为每日必做的常规工作，不能采用大锅饭的形式。祸起于微，哪怕是工作量多少这种小事，都会造成细微的矛盾，时间久了就会积压爆发，对仓内的工作推进和员工团结非常不利。因此，**在推行的初期，就要将责任区划分好**，这样每个人负责各自的区域，不会产生过多的矛盾。在后面，对于工作质量的考核也更便于执行。

4.建立巡视机制

第四步是建立巡视机制。**仓内管理是现场管理的一种。现场管理的特点，就是重视目视管理**，也就是得靠管理者现场去看、现场去盯，仅仅坐在办公室里是做不好仓内管理工作的。尤其是建立 6S 管理标准后，管理者要多在仓内巡视，可以清晰地看出哪个区域的清扫、清洁做得好，哪个区域的整理、整顿做得差。管理者可以及时对做得不好的区域的负责人进行指正。对于员工而言，管理者在仓内巡视，也会对其形成压力，促使其主动把 6S 工作做好。

5.建立奖惩机制

第五步是建立奖惩机制。这也是推行一项制度、政策的必要手段。合理的奖惩制度，可以对工作起到推动作用。既然叫奖惩机制，就是从奖励和惩罚两个方面去制定的。对于在 6S 工作中做得好的，可以选拔前三名或前五名，给予一定的物质奖励和荣誉奖励。物质奖励一定要有，荣誉奖励作为物质奖励的附加激励来设定。至于不符合 6S 标准的那部分员工，则要对其进行一定的处罚，处罚方式可以是渐进式的。首先可以从增加其部分工作量开始，如果其态度上还是没有转变，可以进行荣誉性负激励，例如设置流动小蓝旗等。如果这些方式都不能对其产生作用，则要进一步进行物质处罚，严重者可以考虑解聘，避免其个人搅乱仓内管理，对全局造成不好的影响。

6.建立通报机制

第六步是建立通报机制。**通报机制可以被看作一种看板机制**。对员工的奖惩激励是周期性的，比如月度或季度。但是工作是每日进行的，如果只在兑现奖惩的时候去看各自的成绩，首先其公允的可信度会受到质疑；其次员工不知道自己在整体中的位置，无法激发其主动性。因此，建立通报机制，按照每天甚至是每半日的节奏去通报各个责任区的情况，使落后的员工及时知道自己的不足，快速地进行改进，也可以在仓内营造竞争的氛围，加强推进效果。

通报的形式按仓内的实际情况而定，不需要做特别的规定。例如可以在早晚例会上去做通报，可以在仓内设立小黑板进行通报，也可以通过仓内广播实时通报。不管哪一种形式，关键在于及时地在全员中进行信息同步，使员工清楚地知道自身的工作在仓内的水平。

7.建立培训机制

第七步是建立培训机制。首先，员工的素养和安全这两项 6S 中的内容，是需要大量的持续培训来提高的。其次，在 6S 工作中做得不好的员工，也不一定都是因为态度的问题。员工自身不擅长此类工作，由于能力上的缺陷造成的落后情况也是存在的。在这种情况下，就不能只对这些员工进行负激励了，而是应该更用心地帮助他们，使其尽快补齐能力短板，把工作做好。

基于以上两点，在仓内建立培训机制是非常必要的。按照一定的周期，在仓内组织安全培训，可以增强员工的安全意识和提高其能力。组织职业素养培训，可以提高员工的素养，改善其精神面貌，也可以在仓内设立红黑班。优秀的人员进入红班，进修深造，为其提供晋升机会；落后员工进入黑班，学习基本标准要求，改善工作能力，提升工作水平。

8. 形成制度

第八步是形成制度。6S 的各项标准、机制在仓内不断地推行，渐渐形成 6S 管理的体系和习惯。但在企业层面，并没有将它作为真正的制度。如果仓内的管理者更换，对于 6S 管理的关注度下降，那么必然会造成机制逐步荒废，习惯慢慢退化，这对 6S 管理是非常不利的。因此，6S 在仓内基本成型、操作基本稳定后，要对这些标准和机制进行制度化操作。在企业的层面进行制度备案，有对应领导的审批确认，**使其固化成仓内必须操作的标准制度，这样对于 6S 在仓内的长期执行是比较有利的**。

小结

企业推动 6S 管理失败主要有两个原因：第一，没有按照八步法推动，可能使用了其中一部分管理策略，但是并没有做全。这是不行的，这八步法是环环相扣、逐步推进的，只做几项，不足以支撑其做到 6S 管理。第二，应该是绝大多数企业失败的主因，即**没有做到持之以恒**。前面强调过，这份坚持比方法更重要。因为这件事是需要在仓内养成习惯，使员工服从管理，保持良好的环境。那么，没有持续不断地输出是不现实的。毕竟改变一个人更复杂、更困难。

十三、客户需求档案管理：客户的要求是什么

老史说道："仓库内需要建立客户需求档案。尤其是服务 B 端客户的仓库，要把客户的需求详细地罗列出来，作为仓内操作的指导性文件，出库订单做到什么样的标准，在于企业对于客户承诺的服务标准是什么样的。"

佟伟问道："B 端客户的需求是多变的，如果对每个客户的需求都建

立客户档案，是否会增加仓内成本？"

老史说道："当然，每一个独特需求的满足都需要支付额外的成本，这就需要企业在成本和客户体验之间做一个权衡。不是每一个客户的每一个需求都需要满足，也不是所有的工作都只能以成本为准绳来衡量，综合考虑，权衡整体的利弊，在仓内设立标准，明确哪些客户需要设立档案独立保障，哪些客户可以放在标准操作内，是客户档案管理的第一步。"

（一）客户需求档案管理的范围

客户需求档案是服务客户的信息材料，对于执行部门而言，是重要的指导性文件。尤其对于物流部门，需要直接和客户接触，其服务能力是对企业整体服务能力的直接体现。仓库是实物商品的最后一轮加工环节，客户的需求大部分在这里实现。因此，在仓库内设立客户需求档案，是非常有必要的。

在对客户的需求实现上，企业要有所权衡和取舍，并在此基础上给出重点客户名单。仓库按照重点客户名单，建立客户服务需求档案。对于重点客户的评估，可以参考以下几个角度。

1.客户体量

客户体量是最常用的衡量维度，客户的采购量大，在企业中的业务占比高，对企业运营起到支撑作用，因此其话语权较高。对于企业来说，要保证此类客户的服务体验，以确保采购订单的稳定。这类客户是第一个重点保障对象，仓库应优先建立此类客户的需求档案，确保其服务体验。

2.客户毛利

当客户的毛利足以支撑客户需求的时候，仓库可以按照客户要求为客户进行履约，同时在仓库内建立客户需求档案。客户支付足够的毛利，实际上和客户为其定制化需求付费是同样的道理，对于企业是没有坏处的。如果客户再有充足的采购体量，那就是最优质的客户了，要放在最重要的位置进行保障。

3.客户潜力

目前，客户的体量或毛利可能不足以满足其需求，但客户本身的商品需求

量很大,只是处于与企业合作的初期,进行尝试性的合作,使得体量不足。或者客户属于高速发展企业,在一定周期内能够成长为高体量客户。对于这一类型客户,企业需要在前期进行一定的投入,以换取后期的交易体量。对潜力客户的投入,需要企业自身有充足的评估和确认流程,作为执行部门,仓库在接到确认信息后,应在仓内建立客户需求档案。

4.客户的行业影响力

每个行业都有其领军型企业,这些企业是行业中的标杆,是众多同行业企业模仿的对象。这类企业在行业中的影响力非常强,如果在为其服务过程中出现过多的问题,就会快速地由这家企业扩展到其所在行业中,对业务的影响非常大。对于这类客户,也要做好服务,在仓内建立客户需求档案,并以其需求档案为蓝本,在其所在行业内调研行业维度的需求痛点,给出行业解决方案。

5.战略性投入

战略性投入类似于第三种、第四种情况,但是预期更高一些。例如为了进入某些市场,对关键性企业给予特殊保障,以更好地提供服务,在行业中打开切入口等。

除了上面这些通过评定原则评定出来的重点客户要做客户需求档案,**对于其他客户的需求,也应该有调研、有整理、有文档、有执行**。只不过这部分不按照独立的形式展现,而是以行业、地区等更大的范围形成通用的操作标准。千万不要对非重点客户的服务没有标准、没有要求。

所谓重点客户,也只是在一定意义上对于企业的话语权更大的客户,企业为了获得这部分客户的订单和支持,选择额外支出成本保障。对于企业来说,实际上每一个客户都是重要的。

(二)客户需求档案建立的关键项

客户需求档案建立起来,需要在档案中体现哪些内容,才能满足客户的交付需求呢?至少需要体现以下几点。

1.客户基本信息

客户基本信息是客户档案的第一项内容,包括客户名称、客户编码、所属行业、交货地点、收货人信息等。如果企业内部对于客户还有划分规则,也需要有所体现。宗旨就是让执行者能够更快速、准确地区分客户。

2. 内部团队信息

除了客户的基本信息，企业内部服务客户的团队信息也需要在其上有所体现。例如负责的销售人员、运营人员、客服等，以便在订单生产过程中出现异常问题，可以更便捷地沟通、解决问题。

3. 商品要求

客户对于商品的要求要体现在需求档案中，这些要求是指对同一个SKU的不同需求。例如对于保质期的需求，有的客户要求1/2保质期可以收货，有的要求1/3才能收货，有的要求1/4才能收货。对于这些不同的需求，要在需求档案中一一注明，以便在拣货时将符合标准的商品拣出。

4. 包装要求

客户对于商品发运的包装是不是有要求，也需要在需求档案中明确。这包含两项：一是对包材的要求，是否要求纸箱包装？有没有防水、防震要求？有没有恒温要求？等等。二是对包装规则的要求，是否接受多SKU混包？对包裹大小有没有要求？对标准箱内的商品数量是否有要求？是否要求托盘运输？等等。

5. 单据要求

单据是货物交付时的重要凭证，客户不同，需要的单据也不同。其涉及交接、财务流程、管理等应用场景，大体可以分为交接清单、包裹装箱清单、箱签、商品签等。单据齐全，可以提高交接效率，也可以作为交付凭证，为双方的财务流程和业务流程提供支持。在需求文档中，就要将客户需要哪种单据、单据的要求是什么一一注明，以便在仓内制作。

6. 配送要求

配送要求是出仓后的要求，但也需要在仓库阶段就完成部署，属于仓库工作的一部分，而且大多数时候，仓配并不分家，是一体的。配送要求主要包括配送时间、配送车辆、配送人员、进场手续等。

7. 交接要求

交接是双方对于货物货权转换的确认过程，客户对于交接的要求是什么，需要在需求档案中明确。举例来说，如交接地点是在客户门口还是仓库？交接方式是整箱交接还是单品交接？交接后需要哪些确认单据？交接后是否需要其他的额外服务，如协助上架？等等。

8.售后要求

最后一项是售后要求，客户对于售后的提起方式、受理时间、处理时效等，都需要明确。售后是客户服务体验中的重要一项，是免除客户购买商品后顾之忧的重要保障。其在商品订单中的占比可能不高，但影响不小。客户可能会通过这一项的不良体验来否定企业的全部服务努力。

（三）客户需求档案建立流程

客户需求档案不是所有的客户都要建立，只有选出的重点客户要进行这一步。那么，这些重点客户由谁来核定呢？通常是**由业务部门、管理层和物流负责人共同核定**。这份名单给到仓库后，才会由仓库建立需求档案。

1.需求档案流程发起

客户需求档案的建立，需要由业务部门发起。业务部门需要对客户的基本信息进行收集，对交付需求做详细记录，提供可评估的关键数据，以判断其是否符合企业的投入标准。

2.需求档案流程确认

业务部门提供关键数据及客户基本信息后，由业务部门负责人、管理层负责人及物流负责人会同决策。这样可以从业务、战略和运营及成本等多个角度看待这个问题，给出更合理的决策。如果企业本身规模较大，无法针对单独客户形成这种管理层面的会同决策，也需要由业务部门、物流部门和管理部门派出代表共同决策。

3.需求档案调研

一旦决策需要建立客户需求档案，那么就要对客户需求进行正式的调研。业务部门提供的粗略需求，只能作为参考，不能作为最终的需求档案。仓库需要派出专家，拜访客户的管理层、采购人、仓库收货人等不同的客户角色，立体地了解客户需求，从流程到执行，再到材料和货物标准，形成全面、准确的客户需求资料。

4. 需求确认

客户需求资料调研完成，仓库运营团队需要按照客户需求给出成本预测，以便业务团队进行损益核算。最终根据业务团队的反馈，完成需求确认，明确哪些需求需要列入需求档案，哪些需求需要再和客户沟通。

5. 档案制作

客户需求确认完毕，需要按照固定的格式将其整理成标准文件。随后，在仓库内的主要生产场所执行档案上墙，以便员工查看。如果企业的研发能力足够，也可以将客户需求通过系统的形式传输到员工的 PDA 上，员工按 PDA 上的提示直接操作。

6. 需求档案培训

需求档案制作完成，不仅要在明显的位置进行张贴，还要对负责的员工进行培训，明确操作细节要求，使负责的员工熟悉档案内容，知道整个生产过程应该如何操作。明确档案所在位置，确保员工在不清楚档案内容时，能够快速找到档案文件参考。

（四）客户需求档案的执行考核

需求档案创建完成，只是客户服务的第一步，更多的工作还是在员工的执行上。员工能够按照档案要求的标准去做，订单交付是贴合客户需求的，客户的体验好。反之，有任何一点不符合档案要求，都有可能造成客诉，导致客户的服务体验下降。因此，**员工的执行是其中的关键之一**。

员工执行，除了依靠前面提到的充分培训，让员工知道应该做什么、怎么做，还要对员工的执行情况进行监督和考核，确保执行到位。对于建立了需求档案的客户，**在仓内可以按照定岗服务的形式分配到人**。客户的需求档案执行情况由对应的员工承担责任，和其绩效工资挂钩，以促进档案执行。

（五）服务专员制

对于极其重点的客户，还可以设置服务专员岗位，专门承接某一客户的需求，力求使每一项需求完美落地，确保客户的服务体验。服务专员为单独客户的特设岗位，只为此客户服务，因此岗位的所需人员成本会核算在这个客户的损益之中。那么，这就需要客户本身的体量、毛利等足以支撑其成本支出。这需要在设置时做好充分评估，免得投入与产出不匹配。

（六）客户需求档案的迭代

客户需求档案制作完成后，并不是一成不变的，需要根据客户的需求进行**周期性的迭代**。具体而言，把客户的新需求更新到需求档案中，将陈旧不用的需求标准淘汰出需求档案，使需求档案始终贴合客户的实际需求。

客户需求档案的迭代需要新的需求信息的支持，而这些新的需求信息的来源主要有三个。

一是业务部门。这是直接获取客户需求的部门，通常会最先了解客户的需求，了解客户的战略方向。同时，这个部门传递过来的需求，通常也是客户管理层最关心、仓内最需要关注的信息。

二是配送司机。这是和客户直接接触的群体，对于末端收货人的需求了解是最直接的。所以配送司机或配送员的反馈，是第二个需要重视的需求信息来源。

三是客服。如果客户不能找到企业的专职服务人员，就需要拨打客服电话获取帮助。客服反馈的需求信息，通常是点状的，更偏向客户个人。

企业可以通过以上的需求信息来源，不断地更新客户需求信息，但多渠道、无规则的信息反馈反而会影响仓内运营。因此，需要定期地对这些需求进行梳理，明确需要添加的部分，然后进行迭代更新。

小结

客户需求档案是仓内工作的重要指导文件，从确认制作到需求调研，再到执行和迭代，都不是随随便便就能完成的。

要把调研收集到的信息形成真正的具有指导作用的文件，并不容易。这既需要综合各方面的需求，也要从实操的角度出发，分析需求实现的路径，还要保证其管理。这是一件比较困难，却很有意义的事。需求档案不能做表面文章，如形成一份文档，看起来高大上，对实际工作没有作用，如果这样，这件事情不做也罢，因为这样只会产生负面作用。

十四、设备及物料管理：物资应该怎么用？

"千里之堤，溃于蚁穴。细节对于最终的结果影响很大。"老史说道："仓储管理是一个注重细节的管理领域，在仓库运营中的各个环节、各项流程包含着大量的细节工作。哪个细节管理不到位，都有可能影响仓内的运营。"

佟伟说道："这样看来，作为仓库的管理者，仓储经理需要有一定的经验，对仓内的工作非常熟悉，这样才能对仓内的管理细节了如指掌。"

老史点点头说道："确实，如果仓储经理的经验丰富，对于仓内管理的开展是有积极作用的。不过，你也不必担心，只要认真学习、仔细观察、多思考、多实践，你也可以在很短时间内进阶成为一名优秀的仓储经理。"

佟伟说道："我明白，我会更多地观察仓库运营的细节的。"

老史说道："对，多观察细节，进阶会很快的。今天讲两个管理上的细节，它们不在主要的生产流程内，却对仓内管理有重要作用，就是设备及物料管理。"

（一）设备及物料管理的作用

设备及物料管理是仓内的常规管理项目，设置明确的管理规则的目的，就是要将这两项内容管理清晰，避免产生不必要的问题。

仓内设备主要是指在仓库内作业会用到的机器机械等辅助性工具，它们不同于仓库本身的场地和结构，是单独安装的或独立存在的个体。常用的仓内设备包括货架、叉车、升降车、地牛、打包台、分拣车、PDA等，这些是传统仓库中都会用到的常规设备。现代化的仓库里还会出现如立体货架、堆垛机、机械臂、传送带、AGV等智能化的仓储设备。

这些设备是仓内运营的支持部分，在应用时会分布在仓库的各个角落。对设备疏于管理，则可能会造成设备应用率低，影响运营效率，甚至产生安全隐患。安全管理是最重要的管理项，叉车使用不当造成的仓内伤残是非常严重的事故。货架缺乏维修养护，造成倒塌，货物损失及人员受伤，都是很大的损失。

物料在仓内的范围比较广泛，一般来讲，是指消耗类的物品。最典型的就是包装物料，如纸箱、气泡垫、泡沫、胶带等。此外，还包括仓内用到的劳保物资，维修保养用到的机油，清洁用到的清洁剂等。总之，是仓内使用，且为消耗品的，均可归入物料管理行列。

物料管理的目的，主要是规范使用，避免浪费。除此之外，物料存放不规范，在仓内随意堆叠码放，既不便于管理，也对仓内的运营工作不利。

基于以上原因，**仓内需要对设备和物料进行规范化管理，避免风险，降低损耗，提升效率。**

（二）设备的管理规范

设备管理并不只是对设备的使用情况进行管理，还需要对设备的保养、维修、维护等进行管理，形成全面的管理维度，以保证贵重的设备能够稳定、高效地完成工作，充分发挥其价值，助力仓内运营。因此，对于设备的管理，需要从八个方面入手。

1.安全原则

安全在仓内管理是最重要的，高于其他一切原则。 只有人、货、场、器这些仓内要素都足够安全，仓内的运营才能顺利进行，仓内管理才有意义。仓内设备，由于其使用特性，如不按规范操作，极易产生事故风险。因此，制定仓内设备的安全管理规范，是非常有必要的。

（1）使用前预检

设备类型有很多种，不同的设备需要预检的项目不同。根据仓内实际情况，需要对每一台设备给出明确的预检方法，以便员工操作。下面以柴油叉车为例，介绍预检的主要内容。柴油叉车使用前要进行十步检测，以检查其是否存在安全隐患，是否能够正常工作。

第一项，车身检查。巡视车辆外观，是否存在生锈、变形、开裂等情况。尤其是顶部的保护板，是否有开裂情况，如有开裂，须及时修理。

第二项，油料检查。检查油料是否充足，能否满足当日操作需求。如不能满足，应及时添加油料。

第三项，操作杆检查。检查各操作杆是否完好，有无变形、弯曲、开裂等情况，如有发现，及时报修，避免操作中产生操作偏差。

第四项，轮胎检查。首先要看一下胎压是否正常，有无漏气、泄气等情况。其次要看四个轮胎胎压是否相同，如有较大差距，应补齐低压轮胎的胎压，保证驾驶平稳。最后要检查轮胎是否有破损、裂痕、较大划痕等，确保行驶中的安全。

第五项，电气设备检查。测试其操作是否存在问题，检查电线是否有破损，电池容量是否足够，以及电控器是否能正常工作。作业中的电气设备突然停滞，会造成很大的安全隐患，因此要予以关注。

第六项，前叉检查。前叉是货物的承载部件，是主要的承重处。出车前要对前叉部位做细致检查，检查前叉是否有开裂、变形，螺丝是否存在松动。

第七项，制动系统检查。比让叉车动起来更重要的是让叉车停下来，制动系统的重要性不言而喻，在出车前要充分检查。

第八项，液压系统检查。液压系统能为叉车操作提供动力。因此，出车前需要检查液压系统的油液是否充足，有无漏油现象，油路是否通畅。

第九项，灯光检查。灯光是叉车夜间作业必不可少的，因此需要对灯光情况进行检查，确保灯光正常使用。

第十项，座椅及安全带。座椅和安全带是保护驾驶员最主要的部件，在出车前应对其进行检查，确保能够保障驾驶员的安全。

（2）使用中安全规范

沿用上面的例子，仍然以叉车作为对象。叉车在使用过程中也有很多的安全要求，以确保使用安全。

驾驶叉车，驾驶员必须经过专业的培训，持有叉车证，才能驾驶叉车。
仓内操作，叉车速度不得超过 10 千米 / 时。
叉车前叉不论是否有托板，均不许站人升降。
禁止任何人在举起的货叉下经过或停留。
叉车叉举货物，禁止超过载荷。
叉车叉载货物时运动，货叉抬升不得超过 20 厘米。
驾驶叉车时，不得将身体的任何部分伸出叉车以外。
在任何情况下，不允许叉车载客。
叉载重物时，应尽量将货物后移，靠近货叉的根部，并将货叉向后倾斜。
叉车运行中，多观察周边情况，避免对他人或设备造成损伤。
操作场地地面，确保平整坚固，可以支持叉车的操作。

（3）使用后检验

叉车在使用后要及时归还，不能驾驶叉车做运营操作以外的其他事项。另外，应将叉车停在指定地点，不堵塞安全通道，不占用日常通道。

交车后，同样要对叉车进行检查。检查项和出车前的预检项基本相同，如发现问题须及时报修，避免影响下次使用。

仓内操作，安全大于一切，一次安全事故，可能会影响之后相当长时间的运营，造成运营效率下降。设备损坏、货物损坏还会带来直接的经济损失。如果是人员受到伤害，除了企业自身受到的经济损失和产生的社会影响，对受伤害的员工个人影响更大，甚至会造成不可弥补的伤害，危及生命，这是多少金钱都无法弥补的。因此，**安全问题怎么说都不为过，怎么强调都不算啰唆。**

2.能耗最低原则

设备在仓内的使用，可以为仓库的运营带来极大的便利，但设备也会消耗大量的能源。因此，在使用过程中应遵守能耗最低原则，以此来降低运营成本。这与当前的低碳减排、节能绿色的指导方针也是相符的。

设备在仓主要使用的能源是燃油和电力两种。从当前情况看，燃油主要是仓内的内燃机叉车、升降车等设备使用。因此，燃油降能耗的主要方式就是加强对此类设备的管理。

（1）严格规范燃油设备的使用范围

在仓内经常看到这样的情况，货物距离分拣或出口仅几米。按照正常的操作方式，应由仓内员工使用地牛来将这些货物运至指定位置。但实际情况是，叉车驾驶员使用叉车挑起货物，直接送到指定场所。这种方式虽然在短时间内提高了效率，但无疑会增加叉车的油料使用率。由员工搬运的形式并不会影响运营，所以应该在两者之间进行充分的衡量，明确阈值，以减少低效使用。另外，应规定设备使用范围，明确哪些是叉车可以干的，哪些是需要员工自行操作的，避免不必要的运营支出。

（2）规范驾驶动作

可以由经验丰富的驾驶员，总结出一套更符合节省燃油原则的操作方式，通过培训，在驾驶员中进行推广，使驾驶员能够在实际的驾驶工作中有意识地按照规范驾驶动作执行，从细微处实现降低油耗的目的。

（3）定期保养设备

对于燃油类设备，设备本身的状态也会影响油耗。定期地对设备进行清洁和保养，确保设备的运行状态，也可以起到降低油耗的作用。

电力在当前的仓库内的应用更加广泛。在现代化的仓库内，大部分设备采用电力驱动。如电动叉车、电动升降机、自动打包机、堆垛机、货到人分拣系统等，都是依靠电力来驱动的。因此，在仓内合理地使用电力能源，对于降低能耗的作用更大。此部分内容在后面有详细介绍，此处不做详述。

设备的能源消耗，是仓内运营的一大成本支出项，对仓内成本的影响很大。但设备能耗也是相对可控的一项成本支出，在仓内做好精细化的管理，可以节省一笔可观的费用，实现仓内的降本。

3. 人机绑定原则

人机绑定，是**指设备要有对应的人负责**，每台设备机器都能找到责任人。通常设备的责任人就是使用人，由使用人对设备的使用、日常保养和日常管理负责。

人机绑定，首先要对设备机器进行编号，使其具备独立的身份标识。其次将其与对应的员工进行身份绑定，在系统中进行备案。

确定好绑定关系后，要对员工进行培训，使其明确设备的使用规则、保养和维护要求、日常的管理规范，并针对各项要求规范设立考核制度，确保员工按照规定执行、合理使用和管理设备。

4. 设备保养规范

设备要想保持一种良好的状态，在运营中实现稳定，必要的保养工作是必不可少的。因此，需要在仓内设立设备的保养规则，确保设备能够及时获得专业的保养，保持其运行状态。

（1）保养的操作规范

要根据设备的不同，明确保养的标准动作，这就是保养的操作规范。每台设备的组成不同，保养的部件和保养的方式也不同。这些保养的细节，通常在产品的说明书上会有较为详细的介绍，可以以此为标准文件，对同类型产品形成保养操作手册，供员工使用。

（2）保养日志

保养周期一般也会在说明书中注明，这里要注意的就是要形成保养日志。也就是说，将每次的保养时间和保养动作记录下来，以便为后续的保养工作提供参考。依据前一次的保养详情，安排下一次的保养动作。

（3）保养责任人

有任务就要有责任人，保养工作也不例外，需要有专门的人负责。根据仓内情况，可以设置专门的负责人来统筹仓内所有设备的保养维护工作，也可以将设备的绑定员工，直接设置为保养责任人。主要看仓内的管理习惯和管理方式，两种方式都可以参考。

5. 设备归还规范

部分设备在使用完毕后，需要归还到统一的管理处管理。在归还管理处时，**应对设备进行检视交接，以明确设备的归还责任**。检视交接应包含以下内容。

（1）设备外形检视

检查设备外形有无损伤、剐蹭、变形和开裂等情况，是否和借出时的记录相符合。对于影响设备操作或安全性的问题，要及时报修。

（2）能耗检视

对设备中留存的燃油、电量等，检视剩余量；对于剩余量不足的，补充满，以便下次使用。

（3）基本运行检视

对设备的基本运行能力进行检视，确保没有隐藏的问题，能够正常运行。如发现有异常情况，应及时报修。

由于是内部流程，日常设备归还主要检视以上三项内容，无须做更细致的交接。只要确保设备无明显问题，可以支持运行即可。

6. 设备管理日志

设备管理要建立管理日志，对于设备的每日使用、保养、检修、能耗等情况进行记录。明确设备的每日情况，对各项操作留痕，以方便管理。

设备管理日志可依据不同的设备，设计不同的记录内容，但需要由相应的员工负责，每日填写。然后，由专门员工每日收集设备管理日志，收集后整理清晰，归入档案。

7. 培训制度

前面说了很多规则、规范和制度，这些管理工作都需要仓内的员工执行才有价值。但员工不可能生而知之，需要教而知之，所以培训工作是必不可少的。

可以通过早会、夕会的形式，对各项管理规范、制度进行宣贯培训，提升员工的认知，确保执行。此外，可以组织专项培训会，因为专项培训会的氛围更好，针对性更强，员工也更重视专项培训。

通过不断的培训，强化员工的认知，才能要求员工按此执行，逐渐形成良性循环。

8.现场巡视制度

仓内管理是典型的现场管理，目视化管理是现场管理的常用手段。作为仓内管理一部分的设备管理也不例外，需要仓内负责人进行巡视，用眼睛去看去评估仓内员工的操作能力，以及是否按照规范的要求在操作，及时发现问题，及时治理和改正。这是制定巡视制度的主要目的。

巡视制度是一种随机制度，仓内管理者不需要按照固定的周期进行巡视，而是采用随机的形式。固定周期容易造成仓内员工的"唯上"行为，有人盯着，就好好干，没人盯着就偷懒。采用随机的方式，员工不知道管理者到达的时间，就不能把操作中的问题刻意隐藏起来。

设备的管理主要是建立管理机制，形成管理习惯，常讲、常看、常检、常练，让仓内员工有意识、有方法地配合设备管理。

（三）物料的管理规范

物料是指仓库运营中需要用到的消耗品。物料的种类很多，涵盖仓内运营的各个环节。常见的物料有包装物资、劳保物资、维修养护物资、安防物资等。企业会依据需求提前购买一定数量的物料放在仓库内，以便随时取用。

在管理上物料和商品有相通之处，都需要依照不同的品类分区管理，都需要建立台账。区别在于，物料属于内部使用的物资，不涉及仓内的各项主要生产流程，但其入库和领用的管理制度和仓内的生产主流程基本相同。

1.物料的分类管理

物料包含的种类很多，如果将其随意地堆放在一起，对于物料的保存、领用及空间利用都不利。因此，在日常管理中应将物料进行分类，然后按照不同的类别分别管理。

分类管理，首先要做的就是分类；其次将不同的物料按照大类先做出存储区区划，同一大类的物料存放在同一区域；最后按照不同的品类规划货位，把细化的分类按照货位的形式存放进去。如果是大包装物料，可以选择托板地堆的形式存放；如果是中小件物料，最好使用货架存放。物料码放时要注意码放整齐，不能占用通道，不能阻碍通道。

不同物料存放要关注几个关键点：一是易燃易爆品单独存放，不和常规物料混放；二是危化腐蚀性物料单独存放，不和其他常规物料混放；三是液体、易损品，如玻璃瓶包装品、塑料袋包装液体、陶瓷包装品等不宜堆高，不宜放在高处；四是物料绝对不能混放，如果是临时占用场地，也应在占用结束后及时归入原来的位置。

分类管理可以使物料管理更清晰明了，可以提高物料的入库和领用效率。同时，不同类别物料分区存放，也有利于保证仓内安全。此外，物料分类管理更便于物料码放，整齐的码放方式有利于提升仓内空间的利用率。

2.物料的库存台账

对物料做完分类管理，需要把分类管理的结果登记在册。物料仓的哪个区域的哪个货位上存放了什么物料，数量是多少，都要一一记录清楚。另外，每种物料的总数是多少，什么时间、什么人、领用了什么物料，领用了多少此类物料，都需要记录清楚。

将这些信息汇总在一个报表内，就形成了物料库存台账。仓库管理者要依据物料库存台账来做物料的库存管理，明确哪些物料需要补货，哪些物料库存过多，从物料管理的台账中获取数据，再通过数据分析制订计划。

3.物料领用制度

物料是内部使用的物资，不需要走出入库的常规生产流程，但并不意味着物料就可以随意领用。**物料的领用，根据类别的不同，需要设置明确的领用流程**。例如涉及直接生产使用的物资，如包装纸箱，使用人可以登记后直接领用，无须领导审批。但每日需要依据其生产情况做复盘，确认领用是否在合理范围内。如果是日常使用的劳保物资，如手套，可以依照过往经验为每人设置周期性的领用上限。在上限内，则无须额外审批，使用人可以直接登记领用，如超出上限，则需要其直属领导进行审批。如需领用较为贵重的物料或危化腐蚀类物料，则需要提起申请流程，按照权限划分，审批到对应层级，审批完成后方可领用。

物料领用制度，应在确保安全的情况下，优先保障运营的顺畅，其后再考虑是否会产生浪费，这是领用制度的三阶段原则。

4.物料的使用率监控

在物料的使用中，不同的使用人会呈现不同使用效果，有的人使用率很高，有的人使用率则相对较低。使用率高的员工，是否有什么好的方法？使用率低的员工，是不是技能的问题，还是意识的问题，或者有其他原因？这都需要对物料的使用率进行监控，才能拿到对应的数据，找出问题人，再从问题人身上找到问题源，从而判断是需要对员工进行技能培训，在团队中使用激励政策，还是要给员工敲响警钟。有了对症的策略，才能提高物料使用率，减少浪费。

此外，对物料使用率的监控，**获得第一手的使用数据，对于物料采购计划的制订有很大的帮助。**

5.废旧物料的回收

使用后的物料，并不是全部要报废，有一部分经过维修还可以再次使用，有一部分回收后可以用作其他用途，还有一部分回收后是可以进行变卖的。这些情况下，**对物料进行回收可以产生新的价值。**

因此，在物料管理中，要明确哪些物料是需要回收的。当此类物料不能再在实际操作中使用时，可以将其从员工手里回收回来。主要的方式分为两种。

第一种是以旧换新，也就是当需要领取新的物料的时候，要将废旧的物料交回，以旧物料作为领取新物料的一项凭证，既可以起到回收物料的作用，又可以监督员工的物料使用情况。

第二种是通过积分兑换的形式回收废旧物料。员工将物料交回，可以在物料管理处获得一定的积分奖励。在仓内购买折价商品时，积分可以抵扣一定的金额，以激励员工回收废旧物料。

物料的管理方式和商品管理极为相似，管理者完全可以采用商品管理的方式管理物料，可以在系统中增加物料管理的子板块，将入库、领用及库存管理线上化，更有助于物料管理工作的进行。

小结

设备及物料管理是仓储管理中非常重要，也是非常细节的部分。在做仓内管理的时候，要关注这两个点，尤其是物料管理，在仓库中经常会被忽视。但这种忽视往往伴随的就是运营领用不便，以及各类安全隐患。

十五、包装管理规范：货物要怎么包

> 老史说道："今天要聊的内容，是仓内的包装管理规范。"
> 佟伟问道："包装管理规范是指什么？"
> 老史道："包装管理规范主要是指两个方面，一是包装材料的使用规范；二是包装动作的规范。包装好不好、合适不合适，取决于三个方面：一是货物在途运输的安全；二是包装物料的使用率；三是企业形象。所以，仓内管理要关注这一项内容。"

（一）包装材料的使用规范

1. 包装材料的分类

包装材料可以分为三个大类，分别是外包装物、填充物和封箱耗材。每个大类里又分不同的小类，现代工业的发展，也带来了越来越多的包装材料，这里对常见的包装物做初步介绍。

（1）外包装物

外包装物是指包裹最外面的包装物，它是商品的第一道保护防线，保护商品不被磕碰剐蹭，以免影响其使用性能及售卖包装的完整。外包装物是商品和客户见的第一面，对企业的形象影响较大。一个整洁的外包装物，给客户的印象是更专业、更优质。如果外包装物看起来破破烂烂或者污损严重，客户对于企业的认知也会同步到这一层次。

① **纸箱包装**。纸箱包装是最常见的外包装物，纸箱本身具有一定的硬度，对商品的保障作用更强。现在的纸箱多为瓦楞纸结构，按照层数不同分为三层瓦楞纸、五层瓦楞纸、七层瓦楞纸等多种。层数越多，说明瓦楞纸板越厚，承载能力和防磕碰撞击能力越强。

瓦楞纸的重量是衡量瓦楞纸箱强度的一个重要指标。同样是五层瓦楞纸结构，越重说明瓦楞纸制作时用料越多，成型后的瓦楞纸强度也就越强。

除了标准的牛皮纸纸箱外，还有彩色纸箱。彩色纸箱多为定制品，作为商品售卖包装或特殊包装使用。外包装的尺寸如果能使用纸箱厂的标准尺寸，价格相对低一些；如果不能通用，则需要梳理品类情况，设计几款定制纸箱，作为仓内常规使用。

② **防水袋**。防水袋是寄递中小件物品，尤其是比较轻的物品时常用的包装物。有时也作为纸箱包装的补充包装，能起到防水防雨的作用。防水袋一般自带封口带，使用起来比较方便。在服装、鞋袜等行业应用广泛。

③ **木箱包装**。木箱包装是重货发货常用的包装物，也是出口常用的包装物。木箱的种类比较多，如实木木箱包装、真空木箱包装、环保木箱包装、钢带木箱包装、熏蒸木箱包装、花格木箱包装、防震木箱包装、军工木箱包装、减压木箱包装、热处理木箱包装、免检木箱包装、木栏包装等。

木箱包装的成本比较高，对于货物的保护能力也比较强，在机械设备制造业、远洋海运、易碎品运输等领域应用广泛。

木箱包装应用的场景较之纸箱包装要窄，彼此间的通用性不强，因此相当一部分是需要定制的。每家企业的不同品类商品有其特定的包装尺寸和包装方式，更有甚者，每次运输都需要单独设计和制作木箱包装。

木箱包装的设计，是比较有技术含量的工作。首先，要对货物的特性有充分的了解，知道如何设计，这样才能对货物起到充分的保护作用。其次，木包装本身的硬度是比较高的，一般的货物也不适宜和木包装直接接触，因此需要在木包装内添加填充物。一是能起到减震防摩擦的作用；二是能对货物起到一定的固定作用。所以，**在做木包装的设计时，尺寸要预留放入填充物的空间**。在确定了木包装的尺寸后，还需要对木包装的材料进行选择，包括材料材质、材料尺寸、材料条件等，以保证木箱有足够的强度，以承载货物重量和抵御外部的冲击。对于木箱的固定方式，也可以有多种选择，如螺栓固定、铁片固定、钉子固定等，也是依据木箱的用途和材质去做选择的。

④ **气泡袋**。气泡袋主要是由塑料气泡膜按照袋子的形式进行加工，使其更方便使用的一种包装物料。其形制和防水袋有些类似，但通常要小一些，也是自带封口带，便于封装，主要用于图书、首饰、电子产品等。

⑤ **信封**。信封主要用于文件寄递，尺寸通常为长 324 毫米，宽 229 毫米，正好适合一沓文件放入，通常用于合同、标书、图书等货物的寄递。

⑥ **其他包装物**。除以上包装物料，外包装还有塑料箱、铁皮箱、塑料袋、保温箱等不同的类型。依据业务场景的不同，其服务于不同的货物。

（2）填充物

填充物是在包装物和货物之间起到缓冲、固定、隔离作用的物料。填充物的类型有很多，可以针对不同的场景进行使用。

① **气泡垫**。气泡垫和前面提到的气泡袋实际上是一种材质，而且气泡垫

算是气泡袋的原材料。所以，气泡袋是一个个的袋子，气泡垫则是一片片的垫子，主要起缓冲作用。由于其具有耐磨的特性，也可以作为隔离物使用。

② **泡沫板**。泡沫板的类型有很多，使用的材质和工艺也都不同，如 EPS 板（可发性聚苯乙烯板）、EPP 板（发泡聚丙烯）等，其价格也有较大差异。对于仓库使用来说，不管是哪种类型的泡沫板，其主要作用都是减震。通过特定的塑形加工，泡沫板还可以起到很好的固定作用。例如现在的家电产品，基本都是通过专门的塑形泡沫板来做箱内固定的。

③ **充气袋**。充气袋是一个个的塑料气袋，主要用于箱内多余空间的填充，能起到固定和减震缓冲的作用。充气袋通常需要配合充气机使用，随用随充，使用简单。但充气袋的强度有限，不适宜比较沉重或尖利货物的包装。

④ **珍珠棉**。聚乙烯发泡棉是非交联闭孔结构，又称 EPE 珍珠棉，是一种新型环保的包装材料。它由低密度聚乙烯脂经物理发泡产生无数的独立气泡构成，克服了普通发泡胶易碎、变形、恢复性差的缺点，具有隔水防潮、防震、隔音、保温、可塑性强、韧性强、循环再造、环保、抗撞力强等诸多优点，也具有很好的抗化学性能，是传统包装材料的理想代替品。

⑤ **气泡柱**。气泡柱是由充气袋组成的柱状包装物，但其强度要远高于充气袋，整体成柱状，适用于单瓶酒类。尤其是贵重的酒品，使用气泡柱，可以有效地对酒瓶产生保护作用，是单瓶酒发运的常用填充物。

（3）封箱耗材

封箱耗材是指打包中货物和填充物完成装填，对包装物进行最后的封装固定所需要使用的物料。其中，最常见的就是胶带，其以经济、好用和多场景应用的优势，占据着打包封装市场的绝大部分江山。

胶带的类型也分很多种，如普通胶带、易碎品胶带、生鲜胶带、专用封箱胶带等，使用场景不同，形制也有所不同，但最终都是用来封箱和作相应标识的。

除了胶带，有些情况下也会使用螺栓、钉子等，一般是在木包装上使用。此外，还有拉链式的封箱方式，那么其拉链就是封箱的耗材。

包装物的类别远不止这些，前文介绍的是最常见的几种，包括填充物和封箱耗材。我们要知道，使用包装物料种类最多的不是物流侧的仓库，而是生产部门，每一类商品的包装一定是不同的，消费者也容易辨识。但是仓库不需要，**仓库使用包装的主要目的是便于运输和保障货物安全**，也包括保障货物原包装的安全。所以，仓库内一般不会要求过多的包装品类，能够满足需求即可。

2.包装材料的选择

仓内货物最终都是要发出去的，发出去的货都要符合运输的标准，使其便于装卸，并保证其安全。下面要讲的内容就是如何选择包装材料？

选择包装材料，首先要对货物的特性进行分析。了解货物在运输途中可能遇到的风险，通过包装将一部分风险规避掉，是对包装材料最好的应用。例如生鲜类商品，需要预判可能存在冷链的需求，需要包装物具备保温的能力，以免商品受环境影响而变质。例如玻璃制品本身为易碎品，就需要包装材料能够解决其易损的问题。

其次要分析货物在途的运输情况，包括运输环境、运输路线和运输时长等，以此来辅助选择包装材料。在运输环境恶劣、运输线路环节较多、运输时间较长的情况下，包装就要做得相对充足，以避免运输中的不利因素的影响。

举例来说，生鲜产品如果到仓后的三个小时内即出仓，出仓后两小时内送达，全程温度不超过15摄氏度，那么不使用额外的冷链也是可以满足基本的要求的。但是如果运输时间为六七个小时，且环境温度为30摄氏度以上，要保证生鲜产品的质量，就需要使用一定的保温包装。

最后要看货物的体积和重量。选定包装物的类型后，再去确认包装物的型号。使用合适尺寸的包装，既可以使货物和包装更契合，提高安全性，也可以减少包装的浪费和填充物的使用数量，这是降低成本的一种重要手段。

3.包装等级的划分

在仓内的实际操作中，同样的品类不一定使用同样的包装方案。要根据订单的需求不同，再做一次划分，这就是包装等级的划分。

举例来说，酒类包装就可以分出很多的类别。如价格相对较低的二锅头，单瓶发货时，仓内包装有可能选择原厂包装，外部加缠绕膜的形式。如果是价格相对较高的酒类，则需要使用气泡柱的包装形式。如果客户下单的是礼品包，还需要使用专用包装箱，以示VIP的包装与众不同。

很多品类都存在同样诉求，在仓内要明确包装的不同等级，确保订单包装方式符合客户的合理要求。

4.不同品类商品的包装方式

（1）电子产品的包装方式

首先看电子产品的属性特点，电子产品一般都属于贵重物品，具有易损、需常温操作、需防潮防湿的特点。这是电子产品的特点，看起来要求还是比较高的。但是**电子产品还有一个特点**，就是其原厂包装通常都做得很好，对于**产品本身的保护作用很强**。在正常的运输中，几乎可以保障产品不受损伤。那么，电子产品是否能不用包装直接发运呢？答案是否定的。电子产品本身比较贵重，且原厂的售卖包装制作都很精美，因此消费者不希望看到一个脏兮兮的包装盒，所以仓内电子产品发货，最好是在售卖包装之外进一步包装，但这层包装在很大程度上是保护售卖包装的，而非产品本身。

基于以上情况，电子产品的包装方式可以选择纸箱的形式，通过纸箱的强度起到防划伤、防磕碰的作用。如果还是不放心，可以选择在纸箱内再增加一层气泡垫或珍珠棉作为缓冲。在正常的运输环境下，这样基本够用了。

（2）酒类产品的包装方式

前面提到过酒类的包装分级，也是酒类产品包装方式的一种体现。**酒水这个品类，厂家不同，其提供的原厂包装差别还是比较大的。**有些厂家是整箱包装，单瓶没有独立包装，此类型的酒水大多为价位较低的低端白酒或啤酒，啤酒一般极少有独立包装的，均为整箱售卖。一些高端的产品基本上都有独立的瓶装包装，可以对酒瓶本身起到一定的保护作用。但此时的售卖包装和电子产品相同，其对消费者是有价值的，因此不能以售卖包装作为运输包装发运。

对于单瓶酒水的包装，通常会采用气泡柱。对于整箱发货的产品包装，一般会在箱子内增加填充物，以增加缓冲，并对瓶体起到一定的固定作用，避免彼此碰撞产生破损。在箱体外部用缠绕膜包裹，能起到一定的防护作用。如果是单价较低的酒水，难以覆盖气泡柱的成本，而且本身有原厂包装，可以采用原厂包装外加缠绕膜的形式发运。

（3）母婴用品的包装方式

母婴用品的种类较多，涉及服装、食品、洗护用品、卫生用品等。其实，每一种类别对于包装的要求都有所区别，那么为什么单独提出这个类别呢？因为它们有一个共性，就是对卫生的要求较高。**母婴用品发货，一定要注意保持其原包装的卫生清洁。**因此，在包装上要注意进行多层次的包装，确保在运输中不会造成包装污损。

（4）玩具产品的包装方式

玩具的种类比较多，大小不一，但基本上都属于中小件普货的范畴，在物流包装上不算特殊。玩具一般可以分为三个等级：一是柔软的毛绒玩具类，采用防水袋包装；二是较重一些的玩具，做工比较精良，采用纸箱包装；三是一些高档的玩具，采用纸箱配合珍珠棉填充包装。

玩具作为普货的代表，放在这里论述体现了普货的包装规则。

5.定制化包装

定制化包装也是包装物料的一种，前面讲到的木箱包装通常就是定制化包装。定制化包装需要关注三个关键点。

一是实用性。定制化包装费用往往高于通用包装，但仍然采用定制化，其中一个原因就是通用的包装不能满足货物的包装要求。因此，在设计定制化包装的时候，要考虑的第一个原则就是实用性。设计出来的包装物，要能够满足货物的使用，以及其安全要求、尺寸要求、材质要求。

二是美观性。除了实用性外，外包装的美观性也是使用定制化包装的一个主因。通用包装难以满足货物的外观要求，因此选择定制包装。外箱的图案、颜色、文字等都是定制化包装设计时要尽量考虑在内的。

三是成本。定制化包装的成本高于通用包装，这已经增加了商品的成本，因此在设计时，除了满足其实用和外观的要求外，应尽量考虑制作的成本。在尺寸、材料上要锱铢必较，尽量扩大其使用范围，以降低成本。

包装物是仓内每天都要用的东西，说简单也简单，可以购买现成的拿来就用。说复杂也很复杂，只有理解每种包装物料的性能、材质，才能把包装物测算得足够精细，改善包装效果，降低成本。

（二）包装动作规范

包装物确认好了，需要一步一步地把货物用包装物包起来，这就是包装工作的第二步，即包装动作。包装动作的规范，就是要将包装物充分运用好，使其能够发挥特性，起到对货物的保护作用。

1.包装内货物码放规则

包装物选择好后，要将其调整为适合装货的状态。例如纸箱，做好一侧的封口，使叠合状态的纸箱展开，然后就可以进行货物的码放了。如果一个包装物内只放一件货物，那么最好将货物放置在包装物的中间部位，在四周使用填充物填充，使其充分受到保护。如果是多件货物共同使用一个包装物，则需要遵守大不压小、重不压轻的原则。尖锐的货物要单独做包装，避免损伤其他货物。

2. 品类规则

这里的品类规则，主要是指要将彼此有影响的品类分开。举例来说，如食品、饮料等要和清洁用品、内衣物区分开，不能使用同一件包装物。另外，母婴用品不能和烟酒类商品混合包装。

本身存在影响的货物，或在消费者意识中需要分开的品类，全部要做分离，不能共同包装。

3. 封箱规则

封箱规则，是指对于纸箱包装或其他类型的包装，在封装时采用什么样的封装方式。例如纸箱，使用胶带封装，可以使用一字封装，或十字封装，或井字封装。主要是以箱子的尺寸和箱内货物的重量来确定封装规则。其他包装物也是同样的逻辑，要明确每种包装物在不同情况下的封装规则。例如防水袋，当包装内的货物不能填满时，应将防水袋折叠，尽量将内部货物裹紧后使用封口带封口。如果内部是重量较重的物品，则在封口带封口后，需要用胶带将防水袋与内部物品缠紧，避免松动导致防水袋破损。

4. 贴签规则

货物打包完毕后，需要贴签，包括商品的装箱单、唛头、SKU签和物流面单等。第一，尽量将贴签贴在箱子较大立面的右上角，或贴在箱子正上方的中间部位，以方便查看。贴签时，条码、二维码不能跨过封装线，避免封装开封破坏条码。第二，贴签不能遮挡箱体上的商品信息，包括品名、参数等。第三，如箱体上有代言人形象，标签不能遮挡。第四，标签应张贴整齐，不能出现褶皱，避免造成信息不全和标签破损。第五，多标签贴签，要尽量在同一侧，使标签排列整齐。

标签的张贴，主要是保证标签的完整，使标签信息可以随货准确下传。

5. 清洁规则

包装完成，还要做一项工作，就是对包裹做简单的清洁，将上面的灰尘、水渍擦掉。这样包裹整体显得干净整洁，客户收到包裹后感受自然会有所不同。

小结

包装是一项较为细致的工作。在仓内工作的时候，要按照不同的品类设立明确的包装规则，给员工培训到位。好的包装可以大大地降低破损率，也能提升客户的购买体验，是一项一举多得的好事。

十六、货物码放规范：如何码放最安全

> 老史看着佟伟说道："货物码放是仓内的一项基本操作，任何一个仓库，不管规模如何、管理怎样，都需要货物码放。那么，货物码放这项工作有什么要点？有什么作用？"
>
> 佟伟说道："货物码放的要点肯定是要码整齐。货物码放的作用是显而易见的，可以方便管理，可以保持仓内整洁。"
>
> 老史哈哈一笑说道："你这个回答有些过于简洁了，下面给你介绍一下货物码放的作用和关键点。"

（一）货物码放的作用

货物码放是仓内的基本操作，每一个仓库的每一件货物都会涉及这项操作。货物码放对于仓内管理的作用非常大，主要体现在以下四个方面。

第一，**货物码放清晰有规律，有利于货物清点和在仓管理。**

第二，**货物码放整齐，可以保持仓内整洁，有利于仓内实现 6S 管理。**

第三，**货物码放结构合理，货物稳定性高，有利于保证货物安全。**

第四，**货物按要求码放后便于货物打托，有利于后续运输操作。**

以上四项是货物码放对于仓内管理的四个作用，要想做好货物码放工作，更好地体现货物码放的作用，就要按照一定的基本规则操作。下面就对货物码放的基本规则做一些介绍。

（二）货物码放的基本规则

货物码放的基本原则有五项，我们从不同的角度阐述货物码放的关键点。

1. 大不压小，重不压轻

"大不压小，重不压轻"是物流行业常常听到的一句话，也是对不同场景的货物码放的最基本要求。从字面意思就可以理解这一项基本规则，比较大的货物不能压在比较小的货物上面，而是应该码放在底部，作为货垛的基础。比较小的货物则应该码放在比较大的货物上面，这样重心更稳定，承重面的承重也更合理。

"重不压轻"是同样的道理，比较重的货物需要码放在底部，而比较轻的货物应该码放在上面。这样重心更稳定，承重面承重更小，整拖货物的稳定性更强。

2. 五距

五距是指顶距、灯距、墙距、柱距和垛距。这五个距离限制了货物在仓内的摆放规则，能从安全和管理的角度规范码放动作。

顶距，就是货物的最顶部距离仓库顶部内侧的距离，常规要求距离楼顶或横梁50厘米。预留出的空间，可以减小外部环境变化对货物的影响。对于货物进出的叉车叉取作业，也应留出空间。

灯距，是指顶部的照明灯、防爆灯与货物最顶部的距离。常规要求灯头距离货物50厘米。预留灯距的主要原因是安全，灯具本身会散发热量，长时间近距离烘烤纸箱有很大的安全隐患。此外，如果灯具及线路发生短路，也需要安全距离作为缓冲保护，降低发生火灾的风险。

墙距，是指货物距离墙体的距离，常规墙距要求外墙50厘米，内墙30厘米。也就是说，如果墙体是仓库的外围墙，墙距需保持在50厘米以上，和顶距相同，这是为了减少外部环境变化对货物的影响，同时增加操作空间。内墙是指仓库内部不与外部接触的墙体，这部分墙体的环境为仓库内部环境，不涉及太多变化，主要是为了留出操作空间。此外，预留墙距还有一个目的，是为了防潮。

柱距，是指货物和仓内的柱子之间的距离，常规预留柱距为10~20厘米。预留柱距的原因和墙距基本相同，参考墙距，此处不再赘述。

垛距，也就是每垛货物之间的距离。常规预留垛距为10厘米，易燃物品还应留出防火距离。垛距可以为工作人员预留出操作距离，也是货物之间的风险隔离带。这样如果个别货物出现问题，可以留有一定的缓冲时间。

3. 限高和限重

货物码放不能是无限制的，要根据不同的货物给出高度和重量的限制。如果是相对较轻的泡货，可以将货码得高一些，但是一般情况下建议不超过2米。超过2米后，货物码垛的稳定性降低，会有倒塌的风险。

对于重货而言，要考虑托盘的承重能力、货物外包装的支撑能力、仓内叉车的插挑能力及地面的承载能力。这四项中任何一项上限的最低值就是单垛货物的最高重量，超出这个值，则会对运营的安全产生较大影响。

4. 货物信息向外

在货物码放过程中，应关注将标明货物信息的那一面朝外。这样的码放方式可以在外侧快速找到货物信息进行查看，方便货物的管理、检验、分拣。

5. 品类规则

码放货物时应区分品类，将彼此有冲突的品类分开码放。例如易损品不能和重货共同码放，否则会提高易损品的破损概率，造成不必要的损失。化学制品不能和食品、药品及卫生用品等共同码放，化学制品容易造成其他物品的污染，且对于消费者而言，从心理上不认可将这些品类混放。

因此，要在仓内明确哪些品类不能混放，哪些品类可以拼垛。品类间有哪些冲突，要在仓内的品类中进行明确。

货物码放其实并不简单，随便把货堆在一起并不能算是真正的货物码放。**货物码放一定要起到四个作用，即安全、便于管理、整洁和便于运输，这才算是合格的货物码放。**

越是常见的操作，越能体现一个仓库管理者的管理水平和运作能力，货物码放正好就是最常见的一项。要把货物码放好，在仓内还是有很多工作可以做的。

（三）托板货物码放规范

在仓内，货物码放主要分为以下几种。

第一种是地堆货物码放，也就是直接在地面上进行码放。这种形式，货物直接接触地面，对于货物安全保存并不算有利。地堆货物码放的移动性很差，需要反复拆垛码垛，非常耗时。因此，除特殊情况外，此种方式在标准仓库中较为少见。

第二种是货架货物码放，也就是在货架上对货物进行码放。但货架受空间所限，单货位货物码放数量较少，且货物多为中小件商品。因此，货架货物码放用到的较少。

第三种是托板货物码放，这是仓内的主要货物码放场景。把散落的货物按照一定的规则在托板上码成规范的垛，使其成为一个稳定的货垛，既便于管理，也方便移动，保证了货物的安全。后面会就托板货物码放的几项规范做介绍。

第四种是货物码放场景，就是整托货物码放。这是在完成了托板货物码放的基础上，对成托的货物进行二次码放，以便对货物进行再次整理集中。

说到货物码放，就不得不具体说说托板货物码放，这是仓内的主要货物码放场景。

1.托板的选择

货物码放前的第一步是选择合适的托板。托板有很多类型，如实木托板、胶合板托板、塑料托板、纸质托板和金属托板等。每种托板的材质不同，其使用场景不尽相同，承重能力也有较大区别。此外，托板的尺寸大小不一，在选择时要根据其存放场地情况及货物本身的情况判断要使用什么尺寸的托板。

除了托板本身的情况，还要考虑托板是否能够回收循环使用。如金属托板的成本要远高于木托板，如果不能循环利用，非必要时不建议使用。因此，在不能循环使用的情况下，选择托板应关注成本，选择可满足需求的、成本最低的托板。反之，如果是可循环使用的，则应该算一笔总账，在托板成本和使用次数中选择单次成本最低的托板类型。

2.货物码垛的几种方式

托板选择好后，就可以进行货物码放了。货物码放依据货物的尺寸、外形、重量及要求的不同，可以分成五种常用的码垛方式。

（1）重叠式

重叠式，即将货物一一对应，一层一层地码上去，这种方式上下货物的边角相对应，纵向的承重能力较好，且码放方式简单，易操作。但纵向各层间缺乏咬合力，码高后稳定性很差，不利于长时间存放和移动。因此，对于底面积较大的货物，在一定层高内可采用重叠式码垛法。小件商品如果使用此种码垛方法，则必须配合固定方式使用。码垛完成后，应立刻使用缠绕膜缠绕固定。

（2）同层交错式

同层交错式，是指人为地调整同层货物朝向。如第一排货物横向码放，第二排调转90°纵向码放，第三排再横向码放。依此类推，形成同层的交错码放。在进行第二层码放时，将顺序颠倒，第一排纵向码放，第二排横向码放，依此类推。这样，第一层和第二层的货物彼此压缝咬合，产生摩擦力，能提高整托的强度。

（3）异层交错式

和同层交错式相仿，异层交错式码放是通过货物的异位码放，形成压缝咬合，增强摩擦力，提高整托的强度。区别在于，异层交错式不再要求同层的货物产生异位码放，而是要求在不同层之间形成异位码放。例如第一层全部按照横向码放，第二层开始按照纵向码放，如此一层一层地向上码垛，形成一个两层咬合的整体。

（4）螺旋交错式

螺旋交错式是同层交错式的进阶形式，在同层的货物码放中，每两件货物之间的码放方式是异位码放，形成一种螺旋循环的形态。在上一层，以前一层的反向螺旋的形式码放，使货物间形成压缝咬合，提高整体的强度。

（5）通风式码垛

个别品类要求货物要时刻保持一种通风的状态，因此常规的严密的码垛方式就不适用了。在码垛时，要提前预留出通风通道，以确保能够满足货物存放要求。

通风式码垛分为两种方式：第一种是隔层通风，也就是每两层有一层预留通风通道。通常是位于下面的一层作为通风层，上面一层压住下面一层的通道两侧，增强稳定性。第二种是异层交错式，也就是说，每层都需要预留出通风通道，只不过第一层是横向预留，第二层是纵向预留。上一层同样要压在下一层的通道两侧，形成咬合力。

不管是哪种码垛方式，如果货物本身的体积较小，都很难通过压缝产生的摩擦力确保货物的稳定性。 因此，如果需要离仓搬运或长距离运输，都需要采用固定的手段辅助进行整托固定，包括缠绕膜固定、包角包边支撑等。

3.层隔板的应用

如果货物体积过小，或体积小且重量大，直接进行码垛操作是很难保证货物稳定性的。因为货物过小，力是分散的，任何一点的晃动都可能造成整托货物的坍塌。因此，在进行此类货物码垛时，需要借助层隔板的作用，把其放置在两层货物之间。

实际上，层隔板是和托板大小相同的一块板子，可以是木板、铁板甚至是纸板。层隔板不能太厚，否则会占用过多的空间。隔板过厚，虽然不易变形，但不能和货物充分接触，将力进行传导，就无法发挥其作用了。

那么，层隔板有什么作用呢？主要有两个作用：一是通过上层货物的重力压迫，使其形状微变，与下层货物充分接触，以此控制下层货物的力不至于太过分散，从而起到固定作用；二是将上层压力通过板子分散在下层的全部货物上，而不是单点压迫，提高货物的承重强度。因此，横隔板不宜过薄，过薄不能对货物产生足够的约束力，也不能提供支撑作用。

合理使用层隔板，配合固定的辅助方式，可以使零散的货物成为一个稳定的、坚固的整托货物。

4.货物信息向外原则

以纸箱包装为例，在完成整托码垛后，箱体至少有两个面是被遮挡起来的。码放在中间位置的货物有可能有5个面甚至6个面都被遮挡起来。这种情况下，对于货物的信息获取是不利的，**因此在码垛时，要求尽量将货物的信息面向外码放**。这样，在完成码垛后，仍能在垛外获取货物信息，以便进行管理和分拣等动作。

托盘货物码放是仓内最常见的货物码放运营环节，将每托货物码好，是非常有利于仓内管理的。**总结起来，托盘码垛的要点主要有三个：选好托、码稳固、露信息**。

（四）整托货物码放规范

前文提到过仓内四种货物码放的场景，前面三种都是散货的码放场景，最后一种是整托货物的码放场景。整托货物码放，是对零散货物的二次整理，使货物的集中度更高，便于管理。整托货物码放，需要遵守以下几项规范。

1.叉车的选择

区别于散货，整托货物的体积和重量都比较大，依靠人力是难以安全搬运和码放的。因此，需要选择合适的叉车进行搬运和码放。选择叉车时需要判断两项指标。

第一项指标是叉车的抬升载重。尤其是针对重货，需要确认好叉车前叉在做抬升时的载重能力是多少。叉载的货物的重量绝不能超过叉车抬升载重的上限，否则就会出现安全事故。

第二项指标是叉车的抬升高度。整托码放一般不会像散货码放那么复杂，大多数情况下是分区码放或者货架码放。如果使用货架码放，就需要关注叉车的抬升高度是否能够满足货架高度的要求。例如四层的整托货架，第四层的抬升高度需要超过 5 米，这是普通叉车无法达到的，需要高位叉车才能操作。

因此，要根据货物的重量，以及码放的场景，从载重和抬升高度两个指标选择合适的叉车操作，这关系到操作的安全性和可行性。

2.泡货和重货的区分

要将重货和泡货分开，因为重货和泡货的码放有明显的区别。重货在货架上的位置，应尽量靠下。一是方便存入取出，叉车的额外工作量小；二是为了安全考虑，重货摆放在过高的位置，如果发生倾覆，造成的损失更大，也更容易造成人员的损伤，存在较大的安全隐患。泡货则在这两个方面风险更小，可以摆放在更高一些的位置上。

将重货和泡货分开，码放时按照重泡规则合理码放，可以提高整托码放的效率及安全性。

3.先入先出的码放规则

整托货物码放还要遵守先进先出的原则，即先进仓库的货物优先出库。这样可以保证在库商品的保质期或生产批次都是比较新的。这样在做仓内管理的时候，货物的安全性更高。在做整托货物码放的时候，要关注这一原则，先入仓的货物通常会码放在更靠内侧的货位上，后入仓的则会码放在比较靠外的货位上。但这样是不利于先入先出的，需要相关人员在进行货位设计规划时考虑这一问题。

4.同一性原则

同一性原则，是指将相同品类、相同性质的货物集中存放。和散货不同，整托货物的出货方式多是批量式的，不存在分区存放方便分拣的情况。同类货物的集中存放便于仓内管理，对于核对数量、分区管理都非常有利。同类型货物彼此间不会产生相斥的效果，存储风险低。

5.合理利用空间原则

整托货物码放，要在不同的存放区之间留足通道，以便叉车来往操作。这些通道都是不能用于存储的辅助空间。在货架上也是同样的道理，不可能一点空间都不浪费。在实际操作中，已经产生了那么多额外空间的占用，因此在做整托货物码放的时候，就需要有锱铢必较的精神，尽量减少码放过程中的空间浪费，合理利用存储空间，使其价值得到最大限度地发挥。

6.面向通道原则

这一点和托盘货物码放中的向外原则类似，也是需要将托盘上的商品信息尽可能地对外展示，以方便货物的辨认，提高出库效率。面向通道，就是指整托货物上有商品信息的一面面向通道一侧摆放，这样叉车驾驶员就能直接看到货物信息，快速叉取需要的货物托盘。

（五）标签的使用

对于货物码放完成的货垛来说，标签是非常重要的信息补充。因为要将货物集中码放在一起，有些货物信息就不能很好地展示，为了便于查找，制作和使用货物标签是一种有效的手段。

1.标签制作

标签制作的要点在于信息的收集。在标签上要显示货物的辨认信息，以及详细的功能信息，信息齐全才能更好地起到辨识的作用。标签信息没有固定的要求，根据业务场景的不同确认关键信息。但基本不变的几个信息字段包括品名、型号、数量，这也是最基本的信息。

另外，需要调整好格式，使关键信息能够更突出地展示出来，方便辨识。

2.标签贴签

标签制作完毕，就需要按照需求贴签。贴签有三项要求：一是要贴在货物的显眼位置，一般是贴在货物面积最大面；二是要求标签贴平整，不能折角，不能褶皱，避免信息被遮挡；三是将标签贴正，不能反向贴签，或歪歪扭扭地贴签，因为这样不便于查看辨认。

小结

货物码放是一项操作性很强的工作，要使货物码放符合各项要求，要在实际工作中不断提升员工的能力。因此，对员工的培训是基础性工作。只有把这项工作做好，货物码放的要求才能落到实处。**细节记好，传递员工，形成规范，监督执行**，这是包装规则的精髓。

十七、装卸及搬运管理制度：仓内的货物空间位移

> 老史说道："装卸和搬运也是仓内的基本操作，它们实现的是货物在仓库内的小范围空间位移。从货物到仓的那一刻，凡是涉及仓内货物操作的环节，装卸和搬运都贯穿其中。"
>
> 佟伟说道："装卸和搬运，我理解应该不是一个概念吧？"
>
> 老史说道："是的，装卸是动作，装是指将货物放到运载工具上，而卸是将货物从运载工具上取下来。这一装一卸的动作，可以理解为对货物状态的直接改变。搬运则是对货物进行实际的空间位移。通常需要两者配合，才能实现搬运的操作。"

（一）装卸及搬运的定义

"**装卸是指以垂直位移为主的实物运动形式，是物流的主要作业之一，是决定物流能否顺利进行的关键。**"这是在网上查到的关于装卸的定义，它强调的是货物的垂直位移。搬运的定义也可以在网络上找到，是指"将物品从一个地点移动到另一个地点，是横向的空间位移"。这里强调的是横向，和装卸的纵向正好匹配。

这里很好地阐述了装卸和搬运的含义，所以我没有额外地做出新的定义，而是借用网上现有的定义。这里有两个关键点。一是这两项操作是横向和纵向关系；二是要清楚这两项操作像树和藤，是伴生关系。那么在接下来的内容里就不会做特别的区分了，装卸和搬运放在一起讲，有需要单独强调的地方再做

强调。

（二）装卸及搬运管理的基本制度

1.轻拿轻放

轻拿轻放是装卸及搬运工作的基本原则，是保障货物安全的重要管理制度。在装卸和搬运工作中，对于货物要坚持做到不扔、不踢、不坐、不压、不砸、不拖、不抛，保证货物的承重面落地。对于普通货物，要求放落时距离地面不超过15厘米。如果是易碎货物，则应尽量在货物实际落地后再放落，确保货物受到的冲击最小。货物落地完成码放后应妥善管理，人不能在货物上站立，也不能坐在货物上休息，避免造成货物损伤。

2.使用托板

在装卸和搬运货物的过程中，尽量使用托板操作。托板可以使货物与地面隔离开，在运输过程中避免和地面的剐蹭，以及地面不平造成的包装破损。装卸货物时使用托板，也可以在托板上进行整托打包。这样在搬运货物的时候，就可以直接通过托板将货物运走，能大幅提升货物搬运的效率和保证货物安全。

3.搬运前加固

不管货物是否满足整托的货量要求，在搬运货物前都要对货物进行加固，以满足搬运过程中的安全需求。加固的方式有很多，主要依据搬运的距离和后面操作的需求而定。

最简单的方式是通过弹力绳做基本捆扎，配合较稳固的货物码放方式，可以支持仓内短距离运输。其优势是操作简单，能够快速完成固定工作，且弹力绳可以重复使用，几乎是零成本。其缺点是弹力绳的固定点少，且限制力不足，货物易晃动倒塌，长距离搬运的风险较高。

如果进行距离稍远的搬运，或者搬运过程中易产生颠簸，则需要采用缠绕膜的形式固定。最稳固的方式，是将货物整体使用缠绕膜包裹，使其固定成一个整体，稳定性大大增加。如果采用的是压缝方式进行货物码放，本身存在一定的稳固性，也可以仅在托上部的1/3或1/2处使用缠绕膜固定，底部依靠货物本身的咬合力固定。此种方式需要消耗一定的缠绕膜，有一定的成本，但固定效果更佳，可以支持稍远距离的搬运工作，以及地面平整度不够的短途搬运。

仅做仓内搬运，一般使用缠绕膜固定货物即可。如果货物需要进行二次运输，或在仓内长时间保存，则可以在完成卸货码放后，直接进行打托固定。先用缠绕膜打底固定，然后在边角位置加护角保护。在四面及顶部加保护板，然后再次使用缠绕膜固定。普通货物采用这样的打托包装，就可以支持再次运输和在仓内长时间保存。

4.货位信息确认

在进行货物搬运前，要先进行货位信息的确认。货物要搬运到哪里，放置在哪个货位上。需要明确，再进行搬运执行，避免因反复搬运增加货物破损风险及仓内运营成本。在货位信息向下传递前，要确认货位内确实已经准备完毕，已将其他货物移走，为新到货物的存放做好准备。信息全部确认完毕，搬运工作才能少做无用功，从而可以提高效率。

5.保证搬运中的安全

搬运工作是将货物进行空间位移，在此过程中，货物在搬运工具的牵引下是持续运动的。在运动过程中难免会产生颠簸、倾斜，随时都有倒塌的风险。因此，在搬运过程中，应时刻关注货物状态，在发现有倾斜趋势时，及时停止搬运工作，将货物扶正，并再次加固。在路线选择上，也应尽量避免选择颠簸路段和有上下坡的路段，如果必须经过此类路段，应提前做好准备，降低速度或安排人员辅助。

货物在装卸时产生破损，一般情况下是因为暴力装卸。如果在搬运过程中出现破损，则大概率是因为倾倒。所以，在搬运过程中一定要注意货物的安全，时时关注，及时纠正。

6.搬运到位

安全准确地将货物搬运到位，是搬运工作的最终目的。搬运最忌讳的就是，在货物搬运到某地时，因为各种各样的原因，被搁置在此地，没有将货物搬运到目标货位。在大型仓库中，货物丢失很多时候是在这种情况下发生的。也就是货物实际在仓，但没人知道在哪里、哪批是。如果逐批排查，耗时费力。

当然，在搬运过程中遇到某些问题，搬运工作不得不停止，也是不可能完全避免的。例如货物搬运途中得知，目标货位实际并未清空，需要等待，或者搬运者突然有紧急任务，不得不暂停搬运工作等。各种各样的情况都有可能发生，这时暂停搬运工作是必要的，货位暂时无法归入目标货位时，应将货物暂放货位信息同步发送给办公室，或上传系统，在管理系统内留痕。这样在需要重启搬运时，可以准确地找到该货物，使搬运工作能够继续，而不是谁也找不到货物了。

（三）装卸及搬运设备

在装卸和搬运的操作中，经常会用到各式各样的工具和设备，这些设备和工具有助于保证装卸和搬运工作更顺利地进行。这些设备，有我们经常提及的叉车，有介绍过的传送带设备、吊车设备、液压手动叉车等，也有还未详细介绍的地牛、笼车、手推车等。下面简单介绍一下这几种新出现的设备。

1.地牛

地牛是一种液压叉车，主要作用为拖运俗称地牛或简称牛。地牛的形象是前端两条细长的叉臂，能起到承重作用，每条叉臂的末端有一组两个轮子，能起到抬升和行走作用。在叉臂前端的交会处有一个转向轮，作为方向引导。向上是控制杆，有一个环形，便于抓握和拖拽。中间的主杆上有一个液压控制杆，向下按下，并压动控制杆，即可为地牛加压，抬升货物；向上握紧，则可以舒压，降低地牛高度，放下托盘。地牛是一种非常常见的拖拽搬运设备，在大部分仓库都能见到。

2.笼车

笼车也是一种常见的搬运设备，上方为一个长方体的笼子，底部为四轮小车。笼车主要用于过于零散的小件货物的搬运。货物太小，很难通过码托运输，通过笼车四壁笼体的限制，可以快速地将货物归拢起来，搬运到指定位置。此外，笼车也可以用于再次运输，如城配业务中，单点货物品类众多，且比较零散，码托运输难度较大，且耗时，此时就可以使用笼车运输。将装好货物的笼车直接装入配送车辆，还可以起到很好的区分作用，只是在配送完成后需要将笼车回仓。

3.手推车

手推车也是手工搬运常见的工具，分为平板推车、立体推车。推车能承载的货量较小，一般都是不足以承托码放的货物使用推车运输。

装卸和搬运设备的使用要点

在使用装卸及搬运设备时，主要关注两个要点。

一是合理选择。依据今天的介绍和过往的介绍，可以看出不同的设备之间的作用差距还是比较大的，选择合适的设备，才能对应地解决操作中遇到的问题，起到方便操作、提高效率的作用。

二是要关注使用的安全。这一点在前面的设备管理中有过详细的介绍。如叉车在使用中，就需要有严格的安全操作规范，否则很容易发生事故。其他设备也是同样的，不管是设备本身还是货物的安全，抑或是人身安全，都需要关注。

除了上面这些设备，现在的物流设备行业也有很多的智能化和自动化装卸搬运设备，如自动叉车、自动码垛机、自动卸货机器人等。这些设备还是比较前沿的，在一些自动化、智能化程度较高的仓库内已经开始应用，但是大多数的仓库还没有这样的能力。

这些自动化的设备需要仓库有很强的规划能力、系统能力、硬件能力和集成能力，一般的仓库很难实现。

（四）人工装卸和搬运的操作要求

在国内大多数的仓库中，纯粹的机械化运作还无法实现。很多场景的实际操作还是需要人工进行，例如装车和卸车。在很多运输场景下，为了节省运输费用，对货物不会采用整托运输的形式，而是拆散装车，以节省车内空间，达到运输更多货物的目的。在这种情况下，人工装卸就是大多数仓库的选择。人工装卸十分灵活，能适应各种场景的操作，但也有很多的问题。其中，最主要的就是要保障工人的安全，包括人身安全和健康安全。因此，对于人工的装卸和搬运工作需要给出一定的规范，避免产生安全问题。

1. 限重要求

人力不是无限的，在达到一定程度的时候，过大的重量会造成员工意外伤害。因此，需要对重量的上限做出规定，一旦超出上限，就不能再继续进行人工操作了，必须辅以设备或工具帮助搬运。

例如某仓库规定单件商品超过 40 千克时，需要使用装卸设备及工具，辅助装卸工作，禁止员工徒手装卸。40 千克几乎是一个成年人的体重。正常来讲，一个成年男性是可以完成40千克～80千克的装卸工作的，但基本已经是常人的极限，如果操作不当，极易造成员工受伤。因此，仓内规定以40千克为限，避免员工产生不必要的损伤。此外，如果是长时间的人工装卸及搬运工作，那么平均单件重量不宜超过15千克，否则会造成员工的身体损伤。

限重要求是为了保障员工的基本健康权和安全权，也是仓内安全生产的必要保障。在制定限重要求的时候，要充分分析货物情况，制定合理的标准，在保障员工安全的前提下提升效率。

2. 工作时间要求

工作时间要求，也是为了保障员工的健康安全。装卸和搬运工作是强体力劳动，长时间的强体力劳动对于员工的健康有较大的损害。因此，在制定员工的装卸和搬运工作时长时，应谨慎对待。可以在工作一定时间后，要求员工休息，或者和仓内的其他工作相结合，在工作时间内，一部分时间进行装卸和搬运工作，另外的时间进行其他工种的工作。这样多种工作相结合，就可以有效地降低装卸及搬运工作带来的强体力劳动损伤。一般情况下，如果是纯粹的装卸和搬运工作，要求一天工作时长不超过6小时。多工种混合的形式，要求一天工作时长不超过10小时。

通过对工作时间的限制，保障员工的身体健康，无论是从社会责任角度还是企业长久经营角度来看都是有利的。

3. 搬运技巧

① 搬运重物时，应尽量使用工具或设备辅助，如果无法使用，应找寻足够的帮手共同操作，避免独自操作。

② 搬运重物时，应佩戴防滑手套，可以有效地保护手部安全，并能提供额外的摩擦力，在搬运过程中更好地用力。

③ 做好搬运前的检查工作，确保接触面没有木刺、钉子、铁片等安全隐患。

④ 抱起重物时，应该身体下蹲，通过双腿发力带动货物离地，避免使用腰部力量硬向上抬，因为这样易造成腰部损伤。

⑤ 搬运货物过程中，应尽量使身体整体移动，尤其是在需要改变方向时，避免通过腰部转动带动方向转变，以免造成腰部损伤。

⑥ 搬运重物，应缓缓发力，避免猛起猛降，避免造成损伤。

⑦ 搬运重物时，应善于利用台阶、斜坡等地形优势，尽量减小抬升和下

降的距离。

⑧ 在复杂地形搬运，应提前排查线路，避免搬运中滑倒、绊倒。

⑨ 搬运中应注意不要遮挡视线，避免看不清线路而滑倒、绊倒。

（五）善后工作

善后工作是所有现场工作的最后一步，装卸和搬运工作也不例外。要保持现场干净整洁，至少要做两项工作：一是现场清理；二是工具设备归位。

1.现场清理

在装卸和搬运的过程中，一般会伴随着产生一定的垃圾。这些垃圾在仓库现场都会对观感和运营产生不好的影响。因此，在完成装卸或搬运工作后，要对现场进行及时的清理，把垃圾收走，按照不同的类型丢弃或回收。垃圾清理后，还要对现场进行清洁，将地面打扫干净，以符合仓内的 6S 管理标准。

2.工具设备归位

工具设备归位就是使用完的工具设备归还、归位。不使用的，一定不能放置在现场，第一不利于设备安全，第二会影响现场的 6S 管理，进而影响仓库运营。设备工具分成不同的类别，例如叉车要做完检查后添加油料（依据仓内实际的管理政策而定），完毕后归还设备管理部门。装卸中用到的托盘，在使用后应将所有托盘回收，码放整齐，以便下次使用。耗材类的工具，要检查剩余情况，对于库存不够的商品，要及时补齐。

小结

装卸和搬运的工作介绍完了，总结下来就是两个字——安全，主要是从三个维度强调了如何安全地进行装卸搬运工作，**即货物的安全、人员的安全、设备的安全**。

十八、峰值期生产管理：怎样保障大促

佟伟愁眉苦脸地问道："马上要到 6·18 大促了，仓内订单量激增，

> 领导让我先给出一个峰值生产的保障方案,可是我毫无头绪。"
>
> 　　老史笑道:"大促是每一家消费品企业都会遇到的场景,仓内订单陡然增多,对仓内资源和仓内管理来说都是挑战。这也是仓内管理的一个重要课题,是检验一个仓库能力阈值的重要方面。既然你现在遇到了这个问题,那么今天就介绍一下峰值期间的仓内生产管理,告诉你应该怎样保障大促。"

(一)峰值预测

做峰值生产管理的第一步,需要对峰值的情况进行预测,以便做好资源调配和管理准备。**对于峰值的预测,至少包含三个方面的信息:起始时间、峰值周期及货量波动。**

1. 起始时间

第一项要预测的信息是峰值开始的时间,它决定了在什么时间前要把资源准备到位。起始时间的预测,主要依靠企业开展促销的计划。什么时间开始预热,什么时间开放下单,订单什么时间下达仓库,订单要求什么时间出库,把这些信息了解到位,就可以判断出峰值大概在什么时间开始。

一般情况下,是订单到仓就可以开始安排生产,那么这个时间点就可以定义为峰值的起始时间。当然,也有预售或周期交付的,那么就是在批量订单需要出货时,提前开始生产的节点就是峰值开始时间。有了准确的起始时间,资源才能按时到位,避免过早准备产生浪费,也能避免延迟准备造成订单生产延误。

2. 峰值周期

第二项需要预测的信息是峰值周期,也就是这个峰值大约要持续多久。这一信息关系到在常规的仓内资源外准备的额外资源需要使用多久。额外资源的平均成本是远远高于常规资源的,使用的周期越长,成本越高。因此,需要对周期进行预估,以便准备资源。

3. 货量波动

第三项需要预测的信息是货量波动。在大促期间,货量会明显增加,但不会是一个常数值，会随着促销的节奏而产生变化。那么，就需要对峰值期间的货量波动做出一个预测，有利于对资源进行安排和调配。相关人员可以依据货量波动变化，精细化地管理资源配置，控制成本。

货量波动的预测，主要依据两个方面的信息。

第一个是促销计划，把促销节奏作为基本依据，向后顺延一定的时间，作为订单的准备。例如6·18期间，大家都在当日凌晨下单，订单量集中，那么依据订单下传的时效规律，仓内生产的峰值会在6·18的白天出现，此后向后延续两天作为促销的尾声。

第二个是往年的同期促销数据，可以从中找到仓内生产的规律，包括哪个时间点是峰值极点，哪个时间阶段是峰值期的波谷，都会有迹可循。

依靠这两个方面的信息，就可以相对准确地掌握峰值波动的规律，在仓内生产时可以以此为依据做出资源安排。

（二）资源准备

资源准备是峰值管理中的关键，只有资源到位，才能有机会完成峰值生产，才有能力进行管理。如果资源不够，调配不到位，就如同小马拉大车，生产能力捉襟见肘，难以完成生产任务，从而会导致客诉。

峰值生产要准备的资源，主要包括商品库存、场地、人员、耗材、工具五项。在短时间内，资源准备充足，能快速提升生产力，满足生产要求。

1.商品库存

商品库存是峰值生产的前提，订单下来，**要有足够的商品用于生产订单**，否则就是"巧妇难为无米之炊"，无货可分拣，无货可打包。所以，在确认促销的三个方面的信息后，仓库要充分联动销售侧及采购侧，预测促销销量，并要求采购部门按照需求预测进行备货。货物在仓，仓内的峰值生产准备才有意义。

2.场地

场地也是需要额外准备的资源。一般情况下，在订单激增到一定程度时，原有仓储面积就无法支撑增加的商品库存，以及订单生产需要的场地。此时，就需要依据过往的经验，以及对仓内情况的基本判断，向外扩展仓库资源。这些额外准备的场地资源，就是为了满足峰值期溢出的订单加工。

3.人员

人员是订单生产的执行者,在峰值期间额外增加的订单,就需要额外的分拣、打包等人员的支撑。这部分额外人员的加入,也为仓内的管理带来了难点,是仓内峰值管理最重要的关注点。

4.耗材

订单生产也好,仓内运营也罢,所有的仓内生产动作都会或多或少地运用到耗材。包装、打印、清理清洁等,都需要仓内耗材的支持。所以,相关人员需要依据订单量及订单类型,将需要的耗材分类,并对每项耗材给出一个合理的备货数据,使每个环节都不会因为耗材缺少而停工。

5.工具

额外的订单需要额外的人员操作,那么为了保证订单分拣打包的正常进行,也需要提前准备好必要的工具。举例来说,PDA(掌上电脑)是外协员工(外部获取的临时雇佣员工)在工作中需要使用的,如果准备充足,外协员工就可以按照操作要求正常应用,顺利完成工作。

这五项工作提前安排完毕,仓内的峰值生产工作就有了基本的保障。接下来的重点就需要以管理为核心,充分调动资源,合理配置,尤其是要保障外协员工高效、准确地完成仓内生产工作,确保峰值期间生产的顺利完成。

有预测,有准备,当峰值期到来订单量激增的情况时,才有可能顺利地完成生产保障工作。而预测和资源准备,只是基础性的准备工作。接下来的重点则是需要对订单、资源进行协调管理,提高生产效率。

峰值生产的管理内容,可分为自有员工、外协员工及现场管理三项工作。

(三)自有员工管理

仓内自有员工熟悉仓内工作流程、规范要求,设备使用熟练,在峰值生产管理中是真正的生产核心。因此,峰值生产的第一个管理要点,就是要明确对自有员工的管理办法。

1.员工工作动员

自有员工本身具备仓内的工作能力,尤其是老员工,对于大促的峰值生产也具备一定的经验。因此,在对自有员工的管理中,不需要做太多的培训类工作，可以直接上岗。但自有员工也存在一个问题，即对仓内的工作过于熟悉，本身有一定惰性，现在货量大增，容易造成员工反感，不愿担负超量的工作。

因此，在进入峰值生产前，要进行多次员工动员，在工作中渲染氛围，调动员工的积极性，制造兴奋和战斗的氛围，给员工以形式感，使其明显感觉和平时不同。在这样的氛围感染下，**员工的情绪被调动，积极性才能有效被激发**。这是对自有员工管理的第一步，也是非常重要的一步，和战前动员的目的一样。

2. 工作安排

在峰值生产期间，工作强度大增，工作时长也会加长。对于员工来说，这并不是个好消息，但对于管理者来说，又不得不这样做，毕竟需要保障完成订单。因此，在进入生产前，要将工作强度的增加、工作时长的延长和员工讲清楚，尤其是这个周期是多久，更要说清楚。

此外，也是最重要的，员工的工作如何安排？和平时的运营不同，在平时的运营中，大家有充足的时间去组织和协调。在峰值生产期间，整个运营体系会被订单撑得膨胀起来，员工彼此间可以协同联动的时间变少，那么就需要提前明确好每个组、每个人的工作安排。谁负责哪个板块，负责哪个环节，都要一一安排到位，以便后面带领外协员工完成这一部分工作。

3. 功劳簿制度

针对自有员工设立功劳簿制度，现场产生的功劳现场记录，对员工予以最直接的激励，要做的还是调动自有员工的积极性。只有自有员工动起来，整个生产才能顺畅运转。

4. 管理授权

在峰值生产中，自有员工起到的不仅仅是员工本身的作用，在其负责的环节中还要担任领导者和指挥者的角色，以形成力量，完成本环节工作。在此情况下，就需要对自有员工进行授权，准许其对外协员工进行管理和指挥，认可其对外协员工的评价，以帮助其在小组织里树立管理者的权威。

5. 工作日清制度

工作做了分割，人员配备了，权力也下放了，那么就需要对结果负责。每天的工作任务要做到日清，不能向后延迟，以保证订单的生产。那么，自有员工就需要对工作有统筹、有安排，真正负起责任。通过日清的形式，倒逼员工投入其中，全力完成当日的工作。

需要强调的是，在这种峰值生产、大促保障中，自有员工是核心力量。**调动了多少自有员工的积极性，就具备多大的生产力**，这直接决定了保障工作是否能够顺利完成。

（四）外协员工管理

一般情况下，峰值生产是无法依靠自有员工完成的。因为订单的大量增加，超出了自有员工的生产能力上限，此时就需要外协员工来辅助自有员工生产。外协员工是指从外部获取的以日薪或时薪为薪资发放方式与其产生临时雇佣关系的员工。大多数情况下，是通过中介和劳动力市场获取外协员工。

1. 操作培训

和自有员工不同，外协员工并不熟悉仓内的工作流程和操作规范，所以很难直接上岗，需要对其工作技能进行一定的培训。对于外协员工而言，培训工作是非常重要的，他们要知道应该做哪些、怎么做、由谁来做。除此之外，对于仓内仓外环境、常用设备的使用方法等，都需要对其进行专业的培训。在工作前，要确保其对仓内工作事项、工作要求有初步的了解，知道上下游关系。

2. 组织分配

做完外协员工培训，在其具备基本的操作能力后，要对其进行组织分配。也就是要把这些外协员工分配到自有员工的组织里，确立管理关系，形成组织力。

3. 工作分配

作为自有员工的协助者和支持者，外协员工一般会承担操作难度较小的工作和重复性工作。那么，自有员工就要对这些支持自己的外协员工的工作进行安排。举例来说，如自有员工 A 负责分拣这个板块的工作，那么他就需要按支持自己的外协员工情况，给外协员工安排传递搬运类工作或者分区分拣工作。

4. 现场督导

培训完成了，知道跟着谁干了，也知道干哪些工作了，对于自有员工和外协员工来说，组织工作的问题就明确了。但是对于管理者来说，并没有结束，还需要考虑以下方面：外协员工的实际表现如何，是否能够胜任仓内工作，现场运营中自有员工有没有排斥外协员工，事项安排是否合理，进度把控是否正常，现场运营中有没有其他问题。要回答这些问题，管理者要在现场不断地巡视，进行现场督导，以保证外协员工的作用能够得到充分发挥。

5.联合管理

前面提到，大部分外协员工都是通过三方服务商和劳务市场获取的。外协员工可能并不知道最终服务的客户是谁，但是一定了解他的直接雇佣者是谁。所以，为了保证外协员工的工作效率和可管理性，可以联合三方服务商来做现场管理，通过服务商的管理权威实现管理目标。

不管是自有员工还是外协员工，都是仓内生产的执行者，做好这些员工的组织和协调工作是非常重要的。但两者的区别非常明显，管理方式也有所不同。 因此，做好资源的组织和管理，做好对两类员工的引导，是仓内生产顺利的重要保障。

（五）现场管理

峰值生产对于生产的效率要求非常高，节奏很快，加之自有员工和外协员工混杂，管理难度很大。**为了确保节奏紧凑，以及保证较高的效率，管理者要做好现场管理，对现场的各环节予以把控。** 管理者可以通过以下几种管理形式开展工作。

1.生产播报

订单播报是比较常用的现场管理方式之一。在播报中，管理者要营造紧迫的氛围，保证仓内的生产紧凑。这样才能使员工在潜意识里产生一种压力，不由自主地提高工作速度。

播报的内容也是关于当天生产情况的，将订单的生产情况、各部门各环节的进度，以及优秀的和落后个人的工作情况在播报中展示。订单生产情况要有准确的数据，和平常生产能力的对比，以及和过去的大促中的数据的对比。如果超出这些数据，就要对员工给予表扬，增强团队的自豪感。如果数据不及过往，则需要视情况而定，采取鼓励或斥责的方式，以激发斗志。对各部门各环节进度的播报，能对落后部门的管理者形成压力，使其在本组织内推动工作节奏，提升效率。对于优秀和落后个人工作情况的播报，也是同样的效果。

生产播报，将组织和个人的生产情况暴露在全仓库面前，产生足够的现场激励和现场压力，带动仓内节奏。

2.生产看板

看板是另一种形式的生产播报，只不过在展现形式上，由播报的形式改为看板的形式。看板上展示的内容，主要是各生产单位的进度、剩余的生产任务量，以及在同级别中的排名。其起到的作用同样是对生产组织和个人形成压力，督促其加快工作节奏。看板是视觉展示，不同于订单播报的无差别环境适用。生产看板不适合来来往往的分拣搬运场景，更适合较为固定的包装场景。相关人员在选用时，要做好区分。

3.收入播报

和生产播报相配合，还可以进行收入播报，尤其是对于外协计件员工，可以对其完成的计件工作数量，以及预估的收入进行播报。通过这种收入的直观对比，可以激发员工的积极性，促使其从整体上加快节奏。但是此播报只适宜将收入较高的部分播报出来，收入低的部分不能播报出来。此外，和外协员工不同，**自有员工主要依靠的是工资和奖金，与计件工资不同，非常有可能出现倒挂的情况**，也就是自有员工的收入低于外协员工，容易导致自有员工不满，这时需要注意化解矛盾。

4.关键操作规范播报

还有一种播报形式，是对关键操作规范进行播报。仓内外协员工较多，虽然进行了上岗培训，但也存在一些问题：一是能实实在在将培训内容听进去的人不多；二是即便听进去，也会很快忘掉；三是在实际的操作中，紧张忙碌的工作会占用员工的心智，在忙乱中忘记操作规范。因此，在播报中，不时地将关键性的规范进行播报，可以随时提醒外协员工按照规定操作，减少生产问题。

现场管理对于协调仓内的生产节奏非常重要，要充分发挥现场管理的作用，把生产节奏掌握在管理者手中，这样才能在峰值生产中保障完成订单的生产任务。除此之外，**既然是现场管理，管理者就应该在生产的现场**，在现场进行定期的巡视，这既是给员工的一种震慑，也是给员工的一种鼓励。更重要的是，管理者能够第一时间收集到现场的信息，更快速地做出决策。

（六）异常处理机制

一旦开始峰值生产，订单量激增，员工人数也会激增，外协员工对仓内流程不熟悉，对人员不熟悉，会出现一些新问题，这都意味着依靠常规的异常处理机制，无法满足业务异常处理的时效性要求。因此，**需要针对峰值生产制定独立的异常处理机制**。在员工出现异常时，能够快速地找到人，快速地解决问题，不耽误生产任务。

举例来说，可以在仓内挑选几名对流程和业务比较熟悉的老员工，作为异常处理对接员，分散在仓内的各个角落，并在着装上给出明显的标识。当员工在生产过程中遇到异常情况时，不管是自有员工还是外协员工，都可以就近找到异常处理对接员，快速解决问题。异常处理对接员无法处理的事项，可以直接找仓储经理，由仓储经理快速处理。中间不再设置环节，避免拉长流程，降低时效，以此来提升异常问题处理的能力和效率。

（七）峰值期的激励制度

前面说过，自有员工和外协员工的收入有可能出现倒挂，这对于自有员工来说就是一种矛盾。为了解决这一问题，同时为了激励自有员工，需要在仓内设置临时性的激励制度，以平衡差异和实现激励。

峰值期的激励政策不宜设置得过于复杂，应该是以提高生产效率及保证生产质量作为最终目的。峰值期毕竟是短期行为，激励制度设置得过于复杂，不利于推广和获得员工的认可。

（八）复盘机制

峰值生产是一项临时的保障性工作。由于涉及的货物、订单、场地及人员的复杂性，在生产过程中难免会出现问题。对于暴露出来的问题，要做好总结和应对方案的设计，在下一次的大促保障中避免重蹈覆辙。对于好的部分，复盘中也可以保留下来，作为一种优秀的生产方式，在日常生产中改善，以提高效率。

这一节的核心就是四个字——现场管理。

十九、仓储管理中的会议制度：怎样把会开明白

> "今天讲的内容你应该不陌生，平时工作中没少遇到。"老史笑眯眯地说道。
>
> "是什么？"佟伟终于碰到一个自己熟悉的话题，顿时来了兴趣。
>
> 老史回答道："仓内的会议制度。你在工作中也一定没少参加会议吧？是不是你熟悉的话题？"
>
> 佟伟苦笑道："是，没少开会，可是真正起作用的会议太少了。仓库这种一线的工作，虽然开会在所难免，但是这还需要专门的介绍？"
>
> 老史说道："当然需要。你也说经常参加低效甚至无效的会议，仓库作为生产一线，时间更是宝贵，如果总开低效会议，不但会增加成本，而且会影响生产效率，是一种管理失败。一线的员工和办公室的员工是有区别的，如何能让他们参与到会议中，领会会议精神，都是管理者要着重思考的。"

（一）仓库都开什么会

仓储管理作为现场管理的一个类型，是强管理的场景，需要对现场的流程、人员、物资物料、设备，尤其是货物，进行有序管理。会议作为一种有效的管理手段，在仓储管理中也是不可或缺的。那么，仓库中都需要开什么会呢？可以分为两种类型：**一是例会，按一定的周期组织，是日常管理中的会议类型**；二是临时会议，没有固定的周期，按照需求召集，主要是为了解决某一个问题，传达某一项通知。接下来，介绍一下例会的相关内容。

（二）例会

1. 早会

早会是各类型的管理场景常用的会议方式，在一天工作的初始阶段组织。**早会的主要目的是起到唤醒和提醒的作用**，经过一夜的时间，员工从工作状态

中解放出来，身心得到休息，但也会使身心处在一种懒散和放松的状态中，这种状态并不适合立刻进入工作。因此，需要在早会中通过一些简单的方式唤醒身体，使其能够快速地投入工作。此外，在早会上，对于一些重点事项，如操作流程、客户要求，尤其是安全制度，要反复地提醒。

（1）早会的组织形式

早晨的时间很宝贵，很多人的高效工作时间就是在上午。仓库内要在上午完成前一天晚上到当前的所有订单，生产的压力非常大，所以仓内的早会应该是一种简短快速的会议，把当天需要关注的事项快速宣讲后，会议就结束，仓内的员工就要进入工作状态。因此，早会的组织形式的要求就是快速，不搞形式主义，简单直接。

一般情况下，仓内早会通常会在仓库内的空旷区域直接召集。大家也不需要坐下，都按队列站好，会议主持人和宣讲人在队列前直接发言。如果员工有什么问题，也可以直接在队列内发言提问。在这样开放的环境和氛围下，员工们可以快速地完成信息同步，完成早会。

（2）早会的召集范围

早会是仓内工作的第一个环节，凡是在岗员工都应参加。如有员工因故请假，应提前和主持人报备，明确请假时长，并在销假后主动向主持人确认请假期间的重点信息。

如果是大型仓库，仓内人员较多，不方便全员召集，则可以按照班组的形式召开。班组形式的早会，同样要求在岗员工应到尽到，尽量避免在岗缺勤，如有特殊情况需要提前报备。如果是夜班班组，也需要在工作开始前组织集中会议。虽然从时间段上看其不能算作早会，但实际内容是一样的。

（3）早会的内容

早会一般是在短时间内，快速地将重要工作传达下去，因此不宜轮班主持。这样虽然给了员工锻炼的机会，但员工素质不一、性格各异，不一定都适合做会议主持。这样的方式反而会降低早会效率，并不是一个好的选择。早会还是应该由部门的负责人或主要的管理者来主持，一是具有权威性，二是可以很好地把握节奏。

主持人在开早会前应做好一定的准备，以便在紧张的会议进程中，能够言之有物，节省时间。仓内早会的内容主要有以下几项。

① 关键操作流程宣讲。操作流程是常说必说项，要想将标准的操作流程融入员工的思维，形成工作习惯，就需要常说常讲。这样员工在工作中才能下意识地按照规范进行，而不是还要想一想下一步是什么，去向领导确认是不是

这样的方式。因为这样会对仓内运营的效率产生较大影响。

② 安全生产制度。前面提到过安全第一，仓库内管理更是如此。这和操作流程宣讲一样，也是要常说常讲，让安全生产的各项管理牢牢地嵌入员工的思维。同时，给新员工提个醒，事情不是想象中的那么简单，要打起精神按照规定办事。

③ 前日复盘内容。对于仓内前一日的工作复盘，必然会发现一些漏洞、问题、异常等。早会正好是一个合适的时间，将这些问题在早会上提出，让员工能有意识地避免，不能避免的要知道如何解决，这样对于当日的工作能够起到推动作用。

④ 当日任务安排。仓内的工作量是随着订单量起伏的，并不是恒定的值，尤其是一些临时性、特殊性的保障类工作，会给仓内工作带来负担。因此，在早会中提前将工作布置下去，让员工在心理上有一个准备，有助于合理安排工作。

此外，在部分仓库内，员工的工作分工并不明确，也需要管理者在早会上明确员工的当日工作，以充分调动人力资源，不产生浪费。

⑤ 轻量的运动。早起上班的时间，人们的身体通常是比较乏的，还没有从睡眠中完全恢复过来。在工作中再花时间去复苏，浪费时间。在早会中，管理者可以组织员工做一些简单的运动，把身体唤醒，使其快速地进入工作状态。

（4）会议时间

早会的目的在于传达重要消息和将身体唤醒，开会时间不宜过长，一般情况下15分钟以内为宜。这也是站着开会的目的，即提升效率，直奔主题。

早会的时间应该是固定的，如果管理者临时有其他事项，也应指派他人代为召集，而不能随意更改时间，这样能让员工养成习惯。

（5）会议流程

早会时间短，流程也简单，把几项内容传达下去即可。第一步是早会召集，要在固定的时间，将仓内员工召集到位，为开会做好准备。第二步是做会议点名，对应到未到员工予以记录，督促员工按时参会。第三步是进行早会运动，先把身体唤醒，以便更好地进入工作。第四步是仓内安全制度和主要操作流程的宣讲。第五步是昨日工作总结。第六步是今日工作安排。第七步是答疑时间，如果员工对于会议内容有疑问，可以在此环节提出，如果没有问题，就可以散会，进入工作了。

（6）会议纪要

早会虽然是简短的例会，**但是必要的会议纪要还是要有的**，可以作为以后的管理档案，要对每一次的会议形成记录并存档，同时，会议纪要需要通过邮件形式发送仓库负责人，并抄送上级领导和各协同部门领导。

早会是一个非常好的现场管理工具，善于利用早会，可以很好地改善仓储管理工作中的一些细节顽疾，改善员工的精神面貌。但是早会不要流于形式，能达到唤醒和传达的目的就可以，不宜故意延长时间。如果没有特别需要传达的，也不必硬安排内容，**有事说事，没事干活，这是最好的状态**。

安全制度和操作流程宣讲是固定的板块，要每天不厌其烦地传达给员工。**安全无小事，生产无小事，这两项内容，员工必须清楚明了**。如果员工能将这两项内容牢记在心，那么早会就算成功了。

2.夕会

和早会相呼应的就是夕会，夕会是在一天工作结束后召开的。和早会以唤醒和布置工作为目的不同，**夕会的主要目的是总结**，即对当天的各项工作情况做一个总结，让员工对今天做得怎么样有一个明确的概念。

（1）组织形式

夕会的组织形式可以相对灵活一些，可以在仓内的会议室、空旷的场地，甚至是操作现场。夕会也不用统一要求站立或坐着参加，可以依据个人喜好而定。在这样放松的状态下进行总结，可以让员工更好地接受。

（2）夕会的召集范围

同早会一样，夕会同样要求全员参加，如有特殊情况需要提前说明并请假。

（3）会议时间

夕会也是每天都开的例会，时间不宜过长，20分钟为宜，最长半小时。因为时间长了会引起员工的反感，适得其反，更重要的是夕会结束基本就是下班时间，占用下班时间开夕会，员工就不只是反感了。

夕会召开的时间，可以设定在下班前30分钟，也可以在完成工作和收尾后立即开始。

（4）夕会内容

① 仓内当日生产业绩。对仓内当日的订单量、货量的处理数据进行同步，增强员工的整仓意识。在数据向好的情况下，还有一定的激励作用。

② 当日的重点事件。仓内当日发生的重点事件、创新先进事件，对其他

人有借鉴、警示作用的事件，都可以在夕会上传达。

③ 需要当日宣布的其他事宜。

（5）夕会流程

夕会的流程更简单，将员工召集齐后点名，确认实到应到人数及名单。管理者对一天的工作进行总结，重点事项同步。员工如有疑问可当场提出，如无其他疑问则可以散会。

（6）会议纪要

夕会同样需要记录会议纪要，前面讲过，每一项的管理会议都需要有纪要留档。夕会也不例外，也要和早会一样列明内容，重点问题需要单独列出。最后以邮件形式发送仓储管理者，抄送上级及相关协作部门。

3.周会

周会是指以周为维度的管理会议，**对一周的工作进行总结和分析，指出这一周工作的亮点和不足**。**对于亮点，找到可复制的模板**。对于不足，则需要找到对应的改进办法。

对于仓储管理来说，每日的早会和夕会是必开的，如果每周还举办周例会，有时会显得过于频繁。因此，周例会并非每个仓库都需要进行的，可以依据仓内情况，将重点融入早会及夕会，而不必单列。但是在有些大型仓库，早会和夕会多为各业务部门或仓库班组自行召开。会议内容虽然会同步仓储管理者，但是对各业务部门、运营班组的工作细节并不了解。所以，需要通过周会的形式，将班组中遇到的问题提炼出来，既可以提高效率，也可以丰富常见问题处理方法库，以便后来同事随时查询。

（1）周会的组织形式

相对于早会和夕会，周会的组织形式要更加复杂一些。参会者需要在会议上进行一定的发言，所以要提前准备好材料，包括数据、客户信息、一周的工作重点等。会议场地，也最好选择仓内的会议室，给参会员工一种严肃的感觉，也能为较长的会议时长提供支持。

（2）周会的召集范围

周会不必全部员工参加，各业务部门负责人或主管参加即可。其目的是总结一周的重点和工作教训，以及反馈需要的支持。仓内的管理者也可以面对不同的业务部门，提出相应的管理要求。

（3）周会时间

周会是仓内管理者的例行会议，要讨论和汇报的事项较多，难以像早会和夕会那样快速结束。因此，周会的时间一般安排在 1 小时左右，让各项话题能够得到充分讨论，并形成结论。

周会的召集时间，一般以一周临近结束时为宜，能够对一周的工作进行充分总结，找到其中需要解决的问题点，以及需要特别关注的要点。

（4）周会的内容

周会以各部门的汇报为主，汇报内容主要包括本周工作的重点事项、需要得到的帮助和支持、员工情况及工作建议等内容。内容汇报应秉承快速直接的原则，避免形式主义，保持一线工作的纯粹。

仓储管理者收到汇报后，要对会议内容予以回应，尤其是对于各部门需要帮助和支持的事项，要确定明确的对接人和时间，让汇报人认识到汇报是有意义的，能得到有效解决问题的途径。

4.月例会

实际上，月例会的作用和周例会相同，只是时间安排不同，以及处理问题的机制不同。其组织的范围及组织的形式也和周会基本相同，此处不做赘述。

5.年终总结会

年终总结会是对一年工作的总结，不再以解决单点的问题为重点，而是将激励和表彰作为主要内容。优秀员工、先进个人和先进集体等，都要在这个会议上公布，并颁发奖励。

年终总结会要做得有仪式感，给人一种热闹欢快的氛围。召集范围也以仓内全体员工为主，最好邀请公司的相关领导出席参加，增强员工的荣誉感。

年终总结会的内容围绕着激励员工做安排，从仓内奖励到领导讲话，都是以激励为目的的。

早会和夕会在仓内管理中是比较重要的，这两个会议可以把关键的运营要求和管理制度潜移默化地根植在员工的意识里。这样，在管理中就可以更加得心应手。不过这不代表其他会议不重要，周例会或月例会的主要作用是解决问题，提供支持，是仓内重要工作的主要推动力。管理者也要充分利用例会的形式，保证仓内管理工作的顺利进行。

（三）临时会议

在仓库的运营中，时常会遇到一些突发的情况，问题有可能大，有可能小，都是在常规之外的问题。遇到此类问题，通常都需要通过临时组会的形式，来判断和给出解决方案。

临时会议的目的是解决临时的突发问题，不具备周期性，由问题的牵头人召集。 会议场地和会议形式都没有固定的要求，以方便解决问题为主要原则。一般情况下，是要到问题发生的现场解决，这样能够更直观地看到问题点，给出更贴切的判断。

在完成会议后，如果问题影响不大，在现场就可以解决的，可以不做会议纪要，但要对问题进行记录，以便后面有同类型问题能够快速解决。如果是影响比较重大且现场无法解决的，需要多次跟进的，就需要形成会议纪要，尤其是待办事项，以便更好地推进。

临时会议和例会不同，仓内所有的员工均可以发起召集，只要能解决问题就可以。

小结

会议是一种有效的管理手段，管理者应善于运用会议推进管理。但把会议作为管理的唯一手段，也是不可取的。 事事开会，时时开会，形式大于实际，时长大于需求，问题没解决，会议一箩筐。久而久之，会议就没有人重视了，参会成了出工不出力，浪费时间，对于管理完全没有意义。尤其是作为一线现场管理的仓内管理更是如此，员工更纯粹、更直接，更加不会喜欢那种形式化的会议。

所以，会议要做到言之有物，言简意赅，直奔主题，只要能解决问题、传达内容即可。

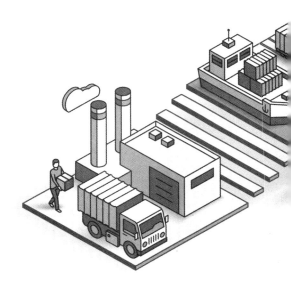

笔记四 仓内成本管控

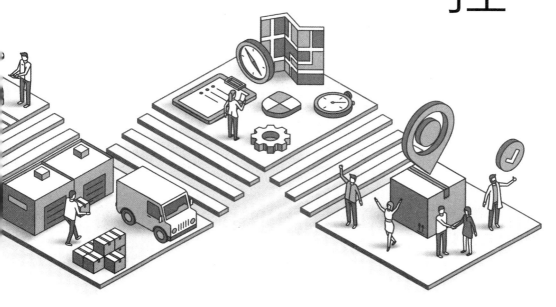

老史说道:"这篇笔记讲一讲仓内的成本管控。主要涉及人力成本、物资物料成本、场地成本、能源使用成本及商品报损成本五项内容。"

佟伟说道:"成本管控是一个非常有价值的话题,也很符合当前降本增效的大目标。"

老史说道:"降本增效的手段有不少,其中最好的是通过运营升级提升效率,以效率反向带动成本下降,当然这很难。所以在这篇笔记中,更多的是精打细算,控制各项成本,不太涉及增效部分。"

佟伟苦笑道:"就是说,这篇内容是乏味地算小账?"

老史笑道:"确实是以扣细节成本为主,但是倒不算乏味,你且慢慢听吧。"

二十、仓内人力成本管控:精打细算地用人

老史笑着问道:"21世纪什么最贵?"

佟伟爱答不理地回答:"人才。"

老史道:"对,最贵的是人才。在仓储管理中,人力成本是占比非常大的一项。因此,精打细算地用人,也是仓内成本管控的重要方式。但是仓内运营,没有人也不现实。怎样才能使人员配比恰到好处,既不浪费,又不影响运营?这是仓储经理的一项必备技能。"

佟伟问道:"怎么做到精打细算呢?"

老史说道:"从三个方面入手——知己知彼、灵活机动和升维打击。"

佟伟不满地说道:"不明白,不要故弄玄虚。"

老史笑道:"别急,听我慢慢讲。"

(一)岗位梳理

首先要进行的是岗位梳理,通过岗位梳理,对仓内不同岗位设置的合理性进行重新评估。对于必要岗位予以保留,非必要岗位则进行合并,或是取消。此外,对于缺失的岗位,要进行补齐,虽然增加岗位不是降本的直接范畴,但

必要岗位的增加可以使流程更顺畅，效率更高，从另一个角度实现降本。

管理者可以通过岗位梳理，了解仓内岗位设置的基本情况，使岗位设置更加合理。降低非必要岗位的成本支出，从而实现人力成本的降低。

（二）业务量分析

业务量的分析，是为了确认人力投入多少，如何保证仓内的人力投入恰到好处。分析业务量，也要从两个角度进行。

第一个角度是实际的业务量，也就是每天、每周、每月仓内进多少货、生产多少订单、出货多少。这几个问题展示的是仓内运营情况，日常要承担的业务体量有多少。有了这个数据，再对仓内各环节的单人产出进行评估，就可以得出各岗位需要的大概人数。

第二个角度是岗位工作的操作难度。有些岗位货量并不算特别大，但操作难度较高，流程环节复杂，在同等业务量的情况下，岗位的人员配备就需要多于其他岗位。

举例来说，同样是一批 2000 件的货物，收货环节需要的收货员岗的人数和分拣环节的分拣岗所需的人数差别是很大的。所以，岗位工作的操作难度，也要充分考虑在内。

（三）人力匹配分析

通过前面两项分析，我们知道了对于仓内业务而言需要设置哪些岗位，这些岗位大体需要的人员数量，这样一个比较粗糙的人力规划算是成型了。但毕竟这只是规划，还没有落在实处。要想将人力规划落在实处，还要对现有的人力配置进行分析，看看现在的仓库内配置了哪些岗位、配置了多少人力、人员的素质和能力如何，这是需要收集相关信息的。

不同的岗位，对员工的能力要求有一定区别，**员工个体能力的区别对于仓内操作也存在一定影响**。因此，在做人力匹配分析时，也要考虑岗位工作的难易度，以及员工的能力。这样才能最大限度地评估仓内的边际人力，给出最为贴合实际的人力匹配方案。

当然，人员有变动，业务也有起伏，如果完全按照边际人力做匹配，运营风险还是比较大的。因此，需要在方案中增加一定比例的备用人力，以应对人员变动造成的人力短缺，以及业务起伏造成的订单量增加。这个备用人力的比例最好控制在 5%～10%，需要看仓内的人力基数。人力基数大，备用人员可以复用，比例可以控制得稍低一点。如果仓内人员基数较小，只能向上取整来增加备用人力。当增加一个备用人员，比例就超过 10% 时，备用人员就可以不必提前准备了。因为仓内的业务体量不大，业务变化和人员变化造成的问题，可以通过其他方式解决，不必单独承担此成本。

人员变动是指人员离职造成的人力短缺，但人力短缺不是指缺少一个人或几个人，而是指这些人离开后造成的人力短缺。

举个例子，一个老员工一天可以操作 100 单，但一个新员工一天可能只能操作 60 单。此时离职一名老员工与入职一名新员工，从人数上看是没有变化的，但从人力上看却减少了 40 单的人力。如果离职的是两名老员工，那么差额就是 80 单。

这时候，仅看人数就不行了，要把员工的生产能力而非人数量化，作为评估的依据。岗位梳理、业务量分析、人力匹配分析就是知己知彼，有了这些数据分析和梳理，才能把仓内的人力情况分析透彻。

（四）全职转兼职

在大多数的仓库内，业务都是有起伏的，有些快消品行业更是有明显的淡旺季之分。在这种业务情况下，人力需求的变化差距也是非常大的，想要在这种业务形态下保证边际人力的合理性，挑战就会比较大。为了应对这一问题，可以对现有的任职模式进行更改，**将部分仓内人力的任职模式由全职转变为兼职**。这样仓内的人力资源具备一定的弹性，在旺季可以使用足够的人力资源，淡季也可以避免不必要的人力浪费。

在进行全职转兼职的过程中，要有策略的转换，不能盲目地裁减人员。先对岗位的人员能力进行分析，对于要求较高、培训时间较长的核心岗位予以保留，对于可复制性高、岗位要求低、培训时间短的岗位，可以采用全职转兼职。

此外，全职转兼职还涉及一个社会问题，企业在执行的时候要权衡清楚，即**妥善处理裁减员工的安置问题，避免造成不良的社会影响**。对于新增加的兼职岗位，如果原有员工有兴趣，可以优先考虑。如果在外部协调资源，则要慎重地选择，一是考核其可提供人力的素质是否能满足仓内操作需求；二是其提供人力的稳定性如何，在仓内需要人力的时候，是否可以快速满足需求。其后才是价格的问题,最好是有一家能够持续合作的人力资源提供商,确保仓内的运营人力充足。

(五)固定工资转计件

固定工资转变为计件工资,也是有效利用仓内人力资源的一种形式。固定工资,更有利于保证员工的稳定性,但对于员工的驱动性和激励性不强,非常容易造成部分员工怠工,对于工作不积极,混日子、混工资。这种风气一旦蔓延,就很难控制住,使仓内的人力产生严重浪费。

解决这个问题的办法很多,不过我认为最有效的就是改为计件工资的模式,因为计件工资的特点就是多劳多得。在很多工厂,对于生产员工就是采用计件工资的形式。**这种形式没有固定工资的稳定性,偷懒者没有了保障,不敢偷懒;勤劳者,多劳多得,受到正向激励,会更加努力。**

在由固定工资向计件工资转变的过程中,相关人员要计算好仓内单件订单的报酬范围,既能保证仓内成本,又足以对劳动者产生吸引力,这样计件工资的制度才有可能执行下去。

全职转兼职,固定工资转计件工资,从仓库有多少就用多少变成仓库需要多少就用多少,可以将浪费降到最低。

此外,全职转兼职,如果原本的人力是过剩的,确实存在员工的安置问题,这就是前面所说的企业要认真妥善地解决安置问题,给员工一个合理的安排。

至于固定工资转计件工资,对于一线的操作员工来说就不一定是坏事了。**计件工资虽然打破了固定工资的稳定性,但也打破了固定工资的上限,为想要多赚钱的人提供了机会。**真正不安的是那些想要偷懒混日子的人,这部分人正是仓内浪费的源头,本身就是应该清除的部分。

升维打击也包含两个方向,下面介绍一下。

(六)自动化代替人工操作

自动化代替人工操作,是使用自动化设备代替仓内的部分人工,甚至是大部分人工,由人力成本的月均支出变成资产购置的一次性投入。在业务形式、业务体量、场地、企业资源都满足的情况下,使用自动化设备代替的人工越多,理论上性价比越高。

自动化降本是从两个方面实现的：一是直接替代人力成本；二是替代人力后节省了管理成本。 其中，人力成本的降低是比较直接的指标，可以将自动化替代的人力成本与资产投入后的均摊对比，从而看出降本的数值有多少。这一数值也是决定是否使用自动化的重要标准之一。管理成本的降低，则是在人员数量减少后，管理者的管理范围缩小，从而减少管理人员配置。人员数量下降，管理难度也降低，一些额外的福利性支出可以减少。

　　自动化最主要的意义是解决人的问题，也就是降低人力成本和规避人在实际操作中容易产生的主观错误，将输出标准统一化。 自动化是将人力从机械化、程序化、高度重复的工作中解放出来，把这些容易预测和归纳的动作交给机器来执行，**从而通过机器的持续摊销固定成本，取代雇佣员工的成本，使成本结构更加可预测、可控制，以此来降低企业风险**。相对于机器，人是有机体，身体情况、精神、情绪等都会对人的工作状态产生影响，从而影响工作的效率，甚至是增加异常风险。机器则不会，只要定期保养，持续提供动力，它就可以不停地生产，不必关心其心情好不好、工作累不累，从而能大幅降低差错率，保持物流体系持续而稳定地输出。

　　当然，自动化的应用需要企业前期大量投入，从设备到软件，再到人员的素质提升，是一项集成的系统工程。一次性的投入，可能是人力成本几年的总和。所以，企业在决策是否应用自动化系统时，也需要充分地计算、比对，自动化的引入成本和替代掉的人力成本及管理成本至少是趋于平衡，自动化的引入才有意义。

（七）精细化管理

　　精细化管理，是将仓内的全部操作流程和工作充分细化和量化，在人力资源的配置和调配上紧贴仓内需求，将每一分浪费都计算在内，尽量避免，也就是将边际人力利用到极致，让每一份人力都充分发挥其作用。

　　要做到精细化管理，前面的各项梳理和分析都是其基础，只有在掌握了这些信息后才能做精细化，而且要做到更细致，颗粒度更小。**要将员工在操作中的每一个动作分析到位，去掉不必要的动作，仅保留有意义的操作**，以此形成明确的员工操作手册。每个岗位都有其准确的工作步骤和要求，第一步做什么，做到什么程度，第二步做什么，用什么辅料，做到什么程度，都要一一列明。

　　精细化管理对于管理者的能力要求很高，尤其是员工手册的梳理制作工作，需要管理者非常深入地了解一线的操作流程，同时具备分析和判断的能力，能够在调研后给出符合全流程的最优操作方法。此外，员工手册如何落地执行，如何量化考核，都需要有与之配套的能力和方案。

小结

这一节的内容到这里就结束了，作为仓内成本的主要组成部分，在人力上精打细算是非常有必要的。知己知彼、灵活机动和升维打击，这三种方式的应用可以有效解决人力成本的问题。这三种方式谈不上哪一种最重要，知己知彼是最基本的操作，岗位梳理、业务量分析和人力匹配分析是任何一个仓储经理做人力成本管控都需要做的分析，也是任何一个仓都能做的事情，大到几百人，小到五六个人，都可以做这些分析和匹配。灵活机动则需要看仓内的业务形态和资源能力，难度要上一个层次。灵活机动的两项内容，全职转兼职和固定工资转计件工资，在处理上有一定的困难和风险，是需要仓储管理者具备一定的能力和魄力的。至于升维打击的两项内容，都是具有一定难度的，仓储经理需要仔细判断后再决定是否采用。

二十一、仓内物料使用管控：精打细算地用料

"仓内的成本管控，更多的工夫在细节，而物料的使用管控就是其中的一项。"老史说道。

"物料管控？前面不是讲过了吗？"佟伟有些疑惑地问道。

老史说道："前面讲的是物料的管理，主要起到的作用是确保物料的存放和领用、来去清晰。今天讲的是通过物料使用的管控，精打细算地降低成本。这是财胜篇的主题，即控成本。"

佟伟说道："好吧，听你说一说。"

老史笑了笑，开始介绍这一策的内容。

（一）什么是物料使用管控

物料使用管控是指对物料使用过程中的各个环节进行把控，把使用量计算到最低，使用效率调整到最高，达到精打细算、降低成本的目的。

和生产车间用到的生产物料不同，仓库内的物料更多的是辅助性物料，如包装材料、包装辅料、劳保用品、清洁用品等。**这些物料多为低值产品，在仓内管理中经常被忽视**，从而造成管理粗放，领取使用没有节制，浪费严重。虽然从单品价值上看，仓内的物料无法和生产物料的价值相比，更无法和成品相比较，但长时间的浪费行为也会造成仓内不小的损失，更重要的是会形成了粗放的风气，对于仓内管理十分不利。

因此，对于物料使用的管控，需要摆在仓储管理者的面前，让管理者看到物料管控的价值点。**作为仓内快速消耗型的资产，物料的管控是最容易实现的，也是最容易见到成效的**，是仓内成本管控非常好的切入口。

（二）物料计划

物料使用管控应该从哪里开始呢？从物料的计划开始。物料还需要计划吗？当然，在你怀疑物料使用需要计划的时候，实际上就已经进入了忽视物料管控的陷阱。和仓内存放的商品一样，**物料的仓储数量也应恰到好处，才能做到资本使用率最优**。

过多地采购物料，会占用企业资金，占用仓内场地，这些最后都会转化成成本的浪费。此外，物料在仓存储存在一定的保存风险，如长时间未使用的包装物被鼠蚁咬噬，或受潮遇火，这些物料的损失最终也会转到成本上。

反之，仓内可用的物料太少，也会造成物料短缺，无法完成仓内操作。物料的种类很多很杂，而且多是低值物品，商家很少会配合进行零库存运营的。因此，绝大多数情况下需要物料保有一定的库存，以保障仓内生产的顺利进行。

物料计划就是解决这个问题的。它就是**针对历史使用量，以及未来一段时间的订单预测，来制定物料的采购量**。其中，"未来一段时间"，就是依靠物料的采购提前期，也就是采购单确认时间＋生产时间＋在途时间。如此周期性地制定采购计划，可以最大限度地接近实际需求量。

当然，每一种物料的情况不一样，采购策略也不是千篇一律的，有周期性定量采购的，有价格导向批量采购的，视不同物料的特性而定。合理的采购计划，能够使物料库存保持在够用而不积压的状态。

（三）员工使用手册

物料成本管控最关键的部分，还是在于如何使用，在使用中做到不浪费才是最直接的成本节约。因此，对于如何使用物料，在什么环节使用什么物料，物料的使用方法和使用量是多少，这些问题是需要明确的。明确后的内容就是员工在物料方面的使用手册，这是仓内精细化管理的一部分，能够指导员工的实际工作。

举个例子，如包装环节，对于不同品类的货物，需要使用几号的箱子是要明确的。不同重量、形状、易损程度的货物，在使用填充材料时的要求是什么样的？选择珍珠棉还是气泡垫，需要垫几层？珍珠棉缠绕货物的方式是什么样的，需要缠绕几圈？使用胶带封箱，需要使用什么类型的胶带，封箱的方式是什么样子的？底部封箱需要封几次，顶部封箱需要封几次？把这些内容按照不同的类别、不同的要求一一列明，员工在实际的操作中就不需要按照个人的习惯进行判断了，标准统一，成本才好管控。

其他环节和流程也是一样的，涉及物料使用的方面都应该给出明确的操作标准。哪怕是在仓内的卫生环节，如使用到清洗液、消毒液等，也都是要有明确的使用量的。这样在各环节可控的情况下，物料在使用中的浪费情况就会越来越少，习惯养成后，仓内的物料成本自然会有一个比较明显的回落。

理论上，是对物料的管控越严格，越有利于管控成本。但要注意一点，**这种精细化的管理不是白来的，是有管理成本的**。这些物料节省下来的成本，是否能够覆盖管理成本？是管理者需要权衡的事情。此外，这样严格的管理方式，更适用于分工较为明确、管理更细化的仓库。因为物料的细化管理，产生的手册一定是非常繁复的，如果没有明确的岗位划分，一名员工从头到尾对物料使用负责，再加上其他的要求和流程，实现的难度就太大了。因此，在执行员工手册的管理方式时，也需要评估仓内情况。例如仅有三五个人的小型仓库，花费时间去制作复杂的员工手册，反而不如现场目视化管理更高效和实在。

（四）物料定量领用制度

有了物料的员工使用手册，对于每个环节要用到的物料，再配合预估的订单量，就有了一个预估的物料使用量。这个使用量可以作为物料定量领用的参考。

为什么要做物料领用的定量制度呢？很简单，就是为了在员工的意识里塑造物料短缺的印象。**在这种印象的影响下，员工会下意识地计算物料的使用量，避免浪费。**

就像是没结婚的单身汉，在发工资后，手里的钱是富裕的，于是大吃大喝使劲地玩。快月底的时候，发现钱花完了，于是下定决心，下个月一定要计算着花钱。但是到了下个月发了工资，又忘了这回事儿，继续大吃大喝。要解决这个问题，其实很简单，单身汉结婚，有了房贷、车贷、孩子上学、老人看病等负担后，大手大脚的问题就自然解决了。因为发了工资后他会发现，每笔钱都有其固定的用途，没什么富余的，自然就不敢去大吃大喝使劲玩了。

员工也是如此，每次领用物料都要定量。要想再次领用，就需要重新发起领用申请。这时候，管理者就会对其完成的工作进行审核，是否达到了使用物料应达到的量。对于员工来讲，这也是一种管控的手段。

物料的定量，是按照不同的岗位而定的，使用的物料类别、每个类别的使用量是多少，都是按照订单或工作的量来做配额的。此外，**在正常的领用流程外，也需要设置领用的绿色通道**，以应对业务量突然增加、物料损坏等情况。这样员工能够通过绿色通道快速领到需要的物料，不耽误生产。

（五）先进先出原则

物料领用也需要遵循先进先出的原则。 物料的种类繁多，部分物料是有一定的保质期限的，在使用时，如果没有按照先进先出的原则领用，前面进入仓库的物料就有可能被遗忘，从而超出保质期限，使物料失去使用效力，造成浪费。除此之外，还有一些物料易受潮、易损坏，先进仓内的物料在仓时间较长，优先使用，也是为了避免过长时间在仓造成潮湿损坏，或鼠蚁咬噬带来的破损。

为了确保物料的先进先出原则得到执行，仓库管理者**在对物料的管理上就要做好批次管理和保质期管理**。从物料入仓开始到物料领用结束，要对整个过程进行监控和管理。

1.入仓管理

物料入仓后要按不同的品类进行检验,检验完成后**对物料进行编号**。编号内容包括品类信息、入仓时间信息、保质期信息等。编号编制完成,要**做成明显的标识,在对应物料上标记,以便查找**。

2.库区管理

在物料仓库内,按照出库区、存储区进行库区划分。将优先出库的物料在出库区内存放,由员工发起领用后直接在出库区取出物料,以减少领用物料时的比对查找时间,提高领用效率。在出库区物料领用完毕后,再在存储区内挑选需要优先出库的批次和保质期物料,补充到出库区内,**确保物料先进先出原则的有效应用**。

物料的先进先出原则和仓内商品的先进先出原则是一样的,只不过商品的先进先出,是为了确保仓内商品的生产日期是最新的,这样才最有利于销售。**物料管理的先进先出,是为了让物料的仓内损耗降低**,从而降低成本。此外,仓内的很多管理方式和原则都可以复制到物料管理上,有一定的通用性。

(六)以旧换新原则

物料中有一部分是消耗类物资,如包装材料、标签、清洁剂等,这部分物料使用后就消耗掉了,不再有回收利用的可能。但是还有一部分是非消耗类物资,如工具、部分办公用品、部分劳保用品等,这部分物料会在仓内重复使用,其使用率很难通过订单量或工作量的维度去准确评估。评估此类物料损耗程度的依据,是其自身的磨损情况。这主要依靠经验识别,需要判断者实实在在地看到这类物料后,才能给出评估结果。因此,**在物料管理上可以实行以旧换新的原则,将旧物料展示在判断者面前,以便评估新物料领取的合理性**。

除了作为领取新物料合理性的依据,很多旧物料还具备可回收再利用的价值。通过以旧换新原则的管理,将旧物料回收,可以修复再用的,即通过修复的方式,使物料得到重复利用。不能重复利用的可以收集起来,统一售卖。完全无法再次利用的,应集中销毁或丢弃。

在物料以旧换新原则的执行中,也需要对每个员工的换新行为进行记录,形成领用台账。在一定的周期后,对台账进行回顾,分析员工的领用和换新记录。这可以起到两个作用:一是可以更准确地掌握每个岗位的物料使用率,周期性地预估使用量。这样对于员工定量领用,有不断修正的作用,使定量标准越来越趋近于实际情况。二是对每名员工的领用情况进行分析，找出其中的优异者和损耗者。在实际的工作中观察两者的工作差异，找出产生不同损耗率的问题点，通过培训干预，不断地降低物料损耗率，提升物料的使用率。

以旧换新并不是唯一的管理方式，回到以旧换新这一物料管理规则，如果有更好的办法、更方便的办法来管理物料当然更好。或者仓内员工少，管理者凭记忆经验和目视化管理，可以做到更合理、更高效，也是没有问题的。否则，遵循以旧换新的原则，相对来讲还是比较有效的。

（七）使用量通报制度

使用量通报制度，是指对仓内的物料异常使用情况进行仓内通报。 通过这种反向激励的形式，可以使员工从心理上树立起一道浪费物料的门槛，不敢轻易地浪费物料。

使用量通报的范围是仓库内部，不宜向外扩展。因为物料的异常使用可能是一个偶发事件，且本身的影响面不大，如果通报面过大，反而起反向作用。在适度的范围内通报，能对通报员工起到警示作用，对于其他员工也有提醒的效果。此外，通报的情况一定是物料的异常使用产生的浪费，而不是从使用的绝对值角度出发。

使用量通报制度的使用要充分合理，在通报前要和通报员工做充分沟通，使其明白通报的目的，并督促其做出改进。在员工的物料使用情况得到改善后，可以将通报内容改为正向的通报表扬，可以起到更好的激励作用。

（八）激励制度和形式

物料的精细化管理，在管理上是趋严的，在表象上是精打细算甚至斤斤计较。对于员工来讲，体验较差。因此，**仅以这种严管的形式推动，势必造成仓内的关系紧张，影响管理软实力。** 为了缓解这种矛盾，在管理之外需要设立激励制度，作为物料管理的正向引导。

最简单的方式就是在仓内设立奖项，以月度、季度为周期，评选仓内物料使用最合理的员工。这里需要关注是最合理的，而非最节省的。物料本就是采购来供仓内使用的，不能单单以节省为目标，在节省之外还应该评估物料的使用是否合理，而**合理使用物料就是最佳的使用方式，比节省更有价值。**

对于获奖的员工，从经济和精神两个层面进行奖励，奖金是必须要有的，

这是一线员工最关注的。可以视情况而设立，不必很多。精神奖励主要是荣誉激励，月维度可以设立流动红旗的制度，每月的最优者，可以在其工作位置悬挂流动红旗，以示优异。次月，以最新的评比结果，作为悬挂流动红旗的依据。

在季度的层面，如果季度内三个月都是最佳者，除流动红旗激励和对应奖金外，可以奖励证书，以表彰其物料利用的优秀成绩。此外，还可以设立培训课程，以季度获奖者为培训讲师，讲述合理利用物料的要点，提升仓内物料使用水平，也是对员工另一个层面的激励。除此之外，还可以设置年度激励，奖品力度加大，荣誉激励力度也相应增加。

通过精细化管理和激励制度，即一正一反、一推一拉的方式，可以促使员工在实际工作中按照管理要求，使物料的管控合理化、精细化，从而降低仓内成本。

仓内物料的管控，其精华就在一个"细"上，即管理细化，指导细化，从细节上做文章，从精细处抠成本。这是一项烦琐且需要持续坚持的工作，管理实践的难度还是有一些的。所以，在实际的工作中也要注意，**不要漏掉细节，如果漏掉了细节，物料管理工作就会产生漏洞。**

二十二、仓内节能管理：精打细算地用电

老史说道："仓库内涉及的成本项众多，但是占大头的总结起来就是场地成本、设备成本均摊、人员成本、物料成本、管理成本及能耗成本。在常见的仓库内，电力的使用是最广泛的能源类型。虽然还有一些大型设备仓和批量进出货的仓会有燃油的使用，但燃油在现代库房中的使用率越来越低，就不多做介绍了。今天主要介绍电力在仓内的合理使用，也就是精打细算地用电。"

佟伟说道："在库房中，尤其是现代化的库房中，电力的确是最主要的能源。电力的使用量也是巨大的，如果能够对电力做好节能管理，的确能够很好地降低成本。"

老史说道："不只是企业自身成本的优化，国家也在大力地推动绿色低碳。物流行业是重点行业，仓库作为物流的重要节点，也是非常重要的一环。所以，在仓内推动节能管理，在政策方向上也是正确的。"

（一）仓内节能管理的意义

1.国家政策

2022年，党的二十大报告中明确指出：

加快发展方式绿色转型。推动经济社会发展绿色化、低碳化是实现高质量发展的关键环节。加快推动产业结构、能源结构、交通运输结构等调整优化。

完善能源消耗总量和强度调控，重点控制化石能源消费，逐步转向碳排放总量和强度"双控"制度。推动能源清洁低碳高效利用，推进工业、建筑、交通等领域清洁低碳转型。

坚持交流互鉴，推动建设一个开放包容的世界；坚持绿色低碳，推动建设一个清洁美丽的世界。

由此可见，绿色、低碳已经成为不可逆的大方向。在物流领域，在仓储管理环节进行绿色能源的使用、节能管理，是符合大政方针的。这是仓库节能管理在国家政策层面的重要意义。

2.成本优化

国家的大政方针是社会化节能和低碳的主要推动力。对于单个企业来说，仓库中进行节能管理的原始动力，则是对成本的优化，这是企业的本性。作为仓内比较大的几笔成本支出，能耗成本的变动对总成本的影响还是比较大的。**通过节能管理，降低能耗成本，从而推动整体成本的降低，提升企业的竞争力、可持续经营能力，是节能管理的第二个重要意义。**

（二）自产能设备规划

对于仓内的节能管理来讲，起点应该是在仓库的规划阶段考虑和设计的。此阶段规划的内容，是在仓库内是否可以使用一些自产能的设备。在仓内使用自产能设备，能使仓内用电实现部分自给自足，减少社会电用量，从而降低成本。

这些自产能设备主要以低碳的发电方式为主，如太阳能发电、风力发电等。应用最为广泛的就是太阳能发电，也就是光伏发电。这种发电方式可以和仓库本身的建筑相结合，在仓库屋顶和四周墙面布置光伏设备，既不占用仓库空间，又可以最大限度地利用建筑本身的外部面积。光伏发电的方式，在行业内部也得到了广泛应用。

如京东物流西安亚一园区，在30万平方米的建筑面积中，有近10万平方米采用光伏覆盖。利用大西北的充足光照，每年可生产10200兆瓦·时的电，相当于5000个家庭一年的用电量。这些电力不但可以满足仓内运营所需，还能为仓外使用的车棚、充电桩等辅助性设备提供电力供应，为仓内运营节省了大笔的电力费用。

普洛斯宝山物流园区，园区建筑面积24.3万平方米，使用屋顶光伏设备，每年发电2750兆瓦·时，为园区运营、照明提供了电力。

这三家行业标杆性的企业，都在仓库的规划阶段就将自产能设备的应用放到总的规划中。在仓库投入实际使用的时候，自产能设备就可以发挥其作用，在仓内的节能降本方面发挥作用。

自产能设备的应用还有一个重要的问题需要关注，即不同类型的设备实际上对于外在的自然环境是有一定要求的，如光伏设备，比较适合的就是光照相对充足、日照时间较长的地区。这样才能充分发挥光伏设备的价值，尽可能地生产更多的电。如果是光照时间比较短或阴雨天气较多的地区，光伏设备的价值就大大降低了。此外，光伏设备的造价成本并不低，仓库在规划是否使用光伏设备的时候要算好一笔账，明确光伏设备的应用和普通电力的使用，在光伏设备的生命周期内到底是哪个更划算。

其他设备如风力发电，在应用中限制性更强，应用的量很少。仓库内用到的发电设备，从契合度、投入成本和效果来看，还是光伏设备更符合实际一些。

（三）节能设备应用

自产能设备的投入高、限制条件多，仓库在应用的时候要做好充分的计算和评估。但是**节能设备的应用，需要承担的风险要小得多，是大多数仓库都可以选择应用的**。

仓库内常用的节能设备主要包括节能灯具、恒温材料、感应控制设备等。

1.节能灯具

节能灯，又称为省电灯泡、电子灯泡、紧凑型荧光灯及一体式荧光灯，是将荧光灯与镇流器（安定器）组合成一个整体的照明设备。普通的白炽灯通过灯丝加热的形式，使灯丝产生可见光和红外辐射。由于工作时灯丝的温度很高，大部分能量都通过红外辐射的形式散发掉了，所以产生的光照效应较差，每瓦电力仅能产生 12 流明的光照。而且灯丝温度很高，白炽灯的寿命也就很短，约 2200 个小时。

节能灯是通过一系列的反应产生紫外线，通过紫外线刺激荧光粉的形式发光。灯丝的温度较低，红外辐射量少，能量的利用率高，每瓦电力可以产生 60 流明的光照。灯丝温度较低，灯具的使用寿命更长，可以达到 8000 小时左右。

因此，**节能灯具的应用，可以从能量利用率和灯具的使用时长两个方面为仓库带来降本的效果。**

2. 恒温材料

仓内的温度，通常需要空调来调节，但是不管是大型的中央空调还是小型的柜式和挂式空调，都需要大量的电力支持其运转。这些电力的使用，以及空调硬件的购买和置换，都是一笔不小的支出。

恒温材料可以在一定程度上解决这类问题，在仓库的墙面和屋顶使用恒温材料进行建筑构造，或使用恒温材料进行改造，可以通过材料本身的功能对室内温度进行调节，以保证仓内温度处于一个相对稳定的状态，可以降低空调的使用率，从而降低电力消耗和硬件消耗。

3. 感应控制设备

不管是照明设备还是空调设备，通常都是需要人工控制的，很难做到实时监控使用效率。

举例来讲，如仓库内的照明设备，在某一区域无相应的运营操作时，就可以关闭照明设备，以节省电力，但人工控制难以做到对各个区域的全方位监控，从时间和覆盖度上都很难满足要求。如果配备感应控制设备更方便，当区域内有人员活动时，照明设备自动开启，为运营工作提供照明；当感应器感应不到人员活动的时候就自动断电，关闭照明设备，避免持续照明产生浪费。

在仓库内部广泛地应用节能设备，可以从日常的使用中节省电力，降低成本。

（四）节能管理制度

仓内自产能设备的应用和仓内节能设备的应用，更多的是基于仓内的规划和建设。而仓内节能管理的真正内容，则是节能管理制度。节能管理制度，即规范仓库运营中对能源使用的规则，以及节能相关的操作要求。**通过对各环节的把控，将节能的动作管理起来，可以实现仓内的节能降本。**

1. 照明设备管理

照明设备是仓内主要的用电渠道之一，加强对照明设备的管理，可以有效地起到节能的作用。照明设备的管理主要分为以下几项内容。

① 非工作需要，不开启照明设备。
② 无人使用的场所，不开启照明设备。
③ 使用后，及时关闭照明设备。
④ 划分责任区，责任人对责任区内的照明设备的使用和关闭进行监督并负责。
⑤ 定期清理照明设备，避免污渍尘土影响照明质量。
⑥ 故障设备及时更换，避免故障灯具影响照明，且会产生电力浪费。

2. 办公设备管理

① 除监控设备、温控设备等必要设备外，非工作需要不开启办公设备。
② 电脑设备在预计超过 2 小时不使用的情况下，应将主机及显示器关闭。
③ 打印机、复印机、投影仪等设备在不使用的情况下，应使其处于待机状态。
④ 最后离开办公室的员工应将灯具关闭，并检查办公室内是否有未关闭的电脑等应关闭的设备。

3. 生活设备管理

① 上班前 15 分钟，开启饮水机加热功能，下班后及时关闭电源。
② 水桶空了，应及时更换新的水桶，避免饮水机空烧。
③ 空调夏季制冷不低于 26 度，冬季制热不高于 22 度。
④ 上班前 15 分钟开启空调，下班后及时关闭空调。
⑤ 微波炉使用仅限于饭菜加热，禁止使用生食熟制。
⑥ 责任人负责对生活设备使用情况进行监督并负责。

4. 生产设备管理

① 生产设备使用完毕，及时回归原位，并关机。

② 设备按需充电，在完成充电后及时拔掉电源。
③ 生产操作时，仅开启必要的设备。
④ 生产设备和使用人绑定，使用人对其负责。
⑤ 生产过程中，非必要不开启大型设备。

5.个人设备仓内用电管理

① 电动车禁止在仓库内充电，可在仓库以外安装专用充电桩充电，以保证专电专用，以及仓内安全。

② 非仓内自有员工禁止在仓库充电桩充电。

③ 限制员工充电时长，每名员工电动车充电不得超过2小时。

④ 仓内禁止员工个人手机外的电子产品充电。

仓内的现代化程度越高，用电设备就越多，涉及的管理制度也会越丰富。仓库的管理者在制定制度时，应考虑仓内使用能源的方方面面，从细节处节省能源，进而降低消耗。

仓内的节能管理是一项细活，管理过细会让员工有所非议。但**管理本身就不是让被管理者舒服的一件事**，要指挥调配，要约束规范，哪一样都是让员工不舒服的。所以，不必太过于担心在节能管理上产生多少不满，正常的管理正常地推进就可以了。在制度上，也不是要卡到一点余地没有，该给员工使用的还是可以使用，但是正常以外的消耗就要尽量避免。

（五）节能管理培训

制度制定完，要想在仓内推广应用，必要的培训是不可少的。培训分为三个方面：**一是制度的基本公示**，也就是在仓库内做最基本的公示展示，让员工有机会看到节能制度；**二是制度的宣讲**，在早会、夕会等会议上，对全员进行制度内容的宣讲和解读；**三是对责任人的升级培训**，让责任人对其责任区内所要做的工作和负起责任，能够清晰地掌握。这样在仓库内就形成了立体的宣贯体系，可以更快地推进节能制度的落实。

（六）奖惩制度

奖惩制度是对管理制度执行推广的一项有效保障，节能制度的推广同样需要奖惩制度的辅助。

在仓内对不同责任区的责任人进行评比，对优秀的责任人给予一定的物质奖励，可以更好地起到激励的作用。对于相对落后的责任区，则加强节能管理培训，使责任人掌握更多的节能技巧和制度要求。

此外，**对仓内仍然存在的能源浪费行为要抓典型**，对问题员工进行公开的批评。屡教不改者，还要给予一定的处罚，以做警示。通过一段时间的规范和管理，可以使节能的观念逐步进入员工的内心，形成习惯。

小结

节能管理，实际上是一大一小两个维度的事情，一头是规划设计，一头是细化管理。这是长久的事情，要有远见，也要有日常的坚持。

二十三、仓内场地使用的管理：精打细算地用场地

> 老史问道："仓内什么最贵？"
> 佟伟说道："人才，前面说过。"
> 老史一怔："除了人才呢？"
> 佟伟说道："那应该是场地了。"
> 老史轻舒一口气说道："对了，今天就讲场地使用的管理，即如何精打细算地用场地。"

（一）仓内场地使用的管理意义

仓内的场地成本，在仓内总成本中是占比很大的一项。不管是租赁仓库的仓租成本，还是自行建设的均摊成本，对于仓库运营来讲都是一笔不小的支出。因此，**将仓内场地充分利用起来，尽量减少场地浪费，是一种间接的降本行为**。

（二）规范分区，物归其位

仓内分区是仓储管理的基本内容。明确的功能分区，可以让仓内的人、货、物、器各归其位，各行其道，彼此间泾渭分明，互不掺杂，清晰明朗。至于如何进行功能区划分，在第一篇笔记中有详细的介绍，此处不做赘述。本节主要讲一下如何规范分区管理。

1.标识清晰

规范化分区管理，需要有明确的标识，以便仓内员工在运营时能够准确地找到分区，辨认分区和使用分区。

第一个标记是分区画线。在仓库内为了节省空间，也为了方便运营操作，各分区之间一般不会使用围挡进行分隔（除贵重物品、危化品等特殊品类外）。分区间的分隔标志就是分区画线。因此，为了更好地分辨，要求画线必须清晰。在**日常管理中，相关人员应关注分区画线的清晰度，一旦发现哪里分区画线模糊，就要重新画线**。此外，画线使用的材料颜色，要和地面颜色有较大色差，以方便辨识。

第二个标识是分区名牌。在各分区的出入口应悬挂或竖立分区挂牌，挂牌上明确标识出分区名称、分区功能等内容。挂牌颜色要鲜明，尤其是字体颜色，要和背景板颜色有鲜明的对比。此外，挂牌摆放位置要明显，便于查看。再有一点是挂牌不宜做得过大，以不影响人、货、物、器的往来穿梭为标准。

第三个标识是分区地图。场地比较大、功能分区较多较全面的仓库，在分区查找的时候比较费时。尤其是有新员工或者临时外雇员工的时候，要花费较长时间寻找，浪费人力。如果在周边的墙面或柱面上有分区地图，就可以节省很多时间。在制作分区地图时，要将各分区的颜色做明显区分，各功能区的字体颜色鲜明。总之，一切为了方便辨认、方便查找。

2.责任分区

对于仓内的不同分区，连带着周边的通道，划分为不同的责任区，交由绑定的责任人或责任团队负责，以保证责任区周边无随处乱放的商品、物料和设备器材等。随时对标识进行检查，对于模糊、污损及破损的标识，及时更换新的，确保责任区管理质量。

3.巡视管理

在工作的空隙，管理者可以在仓库内进行巡视，在仓库内观察员工在分区管理中的优势与不足。巡视管理可以起到两个作用：一是对员工有一定的威慑作用，督促其按规定操作；二是可以发现一些问题，及时纠正，消除隐患。

（三）轻量货架的应用

在仓内运营中，经常会出现一个场景，就是整箱货物的拆零。这些已经拆零，但是还没有完成出库的零散货物，在仓内如果铺散开来摆放，将占用大量的空间，对于场地是一种较大的浪费。将零散货物合理地管理起来，减少零散货物的占地面积，是对仓内场地有效利用的一个重要体现。

对于等待分拣出库的零散货物而言，**既要求充分利用场地，又需要方便分拣**。因此，使用轻量的多层货架，对零散货物管理是一种很好的方式。采用三层或四层货架，在每层货架上再进行货位划分，将不同的 SKU 集中起来，在货架上统一存放，**使零散货物从横向的铺散存放变为立体的存放，可以节省大量的场地空间**。

（四）新型技术的应用

通道在仓库中有重要的作用，担负着促进货物、员工、物料及设备来往的作用，是仓内必不可少的功能分区。通道占用的仓内面积非常大，在一些仓库，通道面积能占到 45%。如果能对通道的面积进行缩减，可以提高仓内场地的使用率。

但是通道有其重要作用，在缩减其占地面积时，不能以牺牲运营效率为代价。因此，一般情况下，会对通道进行多方测算，使其接近使用的极限值。但这种计算难度大，且效果不会特别明显，因为通常在做仓库建设时，已经对通道的宽度、长度进行了计算，误差不会大到夸张的程度。所以，要做好通道面积的缩减工作，还是要想一些新的办法，应用一些新的技术，以保障在货物运行顺畅的情况下，通道面积有明显缩减。

1. 流利式货架

流利式货架是指货架的入口和货架的出口存在一定的高度差，在货架的两侧纵梁上加装滚轮。货物从货架入口放入，依靠自身重力，在滚轮的帮助下向出口滑动。当前面的货物被取走后，后面的货物补充到前面的货位。

这种货架的优点在于不需要到每一个货位上去存取货物，仅需要在一侧放入，在另一侧取出即可。这样就可以将两套以上的货架无缝隙摆放，在入口处和出口处各规划一条通道即可，将原本常规货架中的支干道取消，可以节省很大空间。

2.密集型货架

密集型货架的摆放完全摒弃了传统的通道，货架全部紧凑摆放。货物由货架的顶部存入和取出，不需要在地面穿梭，在货架上方完成穿梭。这种货架适用于重量较轻的中小件商品，方便存入取出。除了货位和货架本身占据的空间，几乎不占用其他空间，是空间利用率较高的一种形式。

3.全自动立体货架

全自动立体货架通过堆垛机的穿梭，在货架间存取货物。除货架本身外，仅预留通道供堆垛机往返穿梭。在货架间不需要预留人工通道和大型搬运设备通道，节省了一定的空间，而且对于提高出入仓库效率有一定的作用。

4.移动式货架

移动式货架是指在货架的底部带有能够支持货架移动的滚轮和滑道，使货架可以横向移动，制造临时通道。货架以密集的形式排列，货架间不再预留通道，而是在货架阵列的最外侧留有一条通道宽的空间，作为货架移动的空间。当需要存取货物时，通过移动货架，在需要存取的货架前制造一条通道，在这条临时的通道中进行存取作业。

移动式货架的优势在于货架摆放密集，占地面积小，货架移动方便，易于存取，且可以人工操作，对仓内的自动化、智能化要求不高，投入相对较小。其缺点在于需要提前固定滑道，货架一旦安装好，滑道很难拆卸重组，不易再向其他位置挪动。

5.旋转货架

旋转货架也可以算是移动货架的另一种形式，区别在于旋转货架的移动方式不是横向的，而是旋转式的。旋转的目的也不再是制造临时通道，而是将目标货位旋转到面前，直接进行存取。

旋转货架的旋转方向，可以分为横向旋转和纵向旋转。按搭配方式，分为整体旋转和多层旋转。采用哪种旋转方式，需要根据仓内的实际环境及货物的情况而定。

在加强场地应用方面，新型货架的应用是一个主要方向。新型货架的应用，在设备的成本上是有投入的，每个仓库管理者要根据自身的情况算这笔账，包括**投入多少，节省多少，产出多少**。这是一笔综合账，要从不同的角度去算。

（五）向上要空间——高货架的使用

除了在横向的维度节省空间，在纵向上也可以开发更多的空间，也就是仓库中常说的向上要空间，即使仓库空间**由平面化向立体化转变**。这种转变，不能缺少高货架的支持。

高货架也是货架的一种，通常高度在 5 米以上，是一种重型货架。高货架的应用，以整托货物的存储为主，较少应用在零散货物的存储上。只有在一些仓储型的超市中，才会看到高货架与零散货物组合的形式，基本都是以底层作为零散商品展示，供顾客拿取，在二层以上进行整托货物的存放，以作为下层货物的储备。在标准的生产型仓库中，是没有这种形式的。因为要想使用高货架，就必须要配备高位叉车进行存取操作。普通叉车抬升 3 米的高度，是没有办法支持 5 米以上货架运营操作的。高位叉车本身的体积大于普通叉车，转圈所需的空间也大于普通叉车，这么大的通道空间是不利于零散货物分拣操作的。所以，在使用高货架的仓库内，分拣区一定是独立存在的。

高货架使用的高位叉车所需的通道空间，要大于普通叉车的通道空间，那么高货架要达到什么高度，才能起到节省空间的效果呢？一般来讲，高货架的高度应在 5~12 米，在条件允许的情况下，高度越高，能提供的空间就越大，对于仓内的空间利用率就越高。这里主要考虑三个因素。

第一，**仓库本身的高度，这是一个硬性的限制**。货架的高度不可能高出仓库本身的高度。从顶部到货架顶部至少要留有 50 厘米的空间，用来隔温防尘，也能为叉车操作留出一定空间。

第二，**地面承载能力**。高货架使用的钢材，比普通货架更加厚实、粗壮，加上高度的增加，本身重量较大，存储货物重量更大，对地面的承压能力要求更高。因此，高货架的高度也受地面承压能力的限制。

第三，**企业自身的资金**。高货架的成本不低，在仓内广泛应用是一笔不小的投入。再加上专用的高位叉车，其价格也远高于普通叉车，核算下来投入也不小。整体来看，高货架的应用是需要企业具备一定的资金实力的。

（六）完善采购计划能力，提高仓内周转率

这里要讲一个概念，就是周转率。**周转率是指库内商品在一定周期内的周转次数**。周转率越高，说明货物在仓存储时间越短，占用的仓内资源越少，仓库的利用率也就越高。反之，如果商品滞销，或仓内商品周转率过低，就会造成仓库资源的低效利用。

举个简单的例子，A仓库和B仓库的租金相同，都是每天10元，两个仓库都仅服务于X产品。10天内，A仓库X商品共周转5次，那么X产品在A仓库每次周转的租金成本就是20元。10天内，B仓库共周转X产品2次，那么X产品在B仓库单次周转的租金成本就是50元。仅在仓租这一项，B仓库的X产品就比A仓库的高出30元。延伸到场地的利用率上看，就可以认为A仓库的利用率是B仓库的2.5倍。虽然从现场来看并没有提高场地的利用率，但是从财务角度看，利用率却截然不同。

那么，如何提升仓内周转率呢？最好的办法就是打通销售端和采购端，做好采购计划，使采购和销售的节奏尽可能地相互契合，缩短商品的在库时间，使其周转率提升。这并不简单，销售端要收集到足够多的准确的信息，才能给予采购端足够的参考。采购端也要对这些数据、信息做充分的分析，才能更准确地预测出客户要什么商品、什么时间要、要多少、履约的时间和在途时间是多久、上游采购和生产的时间是多久，从这些信息推演出采购什么商品、什么时间下单采购、采购量多少、预计什么时间入仓、什么时间发出履约，等等。

在库时间越趋近于零，财务角度的仓库利用率越高。当然，如果存在空置的情况，就不能计算在内了。

（七）辅助空间的合理使用

除了仓库内的主要存储和生产空间，仓外的辅助空间也是可以加以利用的，如月台、停车场等。以月台为例，靠近仓库，可以作为暂存区和周转区使用，以节省仓内空间。停车场也是可以利用的空间之一，在仓内货物积压过多、场地不够的特殊情况下，可以将部分货物使用集装箱车在停车场暂存，以缓解仓内压力。

小结

场地管理，确实要精打细算。在应用新设备和占用场地之间，到底哪一

种更符合仓库的实际情况，是需要仓库规划和管理者去计算和权衡的关键点。对于一般仓库而言，做好仓储管理是更好操作的，因为这既不需要大量投入，也不需要非常强的专业计划能力，不像提高周转率，需要采购有很强的计划能力。

二十四、仓内商品报损管控：不随便放弃

> "报损，是仓内一个重要的管理模块，对每一份报损申请都要进行严格的管控，因为每一个商品的报损，都是企业的直接损失。"老史说道
>
> 佟伟说道："明白，报损之后商品就不能再正常售卖了，不管是折价还是销毁，都是企业的损失。那么，有没有可能避免报损的发生呢？"
>
> 老史说道："商品的破损多是产生于生产中的意外，只能是通过加强管理来降低商品破损的概率，完全避免几乎是不可能的。下面就先讲一下为什么会有商品报损的出现。"

（一）为什么会产生商品报损

商品在仓主要有两个目的：一是为了存储，从时间上完成商品的位移；二是为了在仓内进行物流加工，使其满足客户的订单需求，同时满足在途运输的包装要求。在商品的存储和仓内加工的过程中，有可能会涉及多环节流转的过程。在这些过程中，随时可能会出现不可预见的意外，会造成商品的破损。即便不发生意外，如果存放时间过长，也容易产生商品质量问题，如过期、商品受潮、虫鼠咬噬等。这些情况的发生同样会造成商品破损，无法再进行销售。

此外，部分仓库还需要承担退货、售后件等异常订单的处理工作。对于出仓后的商品，如果在运输途中和交付过程中产生问题，也要退回到仓内进行报损。商品在途运输和交付是商品在空间上的位移，涉及的环节更多，其一直处于运动状态。出现突发情况，造成商品破损的概率也更高。

因此，对于物流来说，不管是仓内的操作还是仓外的运输，都存在破损风险。在这样一个长链条、多环节的流程中，很难做到每个环节都万无一失。即

便是做到了无微不至，这种额外保护需要花费的成本也会出奇高昂，从成本角度来看也是不划算的。

所以，从各个角度看，商品在物流过程中一定会产生破损，**而破损又是企业的直接损失，所以要严格管理商品的报损流程，这就是报损管理在仓库中一定会存在的原因。**

（二）商品损坏的评估标准

商品报损不能随意提报，对于已破损商品必须有对其破损程度的评估，确认是否有再次销售的可能。如果确认不再具备销售的条件，且不能通过修理进行恢复，才可以进入报损流程。对于商品的破损，可以从四个方面去评估其破损程度。

1. 包装破损情况

外包装是商品的第一层保护，也是最重要的防护措施。如果外包装无明显破损，内部商品产生破损的概率较低。如果确实发生了外包装完好但内部商品破损的情况，首先需要考虑是不是包装设计存在问题。如果外包装有了较严重的破损，如破洞、严重挤压、严重受潮等，商品破损的可能性就比较大了，就要对内部商品进行评估了。

2. 商品主体破损情况

商品的外包装评估完毕，如果确实出现了破损情况，就需要打开包装，对商品的主体进行破损评估。如果商品的主体没有破损，那么对商品包装进行更换，就可以进行再次销售了。如果商品的主体受到了破坏，那么就需要对破损情况给出定级。如主体无大程度破损，仅是轻微磕碰，或有轻微划痕，可以考虑在仓内进行维修修复，修复后更换包装，再次进行售卖；如果主体已经有了较为明显的变形或破损等情况，则需要返回车间，或退回供应商，在生产环境下进行修复，且测试无使用异常才可再次出售；如果主体完全破损，就可能需要进行报损申请了。

3. 功能破损情况

商品主体完成评估后，对于判定主体破损可在仓内修复的商品，还需要进行功能破损情况的检测。如商品使用功能无异常，则可以在仓内进行主体外形修复，然后更换包装进行销售；如果商品使用功能存在问题，则需要根据仓内能力判定是否在仓修复，还是需要返厂修复，或者是进行报损申请。

4.关键部件破损情况

如果商品的使用功能受损，仓内不具备修复能力，且因为某些原因不能够进行返厂和退货，那么需要对商品的关键部件进行检测。大部分商品，尤其是电子产品和机械类产品，都有关键部件，这些关键部件的价值占商品总价值的30%~75%，如果商品本身不再具备销售条件，且不具备退货返厂条件，只能企业自行消化，关键部件的回收不失为挽回损失的一种方式。所以，针对关键部件进行检测，确认其是否有回收价值，也是商品破损评估中的重要一项。

经过上面一系列的评估工作，对破损商品进行一遍遍的筛选，最终剩下的无法修复再售、无法返厂退货、关键部件无法回收或关键部件已被回收的剩余部件，对于这些几乎没有价值的商品，就要进行最终的报损处理。

（三）商品报损的审批流程

商品报损是企业的直接损失，需要认真对待和严格管理。因此，报损工作要有标准的流程审批制度，确保商品报损的必要性和合理性。

此外，报损工作涉及多个部门，需要多个部门的审批意见，以及需要告知多个部门。因此，**报损流程不单单是仓内流程，不能仅在仓内闭环**，要在流程中设计各相关部门的审批节点，以及需要知会部门的信息传递。可以参考以下流程设计。

1.报损申请人提报流程

提报人在仓内检测部门，对破损商品进行检测，确认确实需要报损的商品，收集信息，发起报损流程审批。

2.报损商品的基本情况

在发起的报损流程中，要对报损商品的情况给出详细的描述，如商品名称、商品编号、品牌、规格型号、报损数量、商品价值、破损原因等，要让整个审批流中的人能够清晰准确地获得报损商品的信息。此外，在流程提报中，商品的破损情况报告也要附在其中，以证明确实无法再进行修复和退货返厂，进而明确报损流程的必要性。

3.直属领导审批

流程提报人的直属领导审批是第一道审核，除提报人以外，他对现场的实际情况是最熟悉的。直属领导审批，意味着对提报人所提流程的真实性和必要性进行一次审核，是对风险的把控。同时，要对报损商品的库存进行冻结，避免前端业务下单。

4.仓储经理审批

仓储经理是仓库中的最高管理者，对仓内的一切情况负责。因此，报损流程必须经由仓储经理的审批，以对报损流程的真实性和必要性做复核。此外，商品报损的损失是需要定责的，如果判定是仓内责任，也需要仓储经理认可承担该责任。

5.商品对应采购审批

对商品的增减改删动作，都需要有采购员的认可，因此报损流程也需要有采购员的审批确认。采购员对报损情况有所了解，也方便其进行补货操作。

6.金额超过一定额度，加签采购负责人审批

普通采购作为基层员工，其权力是有限的，如果报损金额较大，普通采购是没有权限做最终审批的。因此，需要加采购部门的相关领导进行确认审批。这个金额需要根据仓内管理的商品价值而定，几百元、几千元甚至几万元都可以，但是一定要有门槛。

7.知会业务部门

报损流程不需要业务部门进行审批，但是需要业务部门知晓，因此对其进行知会，使其了解仓内商品的动态，以更好地开展业务。

8.供应链总监审批

供应链总监作为整个供应链体系的最高管理者，对于一般的商品报损有最终的审批权，以确认报损流程的真实性和必要性，对流程做最终确认。

9. 金额超过一定额度，加签总经理审批

如果金额巨大，超出了供应链总监的审批范围，在流程内就需要加签总经理审批，以总经理的权限，对提报流程予以确认。

10. 财务部门审批

相关业务部门完成审批，最后要到财务部门审核。财务部门的审核工作主要包含两个部分：一是计算报损商品对企业损益的影响，以确定实施周期；二是对报损商品在财务账目上进行记录。

11. 仓内库存调减

完成了一系列审批后，仓库需要对已经冻结的商品库存进行调减，从库存账目上对商品正式报损。

12. 残值回款

已报损的商品，就可以进入实际的处理工作流程了。需要销毁的，按照销毁工作要求执行；可以以废品形式售卖的，进行售卖。售卖后产生的残值，对财务侧回款，关键部件的残值可以合并在此处回款，也可以单独进行。

13. 财务残值入账

财务侧收到残值回款后，在财务侧入账，更新财务台账。

14. 流程归档，结束

至此，报损流程全部完结，将流程归档保存，报损流程即可关闭。

报损是企业的直接损失，要在流程上足够严谨，相关部门都确认才行。同时，为了给员工一个警示，不要轻易发起报损流程。

（四）商品报损定责制度

商品报损是企业对已破损商品的处理，但并不代表企业不需要内部追责，恰恰相反，**即便是企业认可了报损流程，愿意承担商品损失，仍然需要在内部将责任划分清楚**。相应的责任人，要视情况承担一定的责任，以便对所有员工起到警示作用。定责制度，可参考以下几条内容。

① 在物流的各环节中，如商品破损发生在某一特定环节，则该环节为全责环节。

② 全责环节，对商品进行操作的操作员作为主责人，其直属管理者为连带责任人，均需承担报损责任。

③ 如主责人能提供相应的证据，证明破损原因为不可抗力，如洪水、火灾等严重自然灾害，以及停电、设备故障等原因，则主责人的责任相应减轻，直至无责，连带责任人同频减责。

④ 如连带责任人可提供证据，证明破损原因非其管理责任，可以对连带责任人进行减责，直至无责。

⑤ 如破损不是发生在某一个特定环节，而是发生在交接、实物传递的过程中，商品破损的责任涉及多个部门和物流环节，则按照对于破损商品的影响程度，区分主要责任人和次要责任人，按照比例承担责任。

⑥ 报损流程中的责任人至少需要承担名义责任，并在全仓范围公示，以提高员工警惕。如商品破损存在主观因素，则需要对责任人给予实质性处罚。如涉及金额较大，涉及法律层面，还需要向公安机关报案。

⑦ 由客服或特定部门负责定责制度的执行，执行人需要具有一定的决策权，以便对纠缠不清的责任划定予以更快速的判定。

（五）已报损商品管理

商品虽然做了报损处理，基本已经是无价值的废弃物，但仍需对其进行管理。

1.实物管理

报损商品在处理前，还需要在仓内暂存，会占用仓内空间，以及仓内员工的时间，因此，需要像常规品一样，对报损品进行妥善管理。在固定的区域内进行管理，同时要求每件商品的存放符合仓内各项管理的要求，避免出现杂乱存放、铺展存放的问题，主要是保证仓内的面积使用合理，以及兼顾6S管理的要求。

2.安全管理

商品虽然报损了，但是仍然不允许员工私自取走，如果要取货，需要经过完整的报损审批流程。之所以对已经破损严重的报损商品还采取如此严格的管理措施，是因为企业和仓库都不能容忍报损商品流到市场上，再通过低价的方式销售出去。这样的商品，即便是价格低廉，对于企业的口碑和信用打击也是严重的。因此，报废品就是报废品，绝不能轻易拿做他用。

商品报损流程**的核心其实是"严谨"两个字，确保商品轻易不报损，报损要有依据**。

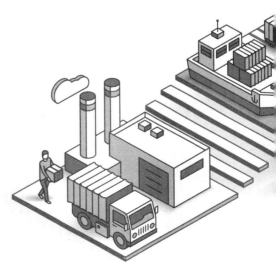

笔记五 上下游协同管理

老史说:"今天新开一篇笔记,讲一讲上下游的协同。仓储管理是物流管理中的重要一环,而物流管理又是供应链管理中的重要职能。所以,仓库的管理者不能仅站在仓库的角度去审视仓储管理,不能局限于四面墙一座顶的仓库内,要站在整个供应链的角度去看供应链的目标是什么,再看仓库的目标是什么。然后,考虑和上下游如何协同才能使供应链管理得更顺畅,目标实现更具可行性。"

佟伟说:"但是我看很多管理者和管理理论都强调要做好职能分工,做好责任边界划分。现在又说要从供应链全局的角度去做协同,是不是有些冲突呢?"

老史说:"从全局角度看待问题,并不是要模糊职能分工,而是要保持目标的一致性。现在很多企业把职能分工和责任划分做得过于彻底,部门间竖起一座座森严的墙。部门间的协作很少,更多的是责任的推诿和目标的分化。没有人关注整体的目标,只把本部门的目标和利益放在首位。职能划分是为了更好地分配资源和细化任务,以便实现目标,而非划清界限,防止各部门自扫门前雪,推卸责任。所以,对于仓储管理而言,上下游协同是必需的;对于物流职能而言是必需的;对于供应链而言上下游的协同一样是必需的。"

二十五、全链协同的第一关键点:信息化建设

老史说道:"协同的第一个关键点就是信息同步,上下游之间至少要知道在协同中需要做什么、做多少,才能恰到好处地完成工作。最好的信息同步方法就是信息化建设,信息同步及时,准确性高,且有清晰的传递轨迹,这是传统的线下信息沟通不能比拟的。"

佟伟说:"在你的这段话里,我注意到了两个关键词:一是恰到好处;二是信息化。"

老史说:"不错,关键就是这两个要点。在供应链组织中,最终要完成的是整体的目标,各部门的所有分子目标都应是为了总目标服务。所以,各个分子目标应该从总目标中拆分而来,并非做得越多越好,当然也不能有所缺失,恰到好处很重要。而信息化,就是为了给恰到好处的协同提供支持。"

（一）信息化的分级

作为现代供应链体系的重要管理手段，信息化是不可忽视的一环。企业通过信息化可以快速地改善信息流运营水平，从而提升效率。我们在实际的工作中可以看到，目前绝大多数的企业都会或多或少地行进在信息化的道路上，差别在于信息化水平的高低，如从使用最简单的进销存 SaaS 系统，到全面地对接上下游，形成信息网络，所以信息化不但是趋势，也是现状，企业不能充分地利用信息化来强化自己的信息流获得充分的效率提升，实际上是一种经营上的损失。**如何判断一个企业的信息化程度，评估企业的信息化处于哪个阶段？可以通过以下几点来判断。**

1.企业具备一定的信息系统，并在实际工作中付诸应用

信息化最初级的标准，就是要有自己的信息系统，无论这套系统是通过外部采购的还是自主开发的，首先企业必须有。这些系统实际上就是承载企业最基本的信息化的载体，说明企业在有意识地向信息化的方向前进，就像是生物的意识觉醒，可能还不能有多高的智慧，但是已经具备了这种意识。其次，这些系统要在企业中有实际应用，而不是买回来作为展品陈列，大家的工作该如何进行还如何进行，束之高阁不是一种好的姿态。只有具备这两个条件，才能说明这个企业的信息化处于初级阶段。这个阶段是意识觉醒的阶段，信息系统的复杂程度或者先进程度并不能成为考核的门槛，有意识最重要。

2.企业信息系统相对成熟，员工普遍具有信息化意识，可以充分地利用信息系统

在现今的环境里，处于这个阶段的企业实际上已经超越了至少 80% 的企业，企业的信息系统更多地使用定制化开发，能够更好地适配企业特点，并且在企业中广泛应用。企业中的员工能够熟练地使用各自职能涉及的系统，并具有较强的信息化意识，能够在实际使用中反馈系统问题，对系统的改善提出意见。

信息化的第二个阶段，标志性的特点是"两个成熟"，即系统成熟和员工成熟。系统成熟的先决条件在于企业对于自身的流程有了深刻的了解，并对信息化有了深刻的了解。基于这两个原因，企业才能开发出更加符合行业特点和企业特点的信息系统，不管是自主开发还是外包开发都是同样的道理。员工成熟实际上是企业信息化的根本，系统开发得再好再完美，没有人使用，或者说

使用的人完全不能和系统契合，也是难以发挥系统的作用的。

3.信息系统充分延展，对接上下游企业系统，形成网络

第三个阶段实际上要求企业从点到面，把自身的信息系统充分地在上下游进行对接，实现信息的无缝衔接，形成信息网络。这个阶段的企业间所使用的系统各不相同，底层逻辑和数据搭建方式也是差异重重。这种情况要求核心企业本身必须具备一定的开发能力，能够在不同的系统间有接口开发和链接能力。这对核心企业的要求已经是达到一定的高度了，就目前而言，能够做到这一点的已经是很优秀的企业了。

系统对接除了系统本身的能力，对于在供应链中的企业协作能力也是重要考验。核心企业能够在供应链中掌控一定的主导权，引导需求端和供应端配合系统开发，并对部分数据的传输授权，只有如此才能让信息在不同的企业间真正地流动起来，提高供应链效率。

4.联合上下游企业，针对供应链特点协同开发，共建信息系统

这一阶段是目前可见的最强大的信息化阶段，此阶段以核心企业为核心，针对供应链的特点协同上下游企业，开发独属于此条供应链的信息化系统。这个阶段最困难的点不是系统开发的能力，以现有的技术水平足以承载这样的系统开发工作。这里最难的点在于核心企业的协作能力，也就是供应链各企业间的信任。这里面涉及三个风险。

第一个是业务风险。一旦这套信息系统开始投入开发，实际上是把整个供应链体系牢牢地绑定在了一辆战车上，"一损俱损，一荣俱荣"，尤其是核心企业或需求端出现变化，对于整个供应链来说是毁灭性的打击。

第二个是投入风险。这是一项大工程，不管是核心企业还是需求端，都不可能独自承担开发的费用。作为供应链中的受益者，共同出资是必由之路，这样的投入能否在实际的业务中得到充足的回报，是需要双方提前约定好的。

第三个是信息安全风险。这种共同建设的信息系统，可以说是在最大程度上向着供应链中的其他企业敞开了心扉，很多事情再也难以称为商业机密。做出这项抉择的企业间必然已经达成了充分的商业互信，并对业务的未来充满信心，如此才能在整个链条内做到信息化的定制化开发，这也是这种信息化方式很少被采用的原因。

从以上的内容可以看出，信息化是一个逐步发展、逐步进阶的过程，其关键点绝不仅仅在于技术，人的因素往往成为最大的障碍，也是最大的推动力。

因此，企业在实施信息化的过程中，除了依照自己的实际情况去选择信息化工具，也要在人上面做足功课，不管是增强员工自身的信息化意识和能力，还是在同供应链内其他企业协作，都是要和信息化齐头并进，甚至是走在前面。

（二）信息化建设的要点

信息化转型升级是企业提升效率的必经之路，那么**如何在企业中更好地搭建信息化系统？可以通过以下五点实现。**

1.从实践中来到实践中去

信息系统是线下流程的体现和优化，因此要充分秉承从实践中来到实践中去的原则，这是一切信息化系统的基础。企业在信息化的实践中，首先要遵守这一原则，先从自己在实际工作中的流程开始梳理。不管是简单还是复杂，一份清晰的流程文档都可以算是信息化的框架。在实际的工作中，有些流程并不是最佳选择，却是一直以来企业逐渐形成的规则，必有其形成的内在原因，只是随着时间的推移，企业规模的变化、业务模式的变化等，这些流程有的完全不起作用，有的只能起到部分作用了。企业要做的就是在明确列出所有的操作流程和规范后，对其进行筛选和甄别，找出现阶段更适合企业应用的那部分，对不适合的那部分予以改造或舍弃。在此基础上，对业务的未来做出一定的预测，在流程上预留出一部分空间，以便在以后的工作中做出调整。这样的梳理完毕后，以此流程为蓝本再做系统化的设计，才能做到有的放矢。即便不是定制化的系统，对于在外采购的系统，也应依照此模式进行分析，然后在众多的系统中选择最贴切的产品。

这是从实践中来，反过来还要到实践中去。系统开发完毕，要充分融入实际工作，在实践中验证系统的可行性和合理性。通过不断地改善（SaaS系统可能需要以流程适应系统），使系统和实际工作的契合度越来越高，这样才算到实践中去。

2.梳理核心功能，搭建结构

梳理完企业的实际操作流程，就要依照流程中涉及的不同板块，开发系统的核心功能，如仓内的系统、运输的系统、采购的系统、生产的系统等，各板块系统的功能要能够满足日常操作的使用，能够对操作的不同节点形成信息记录监控。尤其是对操作的细节，要能适配使用者的习惯和企业运营的效率、安全需求。相对来说，这是一项细致而繁杂的工作，对于板块中的每个细节进行梳理，再将其转化成系统语言，是需要开发者、使用者和协调者的通力合作才能够完成的。

核心功能建立起来，系统的框架也就相应地建立起来了。在这个过程中，一定要在全局中进行观察，不能独立地只看某个核心功能，要在观察中不断地修正。要保证整个链条的逻辑是相通的，不能背反和错位，否则，单个核心功能再完美，实际上也是失败的。

3.连通关键结构，形成通路，传递必要的信息

第三步相对来说简单一些，在各个核心功能间做连接打通，实现核心功能间的互通，能够传递必要的信息。这一步的基础实际上是上一步在全局视角下不断调整时打下的，各核心功能的逻辑一致，做好预留的对接端口，就可以快速地形成链接，把企业中不同的部门从系统上连接起来。

4.权限设置，保障信息安全

权限设置是非常必要的一步，企业的关键数据、客户信息等都是企业珍贵的数据资源，不适宜在全企业范围内传播，否则容易造成数据泄露，给企业造成巨大的损失。因此，在系统完成建设后，要针对不同岗位、不同的职责设置不同的系统权限，让员工在其工作范围内使用系统，查看信息和数据，避免产生不必要的数据风险，保护信息安全。

5.功能迭代优化，不断提升

这是系统使用后的阶段。系统开发不是一蹴而就的事情，就算前面做的工作再细致、再全面，当线下流程转换成系统语言后，依然会产生较大的差异。这主要是开发人员不懂业务，业务人员不懂技术，协调人员难以100%地完美翻译两种语言造成的。这在实际工作中是普遍存在的情况，也很难从根本上消除这种差距，因为两份工作的差距较大，同一人成为两个领域专家的概率太低了。因此，系统开发后难免会存在这样或那样的问题，那么在实践中不断地发现问题，再不断地解决问题，就是非常必要的一步。

另外，技术的进步也是日新月异的，相比线下的运营模式变化要快得多。此时应用的技术，在未来的一段时间可能就会变成落后的技术，会有更好的技术方式来改变整个的信息系统，改善信息系统的运营能力，提升企业的效率。在这种情况下，通过新技术改良信息系统也是必要的操作，甚至在条件允许的

情况下，重造信息系统也不是不可能的。

（三）信息化建设的价值

花费了大量的时间，投入大量的资源，完成了系统开发，实现了企业信息化，那么信息化究竟能带来哪些好处呢？降本增效只是一个宽泛的说法，具体来说主要体现在以下四个方面。

1.提高信息传递效率及准确性

信息传递的失真是牛鞭效应的主要成因，不论是在企业内部还是在供应链的不同企业中，信息传递的失真都会带来巨大的实践偏差，从而造成巨大的损失。信息化可以很好地解决这个问题。当一种信息通过系统的方式传递，在传递到下一个接收者前，信息是不会产生变化的，这就在一定程度上保证了信息的准确性。而供应链中的各个企业可以在系统中进行统一的约定，对信息进行加工，这让整个过程变得可预测、可控。如此便增强了供应链的确定性，从而降低风险，浪费的资源和抵御风险所需的资源就可以全部节省下来，这是非常可观的一笔成本。

同时，系统的信息传递是即时的，它是操作结束后由系统自动触发的，因此就不存在当上一个节点打算通过邮件的形式将信息传递给下一个节点时，一个电话打扰了他的计划执行，等再想起来的时候可能已经是一周以后的情况了。这可以最大限度地减少每个节点间的信息被人为所干扰，让整个供应链的效率也进一步提升。

2.减少重复劳动，提升人工效率

当系统打通的时候，数据可以从需求端一路上传到供应端，供应端的数据经过初始的录入后，也可以一路地传递到需求端。这样数据通过系统在整个供应链体系中不断地流转，不再需要每个环节都去重新校验输入，在整个链条上减少了重复性工作，节省了大量的人力资源。

减少录入的次数，也在很大程度上降低了犯错的概率，可以让信息的传递更加准确。

3.对流程中的关键节点留痕，提高管理精度

传统的生产和物流的管理，更多的是依靠人盯人的形式，管理者要在现场

不断地巡视，观察每一个员工的工作情况，如是否在保持高效率地工作，是否按照流程规范操作，是否存在异常操作或者错误操作。这一切凭的是管理者现场的观察和判断经验。但管理者不可能时刻不停地盯着一个员工的工作，更不可能细致地观察每一份工作结果。

信息系统实际上是可以非常好地解决这个问题的，每一个细节的操作都会在系统中留有记录，管理者可以随时调取，以此为根据判断员工的工作情况。另外，也可以在系统环节设置节点，固定员工的操作流程，不完成本操作无法进行下一步，从而避免了不按流程规范操作的问题。即便是出现漏网之鱼，也可以通过系统记录，很快地锁定责任人，进行管理动作。

4.沉淀数据，以便更好地通过数据进行分析

信息系统是非常有效的数据沉淀工具，所有的订单信息、操作记录、商品明细等都可以在系统中沉淀不同维度的数据，这是信息系统非常有价值的一个功能。在现今的商业环境下，"乱开枪瞎打鸟"的方式不再适合企业的定位和策略。根据历史数据进行分析，对供应链的运营经营工作都有非常好的指导作用。虽然线下也可以做数据的积累，但是线下数据很难统计，也不方便使用数理分析工具，还会出现线下数据容易丢失缺损等情况。

小结

供应链的信息化，是现代供应链的必经之路。在复杂的运营环节和复杂的竞争环境中，快一步往往意味着胜利。而信息化带给供应链的不仅仅是快一步，还有数据沉淀、节点管控等好处。**不过，信息化的水平并非越高越好，还是要适合企业自身的情况，契合所在行业的情况，既不能冒进也不能落后，适合就是最好的。**

二十六、关键信息协同：库存、周转率、动销数据的同步

> 老史说："对于仓库来说，有几个关键的数据需要跟上下游同步，分别是库存信息、商品周转率数据及商品的动销数据。这三个数据信息会

> 影响采购计划、销售策略、采购执行、生产计划等计划的制订,对于前端的决策非常重要。"

(一)关键信息的内容

1.库存

库存是指企业所有的,未经销售和使用的,用于生产的材料和用于流通的商品。从不同的维度,又可以将库存细分。

从用途上,可以分为三种:**第一种是周转库存**,也就是用于满足日常生产或销售的库存备货。**第二种是安全库存**,是为了应对如业务波动、供应链临时断裂等突发情况产生的额外需求而准备的库存。**第三种是滞销库存**,是计划预测错误,没有评估好预计销量,产生的无法正常销售或使用周期内没有完成销售或使用的材料及商品。这部分商品一般是由过量的周转库存转化而来的。其中,以周转库存为主,安全库存为辅。周转库存的备货量也是最大的,一般情况下周转库存的预测越准确,需要的安全库存就越少。滞销库存是需要尽量避免产生的库存,因为滞销库存的处理,不管是折价销售还是退回原厂,抑或是选择报废,都会对企业的利润产生一定的影响。周转库存的准确性,也会影响滞销库存的数据。

从库存所处状态,可以分为在库库存、在途库存、在供应商库存。在库库存是指已在企业仓内进行存储和管理,可以随时进行销售的库存。在途库存是指库存已由供应商处发出,还未到达企业仓库,此部分库存暂时是不能支持销售的。在供应商库存是指已经付款将商品买断,但在供应商侧还未发出的库存商品。

2.周转率

周转率又叫库存周转率或资金周转率,是指在一定的周期内库存价值循环了几次,占用的资金循环使用了几次,为企业赚了几次利润,用时间表示就是库存周转天数。

周转率的计算按照基础维度可以分为两种:第一种是成本基础算法,即用一定周期内的销货成本除以仓内的平均库存余额。平均库存余额则是指周期内库存的平均数,一般采用期初余额加期末余额再除以2的形式求得平均值。

某企业在月内的销货成本是 300 万元，期初库存余额 50 万元，期末库存余额 100 万元，则周转率可以按以下方式计算。

周转率 =300/[（50+100）/2]=4

那么，企业的月度周转率就是 4，年度周转率就是 48 次，而周转天数就是 7.5 天。

第二种是收入维度算法，也就是以周期内的销售金额作为基础维度，计算方法和成本基础算法相同，只是将期内的销货成本变为销售收入。公式也基本相同，只是口径有些差异。

3.动销

动销数据分为两个部分，一个是在仓商品的动销率，也就是在一定的周期内有销售动作的商品和在仓商品品类总和的比。动销率反映的是仓内商品的销售健康度，如果动销率过低，则说明仓内的产品销售情况较差，采购部门应该对其进行优化，否则就会产生大量的滞销品。**另一个是品类动销数据，也就是对每个 SKU 进行监控，明确在一定周期内单个 SKU 的销售量与 SKU 总库存量的比。**品类动销反映的是单品的销售健康度，销售次数过少也存在滞销风险，应及时应对，予以优化。

动销数据受多种因素影响，包括品类数量、行业特点等，在分析动销数据时，应综合考虑多重因素，不能单纯地依靠数据反馈。

（二）关键信息的管理

关键信息的管理，分为基础数据建立、数据监控、数据收集、数据整理、数据分析及数据存档几个步骤。

基础数据建立是关键信息管理的第一步，仓内存储了什么商品、商品的入仓时间、在仓时间多久、在仓数量是多少、商品金额是多少等，这些基础数据可以作为仓内各项关键数据变化的起点，是仓内数据监测的对象。根据仓内职能不同，也可以对在途商品、在供应商商品进行同样的管理，并建立同样的基础数据。

数据监控，是指对仓内商品的增减进行实时的记录和反馈，以形成仓内关键信息变化的数据源。

数据收集，是对数据监控记录下并反馈回的信息进行汇总，对不同渠道、不同环节的信息进行收集汇总，形成数据库。

数据整理，是指要对已完成收集汇总的数据进行分类管理，使其有规则、有排列，并对信息进行识别，以明确是否有虚假不实的信息，如果有要及时删除。

数据分析，是指要对收集到的数据进行初步分析，得出基本的数据结论，同步给相关部门以做参考。

数据存档，是指要将已完成整理的基础数据库，以及完成初步分析的数据结论，进行存档，以便后期调用。

关键信息的管理，最好采用信息化的管理方式，这样能够保证基本信息的实时收集、准确收集，还可以制作数据看板，通过系统自动化管理数据，并通过系统对数据进行多频次分析，掌握数据中的细小变化，为采购和销售端提供更有力的数据参考。

（三）关键信息的同步方式

关键信息完成收集、整理、分析后，除了仓内管理使用，最重要的就是同步相关的部门，如采购和销售部门，作为重要的参考数据。

数据的展示方式，无疑是以看板的形式最佳，这样使用部门就可以直观地看到商品的数据。 商品库存是多少？是需要补货，还是需要促销？是加大采购量，还是保持体量，还是逐步缩减？这些方面的决策都需要看板中的数据提供决策参考。

看板中的数据展示，可以分为总览和明细。总览中展示仓库整体的关键信息情况，以及重点品类数据，以便使用部门对仓库的整体情况有一个全面的认知，例如仓内库存总量、在途库存总量、在承运商库存总量、库存量前五十SKU、整体动销率、动销前五十SKU、无动销商品量等。

在明细中则要展示每个SKU的情况，信息字段要更全面，需要商品的基本信息，如品名、型号、商品编码（SKU号）、库存总量、库存分布、X天动销量、X维度周转率等，要能全面地展现品类在仓内的情况，包括销量如何、动销如何。

信息同步的方式有很多种，企业根据自身的情况及习惯可以采用不同的方式，常见的有三种方式。

1.系统看板

信息化水平较高的企业，可以采用系统看板的形式。将信息数据的展示看板建立在系统中,使用部门可以依靠权限登录系统,实时查看信息情况。如果在末端的信息收集和整理等也实现了信息化,那么信息更新的及时率和准确率也将大大提高,是最优的一种同步方式。

2. 邮件看板

部分企业信息化程度不高,开发能力也不强,可以采用邮件的形式来同步看板。仓内根据数据变化,以天、周、月、季、年的形式,形成不同维度的报告,向使用部门定期发送。此种方式有一定的滞后性,不同时期的数据相叠加分析存在一定的困难。但好在线上有邮件留底,不论是数据还是动作都能留有痕迹,方便查询。

3. 表格看板

表格看板是最传统的方式,也就是使用 excel 表格进行数据的展示。这种方式适合于对接人相对单一的小型企业,这样来往不论是依靠微信还是 QQ 传递都相对清晰。这样的企业不具备系统开发能力,也不习惯使用邮件看板,使用表格看板相对简单。但当对接人员更换时,这种同步方式就容易混乱,且表格看板为纯线下操作,信息的准确性较差,信息滞后严重,一旦信息量增加,同样容易混乱,因此不建议使用。

(四)关键信息同步机制

关键信息很重要,对全供应链体系都有参考和指导作用,因此为了保证信息同步的及时性及准确性,需要仓库和各部门制定一套同步机制。主要包含以下三个方面。

1. 专人对接

仓库是数据提供部门,是各部门的信息来源,但仓内的岗位设置也是多样的,员工人数较多。如果使用部门对于数据或数据看板有疑问,临时在仓内找对接人是很难的,会浪费较多的时间,且延误问题处理。因此,需要在仓库内挑选专门承接这个业务的人,将双方的需求及问题统一地汇总协调,以便使用部门能够更快速地解决问题。

2. 明确周期

同步的周期也是不同的。如果使用系统看板,分为两种情况:一种是实时同步，也就是仓内的任何举动都会通过系统实时传递，看板数据实时更新；另一种是定期更新，也就是关键信息的变动不再实时触发看板数据更新，而是周期性的更新。这两种情况需要看使用部门的需求，以及系统中的规则设定。

如果是使用邮件看板和表格看板，则需要和使用部门确认好同步周期，是以天为维度，还是以周为维度，抑或是以月为维度，要提前沟通好，对接人在规定的周期内进行数据同步。

3.数据权限

这些仓内的关键信息，对于企业来说也是一种商业机密，并不适合全员传播。因此，需要对使用部门和使用人进行数据权限的限制，让真正有需求、能用到的人使用数据。其他人员不应该接触此类数据，以保证企业的数据安全。

（五）关键信息的反馈机制

关键信息的同步，是为了更好地协同，而协同是双向的，所以关键信息的同步也应该是双向的。 当仓库将库存、周转率和动销数据信息向各使用部门同步后，使用部门也应对同步的信息进行反馈，使仓库部门了解信息的质量，以及信息的使用途径和使用情况。仓库在接到使用部门的信息反馈后，需要对反馈信息进行分析，以明确在关键信息的管理工作中仓库需要做哪些改进，哪些工作需要继续保持。

信息反馈机制和信息同步是相互促进的一体两面，是协同机制的体现，是仓库和使用部门彼此互动的重要途径。

小结

需要协同同步的关键信息主要包括库存、周转率和动销数据。它们是在仓库的实际管理中产生的，经历了基础数据建立、数据监控、数据收集、数据整理、数据分析及数据存档六个阶段。**最好的信息管理方式，是依靠信息化来完成数据的收集整理工作。** 此外，不只管理方式以信息化系统为最佳，其实同步方式也是以信息化方式最好，信息的及时性和准确性是最高的。不过每家企业的情况不同，每个仓库的情况不同，在信息化手段之外采用一些线下的方式进行管理和同步，也是无可厚非的。

同步的机制要有专人对接，以便更好地解决问题。同时，要有明确的同步周期，以保证信息传递的及时。另外，要对使用数据的人进行权限限制，对于企业来说，数据安全非常重要。

最后需要使用部门将关键信息的同步数据反馈给仓库，以便仓库能够形成迭代的管理方式。

二十七、流程协同机制：实现全链目标

> 老史说："仓库与上下游的协同分为不同的层面，对于全链生产而言，信息的协同仍然是最重要的。前面的两节就是在讲如何在信息层面做好协同，以及需要协同的关键信息是什么。除此之外，协同还有制度协同，这是在全链中的确认过程及分配责任过程，是全链协同的另一个层面。"
>
> 佟伟说："制度协同是在信息协同的基础上做更深入的协同吗？"
>
> 老史说："不是的，两者并没有因果关系，只是从不同的角度来促进供应链的协同工作。当然，信息化可以提高制度协同的效率，正如它帮助其他板块提升效率一样，但并不能决定制度协同的内容。"

（一）流程协同的含义

流程协同是将仓内的一些必要流程向上下游延伸，打破决策孤岛，通盘考虑，从多维度共同决策，使决策的结果更符合全链的利益。这既是流程协同的定义，也是采用流程协同的目的和意义。这里包含两个关键点：第一个是要打破部门墙，打破决策孤岛，增强决策链的完整性；第二个是让决策在整个链条中通过，使其更符合全链的利益，对于需要各部门承担的责任，也要进行明确的划分。

在供应链的五大职能中，物流职能是真正的执行职能，而仓储管理作为物流职能中的一个重要环节，也是离不开执行的范畴的。**在执行的层面看整体，是有局限性的**，这也是采购、计划和信息化在供应链中常常成为代表而非物流为代表的原因，并非物流不重要，只是在供应链的决策上存在先天的劣势。所以，从仓库的角度出发，对业务流程做决策，很多时候是不明智的，是需要上下游给予参考意见甚至是决策意见的,这样才能保证决策的准确性。

(二)仓库内常见的流程协同

仓库内需要协同上下游共同决策的流程不少,大多数情况下是基于业务进行的。这些流程除了仓内的一些信息同步,最主要的是需要涉及流程的业务部门的各级审批,以明确业务需求及业务目标。在这里举两个仓内流程协同的例子,以便更好地理解什么是流程协同。

1.库存补货申请

库存补货是常见的仓内流程,当仓库内的实际库存不足以支撑销售或生产时,就需要发起补货流程。在不同的企业,补货流程的发起人可能是采购,也可能是仓库,主要看库存的监控由谁来负责,有极大的概率是由仓库负责。仓库来负责也是没有问题的,因为库存实物在仓库内,而且实际的盘点工作和出入库管理工作也都是由仓库负责,所以大多数情况下仓库需要对库存管理负责。

如果仓库对库存管理负责,那么就需要仓库提起库存补货的申请,而采购员则需要对申请进行评估,以确认其合理性及可行性。在流程执行中,采购员还肩负着向承运商下单,以及监督订单进度的职责。仓库需要在订单货物到仓后,尽快进行验收入库,并在系统中及时修改库存信息,以及实现库存信息同步。

因此,库存补货流程大体应为:仓管员发起库存补货申请—仓储经理审批—采购员确认申请的合理性及可行性,制订采购计划—采购经理审批采购计划—供应链经理审批—采购员执行采购计划,向承运商下单—承运商执行订单—承运商配送—仓库验收入库—修改库存信息—同步库存信息—流程完结。

2.订单退货申请

退货申请由客服或客户发起,但流程涉及多个部门,最终以仓库为落脚点,所以可以归类在仓库中的协同流程中。退货的主要确认节点有两个:一是仓库确认,确认商品的状况,如包装是否完好,内部商品是否完好,是否符合退货收货标准等;二是由业务部门来明确此订单是否接受客户退单。正常来讲,如果客服能够判断是否为客户责任,可以做初步决策处理。如果是非客户责任,是由于发货企业的问题造成的无法收货,是需要执行退单的,退单流程通知到业务部门即可。如果是客户责任造成，那么就需要业务部门决策，是否帮助客户完成退单操作。

因此，订单退货的大体流程为：客户/客服发起退货流程—客服主管进行第一层审批，确认其合理性，以及责任划分—业务侧客户负责人审批—业务侧主管审批—货物到仓后，仓库审核货物完好性—不符合标准的业务侧加签审核—确认退单—退货入仓—财务审核退款—完成退单。

（三）跨部门流程设计

跨部门的流程需要做好设计，以便承接业务的流程，取得简洁、全面、快速及高效的效果。对于流程的分析，需要经过五个环节，以及遵守一个规则，以确保达到预期的效果。

1. 业务需求分析

不管是流程也好，SOP（Standard Operating Procedure，作业标准书）也好，还是供应链中的任何其他活动，其根本的目的是服务业务。因此，在做对应的规划和梳理时，业务需求的分析是必不可少的。这也是以目标为导向反推运营体系的思维方式的体现。

业务需求分析实际上是要弄明白发起审批流程要达到的目的是什么。还是以退货为例，发起流程的目的是判断这单退货是否合理，或者是否有必要。做完这个判断，才能以判断结果作为指导，帮助实际的业务处理订单退货的需求。例如流程判断订单退货需求合理，就需要操作退货，最后由仓内完成退货收货、闭环订单；如退货需求可能不合理，但是基于其他考虑，认为退货是必要的，也可以指导实际运营按退货操作，仓库接收退货，完成闭环；但是如果判断不合理也不必要，就有可能对订单退货的流程进行驳回，操作的方式和统一退货就完全不同了。

有了业务需求分析，知道发起流程的目的以后，才可以向下推动，明确哪些部门来做这个判断、如何评估内容、如何进行流程衔接。

2. 审批部门的界定工作

审批部门的界定工作是第二项需要梳理的内容，这是决定最终的流程判断是否能够代表全链利益的重要标准。**在这个环节要依据前面梳理的业务需求，去甄别这个流程中都会涉及哪些部门的利益，涉及哪些部门的业务，并将这些**

部门一一列明。然后，再根据其相关性去界定流程中哪些部门需要对其给出评估意见。

还是以退货流程为例，我们看到在流程中涉及客户、客服、仓库、业务、财务一共五个角色。为什么要在流程中安排这五个角色呢？首先是流程的发起，发起可以由客户直接发起，也可以由客服代发起，但是客服代发起的退货流程是需要和客户确认的，客服在这里只是执行部门。所以，在流程中必须存在客户的角色，以发起或确认发起流程。客服除了在发起环节扮演代执行者的角色，还作为第一层对流程的合理性和必要性进行标准化的判断。在这一环节，客服既是判断者也是执行者，他依照既定的模板来执行，以完成判断，起到的作用是过滤，把大部分已预知的情况在这里完成判断。所以，在这里要设置客服部门作为第一层的关卡。

仓库作为最终的接收退货货物的部门，无疑也要参与进来。订单的退货，会对业务部门的业绩产生直接影响，所以需要业务部门进行最终的必要性及合理性判断。退货流程是否执行，一般以业务部门的意见为最终意见，这也是业务部门要参与流程中的主要原因。如果完成退货，那么无疑要对已支付的订单进行退款操作，对未支付的账期订单也要进行销账处理。这些操作的操作者一般是财务部门，所以在流程中需要财务部门的参与。此外，财务部门还需要对退货订单的财务风险进行评估，例如订单已经执行了很长时间，如果安排退单，有可能会出现实际无货回仓的情况，那么此时将款项退回，对于企业来说就会造成一定的损失。

这些不同的部门在流程中扮演不同的角色，彼此间相关性强，评估意见对订单的影响大，需要在流程中体现。这就是界定部门的操作方法。

3.审批内容明确

明确了流程中需要涉及的评估部门，还要明确出这些部门在流程中要评估和判断的内容是什么。这样各部门在接到流程时才知道如何评估，并给出相应的评估意见。

依然以退货为例，业务部门受到的影响是业绩方面的，那么在这个角度上，业务部门是会以拒绝的意向为主。但是，很多时候，除了业绩，客情也会被考虑在里面，需要业务部门进行综合考虑。所以，在订单退货的流程中，业务部门需要做的就是在客情和业绩间、合理性与必要性间进行权衡。仓库要考虑的是在最后的退货收货阶段，退货的货物是否符合退货标准，以判断是否能够收货入库。

在流程中提前明确各部门需要审批的内容，有助于提高流程效率和各部门的评估准确性。

4.衔接机制

需要参与的部门有了，也知道了审批的内容，那么在流程中究竟怎么排列这些部门，谁在前面审批，谁在后面评估，是需要明确设计出来的。设计的理念有两个。

第一个是先后顺序。也就是在实际的操作中，谁先操作，谁先审批，谁后操作，谁后审批。如退货订单，是在仓库收到货物后评估可以入仓，财务才能进行退款的审批和操作。

第二个是逐级上升。由更具权威的部门或个人来针对上一个审批给出意见。如客服审批完，还要到业务侧去审批。业务侧的员工审批完，还要求领导审批确认，以增强流程评估的权威性。

5.流程的推进方式

依据企业自身的情况，流程的推进方式可以分为以下几种形式。

第一种是信息化推进，也就是流程做在系统内，整个的发起、审批、归档过程全部在系统中完成，最终会在系统留存信息。这是现在比较常用，也是最好的推进方式。其缺点在于流程提前设置在系统内，对于新业务的友好度不高，相对僵硬。

第二种是邮件审批。由发起人或代发起人通过邮件的形式逐级推进审批，优点也是可以留痕，而且作为手工填写的方式发起流程，与新业务的兼容性高。其缺点在于审批全部由人工操作，在前一级有审批邮件的基础上才能进行下一级审批，如果审批人不习惯使用邮件，或工作较忙无法及时回复，会造成整个流程的迟滞。

第三种是纸质流程推动。这是相对传统的流程推进方式，现在使用得较少。其缺点明显，即不适宜流程留痕归档，且推进速度缓慢。

6.适当延伸

通过前五项内容的分析，基本上可以把流程设计建立起来了。在最后的一项内容里，要把流程的延伸再拉回来。什么意思呢？就是流程向上下游延伸的目的，是使评估部门更全面，使流程评估更符合全链的利益。但是这并不代表要在上下游进行无限的延伸，无限的延伸会造成流程推动缓慢异常，难以落地。此外,这对于员工的担当精神的培养是不利的,前面员工会认为反正责任由后面的部门逐一分摊,自己这一环的判断就会敷衍了事。这样对流程是不利的,因此要对上下游的延伸进行控制,只对强相关的部门进行流程化,尽量精减流程,既节省成本,又能提升效率。

(四)流程协同的监督及优化

流程建立也不是一蹴而就的,大多数情况下是需要对流程的运转过程进行监控的,将其中存在的问题筛选出来,进行屏蔽或改正,在实践中不断优化升级,使流程更符合业务的实际需求。

因此,**要建立流程协同的复盘机制**,在一定的周期内对需要协同的流程进行审视,判断其是否存在不合理处,是否过于延伸影响了效率,是否因为业务的发展变得不合时宜。如果发现以上情况,要对流程进行及时改进。

除此之外,还需要在仓库内部及协同部门之间建立反馈机制。流程中的各环节员工及负责人发现协同流程的问题点,都需要积极反馈,以帮助流程迭代改进。

小结

流程协同是通过共同决策的方式,来规避仓库内部独立决策带来的视角偏狭问题,使决策的结果符合全链的利益,而非仅符合仓库利益,是以仓库为中心进行全链协同的重要方式。

二十八、座谈会机制:协同部门的意见交互机制

"仓库和上下游部门协同,除了日常各项对接外,收集兄弟部门的意见,对仓库的对外协同也会起到非常好的促进作用。"老史说。

佟伟问道:"那么,如何收集这些意见呢?"

老史指了指桌子旁的座位说:"大家坐在一起畅所欲言是最好的方式。"

> "座谈会吗？"佟伟不确定地问道。
> "对，"老史点点头，"就是座谈会，必要的话，仓库里还可以准备一些零食、饮料，尽量让氛围轻松一些，这样才能听到真心话。"

（一）为什么要采用座谈会的形式

仓库作为供应链中物流功能的重要部分，是实物流转的枢纽，对于保证全链运营的顺畅，有着至关重要的作用。因此，收集上下游协同部门的意见，改善协同方式，优化对接机制，使全链流转更为顺畅、更为高效，是仓库必须要做的一件事。

收集意见的方式有很多，如现场调研、访谈、问卷调研、仓储经理信箱等，但效果最好的还是以会议形式出现的座谈会机制。座谈会作为一种重要的沟通方式，可以把话题相关的人员聚集在一起，大家畅所欲言，除了参会者本身的想法可以得到展示外，彼此想法的碰撞也会激发出更好的点子。

对这些想法进行收集、筛选、提炼、总结，就会得出对于仓储管理、仓库协同非常重要的跨部门意见。

（二）座谈会的组织

组织座谈会看起来简单，实则是需要管理者具备一定策划组织能力的。因为跨部门的意见收集，最重要的一项就是要使参会人员敞开心扉，使其愿意将心里的想法表达出来，而不必担心有什么负面的影响。要做到这一点是比较困难的，因为每个人的性格不同、想法不同，有的人喜欢表达自己，但有的人相对内敛。如何在**会议中进行调节，不让过于喜欢表达的人将会议主题带偏，也不让过于内敛的人一言不发**，是对组织者的考验。

组织一场座谈会，至少要完成以下几项工作。

1.参会范围

首先要明确的是参会范围，也就是说，本次的座谈会邀请哪些人参与。邀请的一定是与话题有强相关的人，这样对于话题才能产生有效的看法和意见。弱相关的人员参与，不会与话题产生共鸣，很难提出有效的建议和意见，对于会议的目标实现反而有负面影响。

2.会议时间

要确认会议时间,这里有两个维度:一是会议开始时间,提醒参会者准时参加;二是会议时长,从什么时间开始到什么时间结束。这两点确认了,参会者才能知道要在什么时间参加,留出多少时间来参会。

3.会议组织方式

会议组织方式是为会议目标服务的。因此,对于不同的话题,可以采用不同的组织方式。例如信息互通传递类的话题,座谈会可以采用常规会议的形式召开,大家集中精神在要传递的信息上。如果是需要讨论创造性的话题,则可以采用茶话会的形式,以轻松的氛围激发思维,促使大家提出更多的新思路。

在实施组织前,要对话题的特性和目标充分地分析,找到最适合激发话题的组织方式,保证座谈会的效果和目标。

4.会议场地

会议场地受参会人员范围的影响,人数越多,需要的场地越大。此外,还受话题特性的影响,会议地址是选在仓库、会议室还是其他场所,也需要依据话题特性而定。选择适合的场地,可以对会议氛围起到促进作用。

5.话题选择

话题选择是座谈会的灵魂,邀请大家坐在这里,谈什么,主题是什么?这是话题选择要解决的问题。话题的选择范围,主要以上下游协同中遇到的问题为主。例如协同流程中需要改进之处,对接机制的问题,互通信息的类别及准确性等问题,都可以列为话题。此外,仓库内遇到的难以独立解决,或需要上下游部门协助解决的问题,也可以作为话题。

6.氛围调节

前面说过,座谈会的氛围很重要,要能够充分调动参会人员的积极性,把握会议节奏。因此,需要在会议前明确氛围调节的责任人,让这些负责人关注会议节奏。如果会议偏离话题范围,则需要氛围责任人将话题尽快拉回到主题。如果会议参会人不能充分发言,负责人也要将其充分调动起来。最终目的是保证所收集的信息能够承载话题的需求。

（三）会议内容

座谈会的组织很重要，会议内容也很重要。仓库花费了精力来组织会议，上下游的协同部门也花费时间来参加会议，如果会议内容无意义，无疑是在浪费大家的时间，对于上下游协同不会起到促进作用，反而会引起协同部门的反感，不利于协同。因此，相关人员对于每次的座谈会内容要做好设计，这里按照上游和下游两个维度进行划分，展示一些基本的内容示例。

1.上游业务座谈会

以上游为协同对象的业务座谈会，主要针对的是业务部门、采购部门、生产部门等内部协同部门。仓库主要是承接上游部门的业务流转或任务分派，和上游的交互主要集中在承接和反馈上。因此，对于上游座谈会可以设计以下内容。

（1）运营数据

仓库运营数据的展示，可以有效地反映仓库的运营情况，也可以向上游的业务部门展示仓库对于承接的业务的完成情况。对于数据，可以从几个部门关心的维度去分析和展示，如库存数据、周转率数据、动销数据，也可以是仓内的主要运营数据，如订单生产平均时效、仓库日均处理包裹数、仓内的管理生产方式的改进等，使协同部门能在座谈中充分了解仓库工作，理解仓库工作。

（2）问题点及需支持项

它包括运营中存在的问题点，以及在和上游的协同中需要哪些支持才能够更快更好地解决这些问题。把这些问题和需求抛出来，在会议上获得协同部门的支持，后续工作会更加顺畅。

（3）意见收集

问题和支持不是单向的，协同部门也可以向仓库提出需求，如需要仓库在哪些方面予以提升，帮助其更好地开展工作。把这些意见收集起来，是座谈会的主要目的。有了这些意见建议，仓库可以找到改善提升的方向，使仓储管理工作获得更大提升。

2.下游部门座谈会

下游协同的座谈会，主要参会对象是对仓库工作向下延伸的承运部门和转寄部门。这些职能大多数情况下是以承运商的角色出现，而非内部部门。所以，对下游的协同座谈会，很多时候其实是对承运商的座谈会。对于承运商的座谈会，也以数据、问题和意见收集为主，虽然内容相同，但是也有一些区别。

（1）考核数据

向承运商展示的数据，不再是仓内的运营数据，而是承运商的考核数据。这些数据可以反映承运商的工作情况，对于承运商评级管理有重要作用，可以让承运商清楚地了解自己的运营数据，也可以让其清楚自己的地位，尽早找出运营中的问题，尽快改善。

（2）问题点及重点改进项

有了运营数据的展示，就能看出承运商的问题集中在哪些地方。再针对每家承运商，提供其具体的问题点及需要重点改进项，帮助承运商定位问题，尽快改善。

（3）意见收集

这里的意见收集，主要是承运商对于需要仓库支持和改善意见的收集。承运商作为乙方，在协同中多数情况下处于弱势地位，需要有一个可以畅所欲言的途径，帮助其合理地提出需求。**仓库在收到承运商的意见反馈后，也要予以相当的重视，能够在后续的工作中进行切实可见的改善。**这样才能增强承运商的信心，促使其不断地提出优质的建议，帮助仓内提升下游协同的能力。

对上游也好，对下游也罢，座谈会的内容都不止这三项。管理者应该从目标出发，规划会议内容，以达到促进上下游协同的作用。例如表彰会、联谊会等，都是可以考虑的会议内容，组织者可以打开思路，只要是从协同目标出发就可以。

（四）会议纪要——重点跟进项跟进及反馈

不论是什么样的会议，会议纪要都是必要的存在，座谈会也不例外。虽然组织形式各异，会议内容不同，但其核心还是要通过座谈会的形式，将上下游的意见收集上来，将仓库自身的需求表达出来。这些交互的意见，不但要成功地传递出去，需要做出的动作也需要执行落地。**驱动动作落地的，就是以会议纪要形式展示的待办项分配和推动计划。**

会议纪要就是将会议中的主要内容进行记录，同时明确各方反馈的意见的改进方式及改进责任人。会议后对应的改进动作由谁来承接，与谁对接，都要让参会各方清楚地知道。对于改进的时限，可以根据不同的改进项具体安排，但是预估的时间要在会议纪要上展示。

会议纪要编写完毕后，要以正规的邮件或函件的形式发出，对应的参会人员、部门负责人都要一一发送到位，以便各个责任人明确地动起来。

小结

在不同的阶段，仓储管理的侧重点有所不同。例如仓库发展到一定的程度，在管理和运营上遇到一些瓶颈，与上下游之间沟通存在一定阻碍，在这种情况下，座谈会机制就是一个很好的突破手段。

座谈会的核心用一句话概括，**就是上下游意见互换的渠道，其出发点是协同目标，重点有三个**：组织方式、会议内容和业务落地。

二十九、异常订单协同机制：降低异常损失

> 老史拿起笔在佟伟的笔记本上写下了"异常"两个字，说："在仓库的运营中，异常总是在所难免，所有的管理者都希望将异常率定格在0%。但实际情况就像是绝对零度一样，人们只能不断地接近，却难以达到。"
>
> 佟伟点头认可，说道："是的，物流这个环节涉及的环节太多了，不可控的因素也多。所以，在仓库内将异常订单数量降为零，只能是在一定的时间范围内、一定的工作范围内。"
>
> 老史继续说："基于此，在仓内是需要有异常订单的处理机制的，确保异常订单产生后能够在第一时间得到妥善的处理，避免产生更大的损失。在这个处理过程中，往往是需要上下游协同合作，才能将效率提升至最优。所以，异常订单的处理绝非仓库一家之事，而是全链的责任。"

（一）处理异常订单不仅是仓库的责任

异常订单的类型有很多，如破损、丢失、错货、缺少单据、下单错误、超买等，五花八门。产生异常的原因，也因异常订单的类型各异，有仓库的原因，有物流的问题，也有客户的问题，或者是采购销售的问题。这些复杂的成

因，使得**异常订单的处理需要多部门协同，抽丝剥茧式地解决问题**。除此之外，很多情况下，异常订单的处理是会影响客情的，即便成因复杂，需要抽丝剥茧，也不能不紧不慢地解决，仍然是需要保障效率的。

在这种既需要保证处理方式合理，又要求处理效率足够高的情况下，单单一个仓库的能力是无法满足的，势必要向上下游寻求帮助，快速打通信息，协同处置。更何况很多问题的根源不在仓库，而是在上游或下游工作中产生的，这些对应的职能部门来处理才是最佳方案。此外，**任何异常订单的损失都是企业自身的损失，不论哪个部门具备能力，都应该积极地介入**。

由此可见，异常订单的处理绝非仅仅是仓库的责任，而是全链中的每一个相关职能部门的责任。

（二）异常订单的界定

异常订单，是指在订单的履约过程中，因为某些原因，订单无法正常完成履约的订单类型。异常订单按照异常产生方，可以分为客户责任订单和企业责任订单。客责订单是因为客户自身原因造成的无法履约，这部分订单需要积极配合客户，将异常订单处理掉。如果处理得当，一般不会产生客诉问题，但不论是退货、换货还是加急、暂存，这些都会造成运营压力加大，导致企业产生损失。

企业责任订单，大概率会产生客诉问题，是仓库需要着重关注的业务类型。这部分订单不但会给企业自身造成经济损失，还会对客情产生一定的影响，需要高效合理地解决。

（三）异常订单分析

如上所述，通过精细化管理可以降低异常订单发生的概率，但很难保证绝对不产生异常订单。出现异常订单时不必着急，可以先对异常订单进行分析，找到问题产生的原因，匹配到对应的职能部门，通过系统的方式快速解决。

异常订单的分析能力，在仓库中是一种能力的积累。通过日常工作中的总结，可以将常见的异常类型分为若干种，并将解决方案，包括解决方案中涉及的职能部门都在其中进行归纳，形成异常处理手册。这样在产生异常订单的时候，就可以快速地对其进行归类，找到异常的卡点、解决方案及需要协同的人。

如果是新型的异常，则需要通过三个步骤进行分析。**第一步，模拟订单处理流程，在流程中评估遇到的卡点，将其一一列出。第二步，针对卡点给出解决方案，明确如何才能疏通卡点。第三步，找到对应的部门、对应的人来解决这些卡点问题。**

按照这三个步骤完成异常订单分析后，异常解决方案也就出来了。接下来就是执行，邀请兄弟部门协同解决异常订单。

（四）协同部门的导入

在一些壁垒森严的大企业，部门间的协同非常难，尤其是一些现有流程之外的新遇到的问题协同难度更大，处理效率极低。因此，**想要顺利地获得协同部门的支持，需要制定完整的协同部门导入机制，能够将这些部门和异常订单联系在一起，推动问题尽快解决。**

协同部门的导入，可以从以下六个步骤推进。

1.线下沟通

线下沟通是非常重要的一个步骤，也是重要渠道。将异常订单的来龙去脉和需要协同部门的对接人讲清楚，**使其明确问题和己方的责任，是比较好的沟通方式，也是对对方的尊重**，这样才能更好地和协同部门合作、解决问题。有些人喜欢一开始就采用邮件、会议等比较严肃正规的方式，直接拉通。这种方式可以在第一时间将问题暴露出来，明确责任，但对于需要协同的部门，尤其是对对接人来讲进攻性过于明显，在一定程度上是不利于协同的，尤其是在国内传统文化比较浓郁的企业更是如此。

2.邮件提报需求

经过线下沟通，双方已经达成一定的共识，协同人也已经了解了来龙去脉，就可以以邮件的形式正式提出需求。在邮件中，要将异常订单的出现背景、问题和所需的支持写清楚，除了协同人作为收件人外，其余的相关人员也应一并抄送，以便大家对事项进度有所了解。

3.组织会议

如果异常订单比较棘手，不能快速解决，或需要多部门协同，在经过线下沟通和邮件提报需求后，可以组织各相关部门进行会议沟通。在会议上，多部门共同给出解决方案，共同形成推动计划，共同解决问题。

4. 形成纪要

会议中形成的方案、推进计划，要在会议后形成纪要，责任到人，并明确解决时间。相关人员将这些信息汇总好，形成会议纪要，发送给全部相关责任人，确保会议决策能够实施。

5. 升级推动

如果在会议中对异常订单仍未取得明确的解决方案，则需要向更高级别的领导寻求支持，通过领导的决策和资源调动，来推动协同部门参与异常订单的处理。

6. 形成流程

如果是在异常订单手册中有明确记录的异常情况，可以按照手册进行操作。如果是手册以外的新型异常，在完成上述协同推动动作后，通常问题会得到解决。仓库需要对此类型的异常订单进行新增分类，将异常订单的出现背景、问题等阐述清楚，将摸索过来的解决方案、解决步骤及对应的协同关键人一一列明，**形成此类型异常订单的处理流程**，以便后面产生同样的订单时可以快速地解决问题。

（五）协同责任划分

完成了协同部门的导入，基本上就可以认为获得协同部门的支持了。接下来要做的就是要明确在异常处理的过程中，哪个部门应该承担什么样的责任。责任划分的原则，并不是以产生问题的原因进行分类，而是指在解决异常的几个部门中，**谁处在哪个位置，更适合解决哪类问题**，那么此处的问题点就由该部门负责。

例如在供应链中，并非所有的工作都需要核心企业来做，不是所有的风险都要核心企业来承担，而是在供应链中去看谁最适合做这件事，那么责任就应该由谁来承担。

（六）落地执行

所有的沟通也好，推动也好，最终都需要落实到执行上。只有执行到位，制定的方案才有意义。对于仓库而言，最主要的就是对计划的监督，涉及的协同部门的推动进度、完成情况、完成的质量，都要一一监督到位。

在执行中有一个要点是需要注意的，就是在落地执行中也是有配合的。作为推动者的仓储管理人员要在其中起到节奏把控和协调沟通的作用。**各部门的落实计划，要由推动者掌握，确保执行无误。**

（七）协同处理复盘

异常订单的产生都有其内在问题，不能处理完就丢弃在一边，要让其发挥更大的价值。因此，对于已经完成处理的订单而言，就需要对协同的处理过程进行复盘，找到各部门在处理过程中的不足，以及流程衔接上有没有问题。除了找到不足，还要在流程中找到各部门的优点，**从不足和优点两个角度，去对处理方案进行重新总结，最大限度地找到最优的解决方案。**

（八）机制迭代

不管是什么管理机制，都是在不断地进步和迭代的。异常处理的流程同样需要迭代升级，以使协同流程越来越符合异常的处理逻辑，能够协同更多的部门提升异常订单的处理效率。

小结

异常订单的协同处理，是仓库协同能力的直观表现，能够快速合理地解决异常，说明协同部门的信息传递渠道是通畅的，流程审批是梳理确认过的，责任划分是清晰的。

很多企业在遇到异常订单时，总是在部门间进行拉扯，造成处理效率低下，这就是部门间协同的问题。协同受多种因素的影响，有些因素并不是仓储部分能够左右的，但作为仓库协同部分的发起者，仓储经理仍然需要做好自己应该做的工作。

上下游协同管理这篇笔记到这里就结束了。**协同或者叫协作，是供应链中的灵魂。**现代供应链管理就是通过各种各样的手段，不断地提升协作能力，提高供应链的集成能力。供应链中的各个职能部门要更好地完成本职工作，就要更好地与上下游协作。仓库作为实物流中的重要节点,承载着实物流中大部分的服务功能,与上下游协同能力的强弱,直接决定了仓库的问题解决能力、服务质量。

所以,仓库应从信息、流程、数据、异常、反馈等多个方面和上下游进行拉通共识,打破部门墙,形成合力。

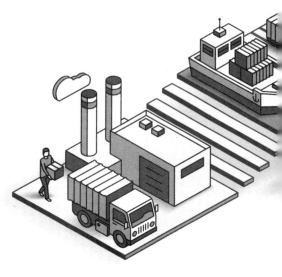

笔记六

管理制度与考核制度

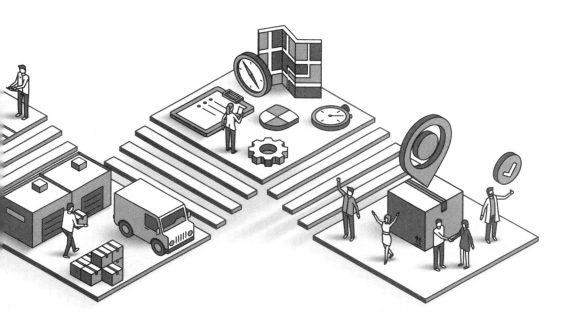

"法，这里是指规则。我们国家一直提倡依法治国，在仓储管理中也不例外，也需要有法可依。所以，这一篇内容主要讲仓库中的法——管理制度和考核制度。"老史说道。

佟伟问道："意思就是依靠管理制度和考核制度，来规范和引导员工行为，以达成组织目标，对吧？"

老史笑道："没错，你是越来越聪明了。达成组织目标，是一切组织活动的根本，管理制度也好，考核制度也好，都是其方式方法罢了。"

佟伟说："我经常在管理类书籍上看到一些观点，认为在企业内不应该依靠管理和考核来带动组织，而是应该以正向的激励和良好的企业文化来引导。"

老史笑道："以后要是有人给你兜售这种论调，我建议你直接无视。没有规则的管理，是很难产生良好效果的。尤其是在达到一定规模以后，要做好管理，必须有规则，有明确的管理制度和考核制度。当然，凡事有度，过度的制度化和KPI（关键绩效指标）化会导致员工工作僵化、目标引导片面化。但这不是无制度主义者能够立足的理由，我同意在管理中应用企业文化和价值观引导，但不能仅依靠这些内容。靠信念工作永远不是长久之计，尤其是一线的岗位。"

佟伟点头说："明白，制度规则是骨架，文化价值观是皮相，没有骨架，根本就撑不起皮相。"

老史说："哎，比喻得很好，就是这个道理。"

三十、基本管理制度：仓储管理的基本法

"企业管理离不开制度，尤其是达到一定规模后，单纯依靠老板来判断、决策和担责，已经是不现实的了。"老史说："制度管理就要替代决策管理，成为企业主要的管理方式了。"

佟伟说道："制度就是企业的法律，要使企业正常运转下去，基本的制度规则是必须要有的。"

老史点头说："没错，基本管理制度是企业管理，更是仓储管理的基本保障。"

（一）基本管理制度的作用

基本管理制度是仓内的基本规则，仓内员工、管理者都需要依照制度的要求完成自己的工作，规范自身的行为。有基本管理制度的约束，仓内员工才能清晰地知道自己应该做什么、应该怎么做。管理者也能清楚在管理的工作中应该做什么、应该怎么做。

基本管理制度的有效执行，可以帮助仓储管理建立运行机制，使仓内各项工作依法而行，而不必管理者时时刻刻地监督，能释放管理者的精力。

基本管理制度涉及仓内活动的方方面面，主要可以分为考勤制度、人事制度、财务制度、和保密制度。

（二）考勤制度

1. 出勤管理

出勤管理是考勤制度中最基本的内容，它规定了各个工种的工作机制，是固定时长工作制，还是弹性工作制，或者是轮班工作制。每种不同的工作机制，对应的工作需求不同，仓库需要依据自身的特点去判定，需要应用什么类型的工作机制。如固定时间生产的仓库，可以采用固定时长工作制，24小时仓库则需要采用轮班制工作制，以确保生产。

在出勤管理中需要明确上下班的时间或工作时长，以及上下班的凭证，也就是打卡制度。员工需要在规定的时间到岗，并进行打卡，以便作为考勤备查和工资计算的依据。下班时同样需要打卡，以明确工作时长是否符合标准。

2. 加班及调休管理

在仓内工作中，业务量总是有起伏的，在忙时需要员工加班加点完成工作的情况并不罕见。一些业务强度很大的仓库，甚至有连续昼夜工作的情况。加班使员工牺牲了休息时间，付出了额外的劳动，因此要为员工的加班行为提供合理的报酬。增加的这部分报酬，对于仓库而言也是一项增加的成本支出。因此，**对于加班也应进行管理，不能由员工自己决定是否加班**。

在加班的制度中，需要明确三项内容：**一是什么条件下的超时工作算作加班**。例如计件工资岗位，薪酬依靠的是其完成的工作量计算，那么在劳动法允许的情况下，可能就没有加班的判定。**二是员工加班应为仓内管理的统一安排，包括由哪些人加班，在什么时间加班，加班多长时间**，要有规划，以便平衡仓内的日常工作及成本支出。**三是加班薪酬**。员工付出了额外的劳动，给予报酬是企业必须承担的责任，在制度中要明确薪酬标准及发放方式。

对于加班，除了给予薪酬，也可以采用调休的方式进行置换，也就是将员工的休息日和工作日调换，以获得临时的工时延长。在理论上，员工是有选择薪酬或调休权利的，但需要提前和管理者协商确认，不能影响仓内的正常运营。在条件许可且员工有意愿的情况下，可以安排调休。

3.休假管理

休假制度涉及三个方面：**一是国家规定的公休及节假日；二是法律法规规定的福利假；三是员工因个人原因申请的假期。**

首先，公休及节假日假期，仓库工作和办公室不同，很难达到做五休二的标准。所以，在制度中需明确公休标准，也就是员工在什么时间可以休息。公休制度的设立，一要符合相关法律规定，二要满足业务需求。

其次，国家法律法规规定的福利假期，如年假、婚假、丧假、产假、陪产假等，制度中应依照法律明确给出休假标准，依法鼓励员工休假。

最后，员工因个人原因申请的事假、病假等，要明确申请假期的标准，包括最高申请时长，以及假期期间的工资核算标准等。

公休及节假日假期，一般是不需要员工提交申请的，可以直接休假。但其他类型的假期，则需要员工及管理者协商，通过申请的方式获得假期的休息资格。所以，在相关制度中还应对各项假期的申请流程进行明确，以便员工合理休假。

4.公出管理

公出是指因工作原因，需要暂时离开工作场所，到外部进行工作的情况。因为离开了工作场所，管理者无法对其工作进行实时监督，为保证工作效率，需要对公出进行管理。员工公出，需要说明公出原因、时间，管理者需判断其公出的必要性及合理性。确认需要公出的，需要在其考勤异常中将这部分时间剔除。

（三）人事制度

从字面上看，管理工作包括两部分，即管人和理事。管人是管理中的一项重点工作。管人又可以分为两部分：一个是日常的行为管理；另一个是人事制度承载的人员档案管理。下面从五个方面介绍人事制度的重点工作。

1. 入职管理

入职管理是员工进入仓库的第一步，也是企业和员工正式达成合作关系的重要环节。在这个环节，有两点需要关注：一是要**对员工的个人信息做必要的收集**，方便日后管理工作的开展。二是在这个环节**将劳动合同签署明确**，确认双方的雇佣关系是符合相关法律规定的。在劳动合同中，应明确工作岗位、工作地点、工作机制、工时、薪酬等，保障双方的利益。

2. 转正管理

员工经过面试进入仓库工作，其实际的工作能力和人品一般很难通过几次的沟通就明确体现出来。所以，很多企业都对员工设置了试用期考核，明确员工是否能够胜任该岗位工作。试用期结束，就需要管理者对员工的表现进行评估，员工也需要证明自己确实能够胜任。如果判断能够胜任，则需要进行转正流程审批，将其转为正式员工。

3. 升职管理

当员工表现优异，其能力超出本职工作范围，且愿意承担更多的责任时，则可以给予员工升职激励。升职管理的关键在于评估员工的能力及意愿，判断其能力是否符合新岗位的要求，也需要评估其在现有岗位中做出的贡献是否符合升职标准。如果符合标准，则可以申请晋升。晋升可以分为两种：**一种是岗位晋升**，由基层员工晋升为管理岗，或由管理岗向更高层级晋升；**另一种是职级晋升**，岗位不变，但在企业内部的级别上调，享受的待遇也相应地上调。

具体的晋升机制在后面的组织管理部分有详细介绍，此处不做详细阐述。

4. 调岗管理

调岗或转岗在仓储管理中也是常见的人事变动，是指因为工作的需要，岗位进行了变换，如从 A 岗位调整到 B 岗位。调岗后岗位职责也随之变动，因此需要提前评估员工的胜任能力。确认需要调岗后，原有岗位工作需要与接任者做好交接，对未完成的工作明确好进度，以及下一步推动的节点。需要交接岗位上使用的物资、设备，并及时将原岗位的系统权限进行关闭。完成这一系列的工作后，才能到新的岗位。

5. 离职管理

离职也是仓库内常见的人事变动之一，因为各种各样的原因，总会有员工提出离职。在离职管理中，管理者要关注两点。

第一点是离职沟通。这是需要在制度中明确的流程。离职沟通可以收集员工的离职原因，从侧面可以反映仓内管理的不足之处，从而推动仓库改善，以增强员工的稳定性。在仓库生产中，一名熟练的老员工的作用要远大于一名新手员工，所以每一名员工都是仓内的宝贵财富，即便要走，也要搞清楚为什么走。

第二点是要明确交接流程。员工手上已完成的工作有哪些，未完成的工作有哪些？物资设备是否完成交接？系统账号是否完成交接？工牌、工服是否完成交接？财务账款有没有未报销或未核销的项目？工资是否核算清楚、完成了确认？等等。

人事制度关系到员工从进入企业到离开企业整个过程的方方面面，如果没有一套相对完善的人事制度对这些工作进行指引，仓内的管理工作很难开展。

（四）财务制度

财务制度规范的是仓库内的财务行为，以明确款项的进出，以保证账目的清晰准确，降低财务风险。

1. 报销管理

报销是指仓内员工因仓内工作需要临时对外采购或支付，提前自行垫付的款项，需要由仓内付给员工个人的财务行为。

因为是需要向外付款，因此报销制度需要有相对严谨的申请流程。需要报销的员工提供报销原因，提供向外采购或支付的相关票据，以及提前和管理者报备并获得批准的记录。这些单据及证明材料齐全后还需要进行报销审批，确保报销行为的合理性。

2.借款管理

当员工需要向外支付较大款项，自身无法进行垫付的情况下，可以向财务提出借款申请，将需要用到的资金提前拿到手里，在进行采购或对外支付时使用此笔款项。借款也同样需要写明借款原因，并至少获得直属领导、仓库领导及财务领导的审批。

3.核销管理

核销主要针对的是借款部分，已完成支付的款项，应获取必要的票据，并依报销流程获得上级审批，获得审批后冲抵借款账目。如果存在未使用部分，应及时交还财务，并冲抵销账。

4.费用申报管理

费用申报主要针对的是仓内一些相对固定的支出项，如仓租费用、水电费用、人员工资、设备采购等。费用申报完成后也需要按照要求填写表单，并提供必要的票据。如果无法提前获取票据则需要说明，并在获得票据后及时反馈给财务，并进行核销。

（五）保密制度

仓库管理是物流职能的重要部分，物流职能又是供应链五大职能之一。在仓库中，有很多信息不宜向外传递，例如仓内生产数据、品类数据、客户信息等，都需要员工保密。为了使员工能够严格保守仓库内的商业秘密，需要在仓内建立保密制度。

保密制度中应规定数据范围、泄密途径、泄密处罚及保密措施等。保密工作至关重要，仓内应加强保密制度的培训，保证员工严格执行保密制度。

小结

仓内的基本管理制度管理的是最基本的仓内行为，这些制度在其他部门也是通用的，仓储管理者完全可以参照企业的基本制度来设计仓内的制度标准。只不过在制定中还要考虑仓库的业务场景，根据实际情况进行修改。

三十一、绩效考核制度：激发员工的原动力

> 老史突然说："绩效，是一把双刃剑，用好了威力无穷，用不好瓦解斗志。"
>
> 佟伟问："绩效考核是一项很常用的考核制度，但据我观察和了解，能够用好这项工具的企业还是比较少的。为什么一项常用的工具，在这么多的企业中得不到好的应用呢？"
>
> 老史说："原因很简单，就是考核的制定者并没有走到被考核人中去。设计的考核内容都是凭空想象出来的，怎么可能产生作用呢？绩效考核最重要的原则是激发员工完成个人目标，以推动整体目标的完成。但很多管理者把绩效管理当成了目标，为考核而考核，偏离了绩效考核的基本原则，能做好才怪。"
>
> 佟伟说："所以，要想把绩效考核用好，还是要下一番功夫的。"
>
> 老史说："当然！"

（一）为什么要设置绩效考核制度

仓储管理是一线的管理工作，下辖的员工以基层一线员工为主，一些员工对自身的职业发展是模糊的，**大多数员工关注的都是短期的、对自身利益产生直接影响的目标**。从长期来看，需要应用企业文化对员工进行思想的改变，并给予员工明确的职业发展路径，使其认识到在仓内工作不是一辈子都在一线，也有很多其他的可能。

但长期工作是日积月累的水磨功夫，并不能立竿见影地解决眼前的问题，而且效果也不一定可控。因此，管理者需要使用绩效考核的方式，**将员工的个人利益目标和仓库的整体目标进行绑定**，使目标的方向一致，员工对于个人目标的追求，就可以带动整体目标的完成。这是设立绩效考核制度的根本目的，避免所谓的死工资导致的不作为，影响仓内目标达成。

（二）绩效考核制度的基本逻辑

绩效考核制度设立的基本逻辑，就是围绕仓库目标去设计个人目标，激发

员工的内在动力，推动仓库目标达成。这里的核心是仓库的整体目标，不管制度怎么设计，都不能偏离这个核心。偏离这个核心，绩效考核制度都是没有意义的，还不如不设置，还能节省人力、物力和时间。

此外，**仓内绩效考核设计的基本要求是激发员工的内在动力，如果不能激发员工的内在动力，绩效考核是无法落地的**。绩效考核是为了仓库内目标实现而设立的，但绝非仅仅是总目标的拆分和下发。管理者要针对不同的岗位，采取不同的绩效考核方式。这里既不能完全相同，也不能差距太大；既要充分针对岗位和个人，激发其内在动力，又要兼顾公平，避免产生反作用。

因此，**需要管理者和制度设计者能够深入一线员工，听一听、看一看他们究竟需要什么、想要什么**。看看是否有能和仓库总目标相契合的部分，这部分是不是可以拿出来作为考核标准列在考核制度之中？这样制定出来的考核制度，才能真正发挥作用，帮助仓库实现目标。

（三）绩效考核制度设立的影响因素

绩效的设立，是一项比较考验管理者水平和经验的工作。要想针对仓储管理工作制定出好的绩效考核制度，可以从以下四个方面思考和入手。

1.绩效的关键要素

任何一项绩效考核制度的设立，都离不开四个关键要素，即**可量化的分解目标、明确的时间节点、公平合理的评判标准及明确有力的奖惩制度**。仓储管理工作也不例外，管理者可以依照这四项关键要素来设计绩效的框架，再根据实际情况去丰富整个绩效方案。这四个关键要素并不难理解，困难在于如何将其落在实际工作中。把仓库的总体目标抽丝剥茧，分解成一个个可落地的小目标，再将这些小目标进行量化的转化，这是第一步，也是整个绩效考核制度的根本目的——完成这些小目标。**之所以要量化，就是要更好地衡量结果，绩效制度中最忌讳的就是不清不楚，一定要避免出现"你以为你以为的是你以为"的情况**。通过量化的转化，大家可以更清晰地衡量目标的完成情况，对整个物流战略的推进情况有更准确的评估，以便制定后面的推进策略。清晰的目标衡量，可以让绩效考核更加公开、透明，可以更好地激发员工的积极性。

明确时间节点是绩效考核制度的第二个关键要素，没有明确的时间节点约束,目标达成的进度就难以保障,大家也没有统一的推进节奏,会造成很多的混乱和延迟,对于推进仓内管理工作是极其不利的。

评判标准要公平合理,可以是针对被考核者的独立的评判标准,通过时间和目标达成两个维度进行评判,也可以添加一些赛马机制,让不同的职能、不同的岗位、不同的人之间进行比赛,以此提高目标达成的效率和质量。不管怎么样,评判标准一定要公平合理,是被考核人认可的,是符合战略目标落地推进的要求的。

最后一点是明确有力的奖惩制度,**前面的三项是设了终点,给了时间,画了跑道,这一项是真正的动力项,通过奖惩这一推一拉的方式,督促被考核者按时完成既定目标。**人都是趋利避害的,没有人愿意接受惩罚,都愿意接受奖励,这是驱动人们实现目标的根本原因。奖惩制度要很明确,让被考核人了解这些标准,明白将要受到的惩罚和得到的奖励是什么,进而评估得失,选择动作。奖惩制度要有力度,避免奖得平平常常,罚得不痛不痒,克服不了被考核人的懒惰心态和侥幸心理,让目标变成一纸空谈。奖惩制度一定要有经济属性,但又不能囿于经济属性,可以增加荣誉奖惩、进修培训、职位升降等不同类型的奖惩方式,这样能够更好、更立体地驱动不同需求的被考核人,使目标落地的动力更强。

2.绩效分级

绩效分级就是按照不同的职能、不同的级别,进行目标拆解,逐级考核。这样做是为了杜绝组织内吃大锅饭,即有些人拼命干,有些人拼命懒。在按职能拆解完目标后,要按照部门的维度向下拆解。部门的负责人,对本部门的绩效目标负责,下面团队的负责人对本团队和部门的绩效目标负责。团队中的个人,对自身的和团队的绩效目标负责。仓库内的绩效考核,个人绩效要占一定的比例。如前面所言,受限于工作内容比较单一,仓内员工对于职业的认知也会受到一定限制,在完全融入团队前,更注重个人利益和眼前利益。所以,将绩效落实到个人,可以提高员工的工作意愿和工作效率,也是驱动仓内绩效制度落实的主要内容之一。将团队的目标逐级分解,是为了在团队协作上留有空间,避免个人或小团队过于专注自己的绩效目标,而损害整体的目标。

通过这样按职能、按级别地逐级拆解,使仓库的整体目标能够更清晰地展现完整脉络,员工也更清楚如何提高自己的收入,两者目标相合,才能更好地

推动仓内工作。

3. 考核颗粒度及强度的把控

仓库内的工作,是高流程化工作,对于每一个细节的要求都较高,因此在绩效管理的颗粒度上要尽量细化。不但要对工作结果进行考核,也要对工作过程进行管理,以此来提高员工工作的质量,降低异常事件的发生概率,降低异常事件处理成本。对于员工在工作中使用的耗材物料,也需要在绩效制度中进行体现,以降低非必要成本的使用率。

这些和仓内工作相关的内容,都要按照其岗位特点进行逐一拆解匹配。

4. 岗位强相关性

仓库内的绩效考核设立还需要注意一个关键点,就是考核目标和岗位的强相关性。有些管理者设立绩效制度时相对粗暴,对仓库目标的拆解采取按份切割的形式,下发到被考核人手里时,发现被考核人对于自己的考核项的影响力极弱,完全是一种靠天吃饭的感觉。这样是不行的,因为这对于员工的内在动力的激发毫无作用。**在目标拆解时,要考虑岗位特点,从其能够推动的岗位目标中选取绩效目标。**如打包岗位,可以采取计件工资的制度,也是绩效工资的一种形式,打包的数量和质量决定了工资的高低。然而,这项考核的目标放在办公室打单员的身上就毫无作用了。

在仓库这样的一线管理单元,考核得越直接,相关性越强,效果才会越好。

对这四个方面有了充分的思考,再结合企业自身的实际情况,制定一份行之有效的绩效考核方案,就不会存在太多困难了。

绩效考核制度设立好以后,在执行中要重点关注两个动作:**第一个关键动作是复盘。复盘对于任何工作的推进都是非常重要的,所有的预想都不会是 100% 正确的,总会有偏差或者疏漏之处。**通过一段时间的实践,一些问题暴露出来,这时候进行复盘,可以很好地纠正错误,促使工作回到正确的轨道上。仓库内的绩效考核制度也是如此,仓内操作的环节多、细节杂,涉及的人员也多,相对应的绩效考核项及细分目标也较多。如果不能定期实施复盘,整个仓内工作会很快处于一种失控状态,很多绩效的执行效果会大打折扣,目标完成度低,偏离原定目标。所以,通过定期的复盘来避免这些问题是非常必要的手段。

在仓储管理的绩效复盘中，要重点看三项指标：一是经过实践后，检验设置的细分目标是否合理，包括目标的强度是否合理，以及目标的维度是否合理。二是绩效奖励和惩罚是否符合员工的**心理预期**。前面提到过，仓内的奖惩设置一定要深入员工之中，采取一些真正能够触动员工的奖惩方式，以激发员工的内在动力。三是经过一段时间的实践后，**在实现绩效目标的过程中，员工有哪些需要支持的地方**，仓内的管理、流程、资源投入等有哪些需要改善改进的地方，以支持员工绩效达成。

第二个关键动作就是奖惩的及时兑现，不论是对表现优异者的奖励还是对落后者的惩罚，都要在考核结果出来后及时兑现。一是被考核人对考核结果的输出逻辑还比较清晰，异议较少，此时兑现，阻力小。二是奖惩兑现及时，对于企业的公信力是一种正向的加成，被考核人越信任企业，物流战略落地越顺利。

奖惩兑现有一些技巧，要根据实际情况使用，奖励一定要高调，树立典型，激发热情。处罚要低调，要弱化，不让被考核人产生过多的顾虑。当然，这并不绝对，要具体问题具体分析。

最后要关注的是关键绩效的迭代，仓内绩效制度的设立，很难一次性做到完美，是一个持续改善的渐进过程，在不断的实践中增加更好的考核方案，去除不利于目标达成的部分。可以对绩效制度设定不同的版本，在不断改进中使其趋于完美。

（四）有节制地设立绩效考核

绩效的设立不能是无节制的，过于细化、过于僵硬的绩效管理，对于仓内运营管理工作而言也会成为一种沉重的负担。绩效的本质是对人的限制，规定了相关人员应该干什么、应该怎么干、应该什么时候干、应该干到什么程度。再通过正向的激励和反向的处罚，来确保人们是按照这个规则去做。既然是对人的限制，那么就会在一定程度上限制人的主观能动性，限制人的创造性。过于细化的绩效考核，就会使人在处理问题时过于照章办事，不能灵活应对，对绩效规则以外的事情不处理、不关心。

这对效率和创新都是沉重的打击，我们经常能在实际工作中看到，某些公司对于基层员工的考核几十项甚至上百项，员工每天除了应付绩效外，根本没有时间思考其他事情。公司运营起来并没有像管理者预期的那样，如一架精密的机器一般不停运转，反而是埋下了很多的运营和管理隐患。如同供应链柔性力量，没有人是全知全能的，是无微不至的，任何一个组织、任何一种管理方式都有漏洞。想要把所有细节都固化、细化、绩效化，最后只会适得其反。与其如此，不如适当地提高员工的满意度、责任感、友好度，从而增强运营中的柔性力量，反而可以在一些不易察觉的细微处避免隐藏的风险。

小结

适当地设置合理的绩效考核，对于目标的达成是一种保障，这种判断是基于人性和企业的经营特性做出的。人性是复杂的，很难用简单的善恶或者对错来区分，同时人性也是不稳定的、易变的，一时的心情可能会影响一个人对一件事的看法，甚至是决策。这正好和仓库的运营是相悖的，仓库运营需要更偏向理性和确定性，系统性的运营更有利于保证企业长期经营发展。因此，必要的绩效考核，就是在仓库运营这一目标上为相关的人员画了一条线，让这些人员能够按照这条线去努力，避免方向错误。另外，**相当于从制度上把相关人员的利益与企业的利益相统一**，从而激发其内在动力，能够更有效地投身到仓库运营的目标实现中。

目标由绩效驱动，这是管理学上的一项基本常识，仓内的管理工作也不例外，也需要合理有效的绩效考核来驱动目标的达成。员工是需要信任的，但信任是需要确认的，而绩效考核制度就是在帮助管理者，以更确认的方式驱动员工工作。

三十二、奖惩制度：物质和文化的推动力

佟伟问："奖惩制度？和前面绩效制度里的奖惩制度是一样的吗？"

老史摇摇头说："不完全一样，但是有相通之处。绩效中的奖惩制度，针对的是绩效中的考核项，是以实际的工作任务为前提的，是绩效考核制度的辅助。这里的奖惩制度是针对绩效考核之外的正负向激励，

> 对员工更多是文化上的考量，并以此为依据进行奖励或是惩罚。"
>
> 佟伟说道："那就是说绩效考核依靠的工作数据判断，是定量指标；而此处的奖惩是依靠文化判断，是定性指标？"
>
> 老史点头说："可以这么理解。首先，我们还是要研究一下设立奖惩制度的必要性。"

（一）设立奖惩制度的必要性

仓库的运营是一项多环节、多细节的工作。作为仓库的管理者，最理想的管理方式是将仓内的一切流程和操作细节、各类异常处理方式都进行标准化，使仓库像一台巨大的机器一样运转。员工则需要像机器的不同部件一样，按部就班地自行运转。这样的方式是最高效的，也是管理成本最低的。但是，除非将仓库完全自动化，或采用标准的流水线方式，否则很难实现这种机械化管理。

因为仓内员工都是有血有肉、有知识的人，会有自己的想法和判断，很难像机器部件一样机械化运转。而且在仓内运营工作中总会遇到一些新问题，很难将全部的问题都预先归纳出来。当工作细化到一定程度后，获得的效率提升和投入的成本之间的性价比是呈逐渐下降趋势的。因此，**在仓库内部，纯粹依靠流程、规范进行工作很难面面俱到、没有遗漏。在这里，需要一种软影响力驱动员工的自主性，来弥补制度中不能覆盖的细节问题。**这就是奖惩制度存在的原因。

奖惩制度可以与绩效考核制度相配合，一刚一柔，将仓内的管理融为一体。绩效考核解决的是短期的员工内动力问题，奖惩制度从长期帮助员工做文化融入，只有员工做到了文化融入，才能真正算是仓库的自有员工。

（二）奖惩制度的核心

奖惩制度分为奖励和惩罚，是从正负两个方向对员工进行激励，**其核心就是使员工产生荣誉感或耻辱感，从而起到鼓励和限制员工行为的作用。**

奖励和处罚的方式，可以从精神和物质两个方面设定。精神方面的奖惩在奖惩制度中占主要位置，是员工产生荣誉感和耻辱感的主要手段，也是推动企业文化渗透的重要方式。当员工表现优异时，给予荣誉标签，使其与其他普通员工产生区别，产生足够的荣誉感；反之，给予负面标签，同样使其区别于普通员工，从而产生耻辱感。物质激励作为精神激励的重要辅助，也是不可或缺的。物质激励沿袭绩效制度中的奖惩机制，将员工的表现与收入挂钩，能对员工起到最直接的激励效果。

（三）常见的奖惩激励方式

奖惩制度中，奖励的方式多以荣誉称号的形式出现。较常见的有以下几种，可以在仓库内对比设置。

1. 最佳员工

最佳员工是针对全体员工中表现最优秀者，给予的荣誉称号。通常以季度或年为周期进行评选，是仓库内比较重要的荣誉标签之一。与最佳员工相匹配的通常是较高的绩效奖金或专项奖金，从精神和物质两个方面予以激励。精神奖励中的荣誉感，对于员工来说，激励力度较强。物质奖励在激励员工自身之外，会对其他员工产生冲击，为其他员工树立榜样，为改善工作提供方向。

2. 最佳新人

最佳新人主要针对的是入职三个月内的新员工，从其在工作中的学习能力、工作态度、承担责任等方面进行评估。将表现最优异、最具潜力的新员工挑选出来，授予最佳新人奖，以此激励新员工更快地融入集体，更快地承担工作，为实现仓库的整体目标做贡献。

最佳新人同样可以配备专项奖金，作为物质奖励给予新员工，但**金额不宜过高，象征意义要大于实际意义**。因为老员工始终是仓内的中坚力量，过于重金奖励新员工，容易造成老员工的不满。

3. 技术能手

技术能手主要是从专业的角度，对专业能力更强的员工给予一定的奖励。这里的奖励可以是明确的标签，如制作专属工牌、专属胸章等，可以让其他人一眼看出来谁是技术能手。对于员工是一种职业技能的认可，也是塑造仓内专业力的重要手段。技术能手的评比，可以是以月或季为维度，授予在周期内有一定专业突破的人此奖励。此奖励可依据突破的程度，以及带来的效益增收的情况设立相应的奖励等级。

4.内部职称

内部职称是对技术能手的系统化构建，将周期性的激励转变为仓库内部的一种专业力的评级。对于专业能力强的员工给予更高级职称，以此类推，就可以将仓库内的专业力体系建立起来。和其他奖励不同，物质奖励可以以职称津贴的形式发放，相当于提升了高职级员工的工资。

5.文化之星

文化之星是以员工的价值观、企业文化观等维度作为考核项的依据，针对价值观更符合仓库文化，并将此践行于实际工作中的员工，给予文化之星的奖励。对于文化之星，可以酌情考虑是否进行物质激励。

6.最佳团队

最佳团队和最佳员工是同样的逻辑，只是最佳员工奖励的是个人，而最佳团队是以团队为单位进行奖励。荣誉属于这个组织，同样物质奖励也是奖励整个团队。

前面介绍的六种激励方式，是以正向激励的形式来展示的，而在实际的工作中，负面激励同样是存在的。负面激励可以参考正向激励进行反向设置，促使落后员工产生耻辱感，约束员工的行为。

（四）奖惩制度设立的原则

奖惩制度也是仓内重要的管理制度，要使其在仓内充分发挥作用，需要遵循一定的原则。这些原则要保证奖惩制度的执行，受到员工的认同和重视，如此才能对员工产生相应的作用。

1.深入员工

要想制定能够快速见效的奖惩制度，就需要了解员工的关注点是什么。获**得员工关注点的最佳办法，就是深入员工，把员工的真实想法收集上来**，这一点和绩效考核中的设立规则是相同的。将这些想法中符合目标方向的、合理的需求整理出来，使其作为奖惩制度的一部分。这些员工真实的想法会更加容易切中其兴奋点，使奖惩制度更有效。

2. 标准公开

有效的考核标准制定完成了，还要将这些标准公布出去，让所有参与考核的员工都能够清晰地知道考核内容是什么。这样员工就能更好地和自身情况进行比对，找到自身的不足之处，看清需要努力的方向。**在员工清楚和目标的差距及努力方向后，目标就变得更具有可实现性，目标背后的精神和物质激励才能有实实在在的吸引力**。否则，员工对于考核的标准模糊不清，目标也就不清晰，方向不明确。一是员工不知道往哪个方向努力；二是不清楚努力多久才能实现目标。久而久之，员工就缺乏信心了，仓内管理者的公信力也会下降。这样奖惩制度不但没有起到推动作用，反而起到了反作用。

3. 提名公选

公选是评选先进的一种方式，由员工共同选出进行嘉奖。员工选择也不能是所有人选举所有人，公选的前提是提名。依据考核规则，选出较优的部分员工，将这些员工作为激励的候选人，提名到公选会。然后，通过员工公选的形式，现场确认奖励名单。此种方式可以提升员工的参与感，使其在潜意识里认识到自己是一分子，增强融入感。此外，员工公选的模式避免了所谓的领导主观判断的问题，评选结果更容易被员工信服。员工通过参与公选，可以更清晰地意识到和最终目标及先进者的差距，努力的方向会更加明确。

4. 评选公示

对于评选的结果，要在仓内进行公示，包括员工的基本情况、考核成绩、公选结果等，接受仓内及其他兄弟部门的验证及询问。在公示期间，仓储管理者有责任接受对于评选的问询，并给予解答。评选结果公示，可以进一步增强评选的权威性和公正性，使奖惩制度更具推广性。

5. 记入档案

对于重要的考核结果，如年度的最佳员工等，计入企业内部的员工档案，作为各部门选取优秀人才的依据。尤其是对于连续获得重要奖励的员工，需要将其归入重点培养群体，让其承担更重要的工作。

6.影响晋升

除了精神和物质的激励外，员工的被奖励项可以成为其晋升的重要参考依据。能够获得奖励，甚至是持续获得奖励的员工，从一定程度上说明了其对于企业文化本身的认可和对工作的投入，同时向管理者展现了不俗的能力。一个有能力、文化契合、愿意投入的员工，有什么理由不将其作为晋升的首选呢？

小结

同前面主旨相同，这部分讲的内容也是以正向激励为主，也是仓储管理者希望看到的。但并不是说惩罚条款就不必再制定，它在仓内起到的作用是正向激励不能替代的。它是对员工行为的限制，和奖励呈现为一推一拉的状态，能够更好地推动仓内目标的达成。

三十三、安全生产制度：仓内风险管控体系的建立

> 老史说："今天聊一聊仓内的安全生产制度，这是本篇笔记的最后一策，也是最重要的一策。"
>
> 佟伟问道："比前面三策都重要吗？"
>
> 老史严肃地说："是的，比前面的三策都重要。因为安全生产制度关系员工的安全，不管在什么情况下，人始终是最重要的。此外，设备、货物、仓库的安全，也是在安全生产制度保障下实现的，如果安全出现问题，一切都归于零。"
>
> 佟伟点头说："确实是这样，安全问题是企业更是仓库的头等大事，优先级高于其他事项。那么，一套完善的安全管理制度应该如何制定？"
>
> 老史一笑，说："和其他业务一样，从'需求'开始。"

(一)风险分析

要建立健全完善的安全生产制度，**首先要完成的工作就是对仓内生产中可能遇到的风险进行分析，找到风险点**。其次针对这些风险点，给出明确的风险防范方法和风险管理措施，那么仓内的安全生产制度也就初步形成了。

分析仓内的风险项，可以按照两个思路来进行：一是**最常用的思路，就是仓内工作的全链角度**，从收货到发货，整个链条中涉及的各个操作模块的风险点分析，包括货物的存放、货物的移动、设备的使用、工具的使用等内容，都可以一一列举。这样各模块中的风险点都明确罗列出来，然后再进行汇总、归纳，就可以形成一个工作流维度的风险列表。二是**从对仓库基础设施管理的风险点出发**，例如水路、电路、地面、屋顶等基础性建设，有哪些风险点，将风险点一一列明。这两个思路的角度不同，分析的是不同层面的仓内风险点，是一种互补的关系，对两者都做风险分析才能相对全面。

风险分析要力求做到全面，将仓内的各个环节、各个方面的风险项记录到位、分析到位。同时，要秉承精细化原则，追求细节，将风险识别的颗粒度细化。

(二)安全生产管理要求

完成了仓内的风险分析，接下来就要针对这些风险项给出防范方法和管理要求，也就是安全生产制度的主要内容。仓内各级管理者及员工要依据管理要求将其运用到实际工作中，以降低风险，确保安全。在这里，针对常见的电路风险项，给出相对应的管理要求，作为示例，供仓储管理者参考。

① 仓内电路不走明线，需要走线的电路，开凿线槽完成走线。如需搭建临时线路，电线外侧需加装线槽线管，以保证电线不被损坏。使用后，收起电线，不在外长期放置。

② 定期巡检仓内电路，检查有无虫鼠噬咬或其他原因造成的电线金属部位裸露。

③ 电源附近，不使用和存储易造成短路的液体。

④ 仓内的电器、设备、办公用品等，应严格按照规定使用，避免电路过载，造成短路风险。

⑤ 仓内接线、走线，需要由具备电工资格的员工操作，禁止私搭乱接。

⑥ 未按线槽走线的临时裸露电线，不搭在货物或易燃易爆品上，与货物应保持 50 厘米以上距离。

（三）跨环节衔接要求

仓库内的工作是多环节的，每个环节与下个环节之间在安全生产上如何衔接，也是仓内安全生产制度需要关注和列明的关键点。对于这个衔接，可以从两个角度去看：**第一个角度是从工作流的角度，也就是在货地流转过程中涉及的环节之间如何衔接，以保证安全；第二个角度是从班组角度交接**，也就是同样的环节，同样的岗位，只是班组有所区别，有的是白班，有的是夜班。那么，白班和夜班之间是怎么衔接的？怎么把白班未完成的工作平稳地过渡给夜班？怎么把夜班未完成的工作交接给白班？这就是跨环节衔接需要探讨的问题。

工作流的衔接，主要体现在采购订单的入库过程中，以及销售订单的生产过程中，主要的衔接对象是货物衔接、单据衔接和信息衔接。在这个过程中，最主要的风险在于货物转运中的问题，如货物倾倒造成的货物破损，以及工作人员受伤。因此，在环节间交接中应对货物情况进行检查，确保货物码放无安全隐患，货物使用的托板无破损、变形等安全隐患。

班组衔接涉及的衔接节点较多，包括货物交接、设备交接等。货物交接同样需要对货物码放情况进行检查，检查托板情况。此外，还需要检查货物的存放地点是否符合安全要求，是否有挡路、露天存放、危险存放等问题。如果有此类问题，应及时予以修正，避免危险情况发生。如果是特殊原因，暂时不能修正，需要交接时明确需求合理性，并反馈风险，督促相关人员尽快修正。除货物外，班组衔接还需要对设备进行交接。设备的使用情况，是否有故障，具体故障是什么，对生产有无影响，都需要交接清楚，避免在使用过程中产生风险，造成人员及货物损伤。

无论是哪个环节的衔接，都应对交接的内容进行明确，将彼此间交接的细节进行标准化。这样无论是老员工还是新员工，在进行交接时按照规范化的标准进行查验和交接，就可以避免可预测的风险，降低总体的风险。

（四）风险责任划分

仓内风险管理责任重大，因此不能采用吃大锅饭的形式，避免因责任不清和划分不明造成无人管理、无人担责、无人推动的问题。**每一项的管理责任、监督责任和执行责任都要落实到人。**

风险责任的担责体系，应与仓内的管辖权限相匹配，以形成层次分明的立体化责任体系。作为仓内工作的全面管理者，**仓储经理需要对仓内的风险承担全面责任，是仓内风险的第一责任人。**因此，仓储经理需要牵头，完成仓内风险管理体系的建设，包括安全生产制度、监督体系及仓内的安全生产培训体系，通过系统化的管理充分降低仓内风险，确保运营工作的平稳安全。

仓储经理之下的各级负责人，对应地承担自己部门和组织的安全生产责任。作为中间层的管理者，本身起着承上启下的作用。**其向上需要协助仓储经理完成仓内风险管控体系的建设，向下需要对管辖的员工起到培训、监督的作用，使风险管控体系在实际工作中落地。**

基层的一线员工应积极地配合培训工作，掌握安全生产的操作要点，明确风险管理要求。在实际工作中，严格按照制度要求操作，避免风险事件发生。同时，员工彼此间应起到相互监督的作用，对于同事的不安全行为予以及时制止和指正，以保证人员及货物安全。此外，员工如在实际操作中发现需要改进的风险管理项，也需要及时向上反馈，不断修正和完善安全生产制度、完善风险管控体系。

从仓内风险管控体系的整体来看，**从仓储经理到中间层管理者，再到基层的一线员工，应该是一个双向流动的过程。**管理层架构风险管控体系，推动体系落地执行，基层员工作为执行者，反向指导管理的体系架构，修正完善体系结构和细节。做到这一点，从体系到细节，就能建立起一个有活力的风险管控体系。

（五）安全巡检制度

信任需要确认，尤其是与安全生产相关。为了保证万无一失，管理者绝不能写下制度文档，在仓内略作张贴，组织两场培训之后，就以为万事大吉、高枕无忧了，必须对安全生产制度的执行情况进行持续的监督和确认，这就需要巡检的制度。**仓内管理始终是现场管理的典型场景。**只有在不断地巡视过程中，管理者才能掌握很多的操作细节执行情况，发现问题人、发现问题点。

对于基础设施型的安全风险点，同样需要建立定期巡检的制度，同时**建立巡检档案**，对于每次检验的时间、风险点的情况，是否需要采取措施等一一记录。对于历次的巡检记录，也应在一定周期进行存档，以便备查。

（六）安全生产制度培训

安全生产制度培训是制度落地工作的重要组成部分，管理者通过培训的方式，使员工掌握安全生产制度的内容和要求。培训需要做好三项工作，以确保培训的质量。

1.培训时间

培训时间是指在什么时间进行培训，以及培训的时长。当安全生产制度是新颁发或修正后的时候，应组织专门的培训学习会，在严肃而正式的氛围里，对安全生产制度进行培训。其作用首先是将制度进行广而告之，其次是在员工的心里塑造严肃、正式的印象，引起员工的重视。

对于新入职员工，**应在新人培训中加入安全生产制度的培训，在新人阶段完成心理建设，使安全生产制度根植于员工心中**。安全生产制度要时时说、常常说，把安全生产的理念融入员工的心里，形成条件反射。

2.场景化培训

制度化的安全生产管理，相对来讲是比较枯燥的，对于一线员工来说，理解和记忆是有一定困难的。因此，最好在培训时将制度场景化，也就是针对某项制度，还原到实际操作中，以展示为什么这么要求、应该如何做，以这种一线员工经常接触的形式来传递安全生产制度的内容，使员工更好地理解、方便记忆。

3.内容考试

安全生产制度的培训，不能是说完就算的，因为安全问题事关重大，所以要求培训要有效果，仓内员工要对培训内容有一定的了解和认知。因此，对于安全生产制度的培训，需要在完成培训后进行一次制度考试。对于考试结果不满足要求的员工，要对其进行二次甚至是三次培训，确保其掌握安全生产制度的相关内容。

小结

　　安全问题大于天,要在仓内把这片天撑好,是需要上下共同努力的。风险的管控、体系化建设非常重要。千里之堤毁于蚁穴,细节上的把控很难靠管理者去盯,但是可以靠体系,管理者需要做的是监控体系的运转情况。

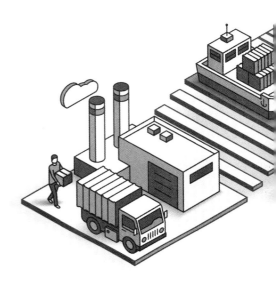

笔记七

仓内组织建设

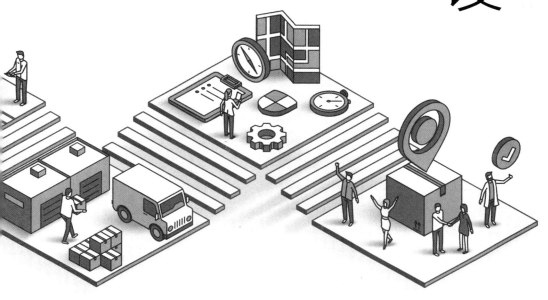

老史说:"古语有云,'天时不如地利,地利不如人和'。仓内组织建设就是讲如何将人组织好,在仓内工作中发挥更大的作用。"

佟伟问道:"将人的效能充分发挥,在前面的绩效考核及奖惩制度中是有所提及的。接下来的这篇笔记,有什么不同吗?"

老史回答说:"是有不同的,前面是通过制度的方式改善员工个人的工作意愿,激发个人的效能。在本篇笔记中,我们将介绍通过哪些方式可以激发组织的效能,使由单个人组成的团体发挥出远超出两两相加的合力。"

三十四、组织架构规划:仓内组织建设的骨架

> 佟伟问道:"仓内的组织建设工作应该从哪里开始呢?"
>
> 老史回答:"应该从仓内的组织架构规划开始,组织架构是仓内组织的骨架,是组织建设的基础。"
>
> 老史接着说:"仓库内的组织架构规划分为两类,一类是新仓规划;另一类是老仓梳理。新仓规划从零开始,针对业务现状和战略直接进行架构规划。老仓梳理,则需要兼顾现有架构,进行查漏补缺。"
>
> 佟伟问:"组织结构的规划应该从哪里开始?"
>
> 老史笑着说:"别急,马上开始。"

(一)组织架构规划的依据

分析组织架构的形式,要从仓库所承载的业务,以及企业战略规划对仓库部分的战略要求出发,这是仓内组织架构规划的依据。

从业务出发,是老生常谈的逻辑,仓库的各项规划工作都离不开业务逻辑的支持。这很好理解,仓内的所有活动都是为业务服务的,因此在规划中以业务为逻辑依据,是最符合仓库存在的本质目的的。

此外,对于战略的考虑,也是仓内各项规划的一个重要逻辑。业务不会一成不变,总会在企业的不断发展中发生变化。这些变化有些是可控的、可预见

的，有些是不可控的、不可预见的。企业需要在这些变化中找到不断向上的方向和方法，这就是企业的战略和战略落地。仓库作为企业实物流中的重要组成部分，对于企业的战略有非常重要的支持作用。在企业战略中，必然会包含关于物流仓储这部分的子战略，作为总的战略规划落地目标之一。所以，在仓库的各项规划中融合战略，也是必需的逻辑。

因此，作为仓内规划的一部分，**组织架构规划也不能例外，要以业务逻辑和战略逻辑为依据构建组织的整体结构**。

（二）组织架构的类型

仓内的组织架构需要按照业务逻辑和战略逻辑来构建，这使得每个企业的仓库在架构的细节上有所不同。但从整体的类型上来看，它们还是有相通之处的。这里介绍几种常见的组织架构类型，作为参考。

1. 直线型

直线型组织架构是指从管理者到执行者之间，是一条直线的管理线路。 下一级管理者只对上一级管理者负责，也只对应一个上级。管理者对于其管辖范围内的一切活动，拥有指挥权和决策权。这是一种简单粗暴的组织形式，对于组织相对简单、人员较少的仓库较为适用。

直线型组织架构的优点是简单，权责明确、命令统一、决策迅速、反应灵敏，可以快速地在仓内形成战斗力。其缺点也比较明显，如管理者的权限集中，对组织有绝对的话语权，易形成独断专行的管理风格。组织的发展和能力建设受限于管理者的能力和视野，这对快速发展的仓库组织来说有较大的风险。

2. 职能型

职能型组织架构是指将仓内负有相同职能或相近职能的岗位、人员进行归总，组成一个部门。 这样将仓内各种类型的岗位都一一进行聚拢，形成一个个不同的职能部门。各个部门间通过协同来完成仓内工作。

职能型组织架构是比较常见的架构类型，在仓库内部应用得也比较广泛。如在收货岗位成立独立的收货小组，分拣相关岗位设立分拣小组，其他如设立打包小组、出库小组、行政小组、叉车组等。不同的职能部门负责的业务不同，仅承担自己专业内的职责。因此，其专业集中度较高，对于技能提升有很好的帮助。

然而，在职能型组织中，每一个职能部门都在为全组织服务，业务的开展，是通过各个部门间环环相扣的协作来完成的。这就造成了在各部门间协同是一件困难的事。因为职能部门具备一定的专业性和独立性，各部门的语言、风格、对接方式迥然不同，彼此间沟通存在困难。将职能分开，没有哪个部门是对全局负责的，收货的只管收货，分拣的只管分拣，至于订单最后是否能够按时、按量、按质出库，几乎是没有人关心的。以至于职能部门只关心自己部门的绩效，而不去看全局的需求，处理问题的方式也是从自己部门的利益出发，而非是从全局的角度出发。

3. 事业部型

事业部型组织架构，是以客户、地址、品类等不同维度进行划分的业务组织。这些业务组织有自己小的职能属性的岗位，通过小组织内的闭环来完成订单的生产工作。

举例来说，仓内按照客户维度进行事业部架构划分，把服务某个大客户的团队定义为项目组。在这个项目组内部包含客户仓内服务链条中的全部职能或大部分职能，可以对客户的需求进行内闭环。

事业部中的每个小的组织都是大组织的缩影，功能齐全。**对于本组织内的客户，其服务的专业能力更强，更加贴合客户的需求，客户的体验更优。其缺点是事业部间的复用性不强，容易造成人员和设备资源的浪费。**

4. 矩阵型

矩阵型组织架构，兼具职能型组织架构和事业部型组织架构的特点。**它使员工的架构归属于各职能部门，当仓内需要针对某个项目、客户提供服务时，从各职能部门中抽调对应人手来组建团队，以便针对性地服务客户，为客户提供更贴心的服务。** 项目结束后，抽调的员工可以回归原部门，以便支持下一个项目。

矩阵型组织架构的优点是具备职能型架构的专业能力，也具备事业部型架构的灵活性，较大型的仓库可以考虑使用矩阵型组织架构。矩阵型组织架构的问题在于，抽调的员工归属于其原有职能部门，而实际工作则在项目组。项目团队的管理者很难对员工进行激励和管理，而且职能部门是常设的，但是项目组则是临时的，随项目的变化而变化，项目在项目组在，项目不在则项目组解散，员工对于项目组的归属感相对较弱。

在实际的仓库架构中，单一的架构类型可能并不能满足业务需求。因此，部分仓库将多种架构混合起来形成新的架构形式，也是常见的。

（三）如何进行组织架构分析

我们知道业务逻辑和战略逻辑是仓内组织架构规划的基本逻辑依据，也了解了常见的组织架构类型，就可以着手进行仓内的组织架构规划了。**规划从业务分析开始，需要分析业务形式，对业务类型进行初步的分类。然后再对战略进行匹配，对架构类型和架构体量做微调。**为方便理解，下面举个例子。

X企业的主营业务是办公用品，共有三种业务类型：一是大型企业的办公用品供应，供应业务量稳定，对业务员服务能力要求高。配送时间必须是在工作日，且需要和收件人提前预约好时间，在指定时间送货上门。货物包装时，对装箱顺序、品类码放各有要求。对于装箱单据、配送单据，要求也各有不同。二是小批量的批发业务，主要服务的是末端的零售店、超市，以及小型批发商等。此类业务多为小批量业务，对于交付的要求不高，但需要当面点验。三是C端的电商业务，主要以淘宝、京东的门店订单为主，对接的是快递公司，通过快递网络完成履约。

基于以上介绍，可以看出X企业仓库的主要业务类型有三种，每一种的操作要求都有很大的差异，但这是从出仓的维度来看的。从入仓的维度来看，入仓货物的类型并不需要按照业务的形态去划分。因此，从收货层面看，资源是可以共用的。

根据上面的简单分析，可以给出第一层架构，即职能型混合事业部型的组织架构。基础就是按照三个业务类型划分的三个事业部类型，也就是KA事业部、B客户事业部和C端事业部。每个事业部分别负责一个类型的业务，将不同业务之间的差异进行分隔，避免互相影响，降低效率。对于可共用部分，如收货、上架、仓储及行政，则按照职能型架构进行划分，为各事业部提供统一的支持。

在第一层架构之下还有第二层架构，第二层架构主要涉及三个事业部，其他职能部门则不需要再做划分。三个事业部中，B客户事业部和C端事业部服务的客户，单体之间差异不大，可以做标准化的操作。因此，在事业部内部按照操作的流程模块和专业模块划分为不同的职能，形成职能结构。而

KA事业部的服务对象，单体客户间的差异较大，定制需求较多，难以按照标准化流程提供服务。需要一客一议，且只有仓内的操作人员比较熟悉客户的要求，才能完成操作。因此，KA事业部的组织架构沿用事业部形制，按照不同的客户，再做下一层的项目划分，形成一个个更小的项目组来完成客户服务。

在企业的战略中，在未来的几年，还会拓展海外市场，并开始筹划执行。因此，在仓库中也对海外订单的服务能力做了规划，在组织架构中增加了国际事业部，和其他三大事业部并行。但在组织资源上还属于虚设机构，待企业业务逐步开展后，才逐步投入资源。

（四）新老仓库不同的组织架构规划

新仓库和老仓库的组织架构，在规划方式上是有所不同的。**新仓库的组织架构规划像是在白纸上构图，需要从零开始搭建组织架构，其关注的重点是要深入业务细节**，避免架空虚设，导致设想的架构和业务不匹配，无法支持业务开展。

老仓库的组织架构本身是存在的，许多业务细节是经过验证的，反而是因为业务的发展，原有结构不再能支撑业务需求。因此，**在老仓库的架构上要关注整体业务情况，从结构上进行合理化的改动**，避免过于关注细节的合理性而无法推动。

小结

组织架构是仓内组织的基础，合理的架构是贴合业务的，是支持战略的。这是这一策的核心，即一切规划从业务出发，以战略为终点。

三十五、岗位配置规划：仓内的力量来源

"组织架构的规划做完了，那么是否该进行岗位的规划了？"佟伟问道。

老史回答："是的，组织架构向下延伸，就到了岗位规划了。仓内的

> 岗位规划就好像是覆盖在骨骼上的肌肉，是仓内的力量来源。下面我们一起看看，仓库内如何进行岗位规划。"

（一）岗位规划的意义

仓内现有的岗位设置是合理的吗？不一定。仓内的很多岗位都不是有规划、有结构地设置出来的。**很多时候是因为某项业务的需要，虽然业务变化了，岗位却没有及时改变**。这和前面提过的流程的混乱是相似的，都是缺乏梳理的表现。岗位设置或冗余或缺失，不能贴合业务，会导致人力浪费或效率低下。

对于新建仓库，岗位规划同样是必不可少的。前期如果没有做好合理的规划，同样会导致后期运营中出现问题，岗位冗余和缺失的问题也会快速出现。针对这些情况，**需要进行岗位梳理，把岗位设置得更有条理，更接近业务需求**，从而为业务开展提供强大的支撑，成为仓内运营的力量之源。

（二）仓内的岗位类型

如何进行岗位梳理呢？核心是业务。我们一直在说业务包括仓内的流程梳理、仓内布局等，这些涉及仓内规划的部分都离不开业务。这是因为仓内所有的人员、场地、设备、流程、规范要求等，说到底都是为业务服务的。所以，**岗位梳理也不例外，要从业务的流程中找到岗位如何设置这一问题的答案**。

在仓内，岗位设置有三种类型：**第一种类型是一线的操作人员**，这是仓内人员的主体，占比最大。**第二种类型是支持型岗位**，此类岗位一般单独划分为支持部门，或者直接由仓储经理管理。**第三类是管理岗位**，职责是组织、协调、指挥、控制和规划仓内的工作，以保证仓内运营工作的顺利进行。

一线岗位设置的依据，就是业务的操作流程。在流程中会经过哪些节点？这些节点由谁来操作，由谁来负责？这就是岗位设置要回答的问题，这一问题解决好了，岗位就设置成功了，这是横向的流程角度。每一个岗位都像是机械传送带中的齿轮，都要能够推动传送带不断地向前，从而完成业务流程，完成实际的操作工作。我们可以称之为流程岗。

与流程岗相对应的是管理岗，是从纵向的管理角度来推动业务流程的进行。实际操作人员所在的是一线的操作岗位，但人不是机器，在操作中会遇到各种各样的问题，这就需要有人能够解决这些问题。**设置管理岗位的目的，就在于更好地保证流程岗位的正常运行，以及解决流程岗位不能解决的异常问题，推动流程岗按照操作规范及时地完成工作。**设置管理岗位，可以以流程岗位为基础，在此基础上根据管理的幅宽不同和管理难度的各异，去一层一层地设置。仓库是一个注重一线操作的场所，所以管理人员层级不宜设置过多，要让管理人员能够贴近一线。管理层级的设置应以管理需求为上限，尽量不要超过三级。

管理岗位和流程岗位在仓内的运营中扮演不同的角色，承担不同的责任，从横纵两个方向推动仓内生产的顺利进行。

此外，在仓内还有一些支持性岗位，这些岗位能对业务开展起到支持作用，例如人事、财务、行政、客服等。这些岗位不在一线，大多数情况下由仓储经理直管，所以有时也可以把它们划分在管理类岗位中。另外，这些岗位的共用性较强，也可以不在仓内单独设置，而是复用公司整体资源。这样在仓库内部就可以节省这部分成本。如果要在仓内单独设置，则需要进行业务量的分析，以确认岗位设置的方式。

岗位梳理是有顺序的，**先从流程岗开始**，按照流程要求，把必要的岗位梳理出来。**随后才是依据流程岗的情况设置管理岗，以及匹配支持岗。**

流程岗位是仓内操作的基础，是实际运营的根本，岗位设置需要从流程岗位开始。有了流程岗位的基本设置，就可以以此为依据进行管理岗位的设置。然后再依据仓内的运营情况，配置支持岗位。

（三）如何进行岗位规划

1. 流程岗规划

流程岗，顾名思义，就是依托运营流程设立的岗位，承担的是实际运营中的某些职能。因此，分析梳理运营岗位可以直接从流程入手。但需要关注的是，在不同的组织架构下，流程会被分割成不同的部分。所以，**需要依照组织架构重新塑造流程，才能按照最终的流程样式来确定流程岗位的设置规划。**

以前面 × 企业仓库组织架构为例，常规仓库内部运作流程为：收货—上架—接单—打印—分拣—复核—包装—贴签—发运，呈线状流转。但在 × 企业中，由于业务形态分成了三个事业部，每个事业部的操作流程有明显不同，体现在整体流程中，也就和常规运作流程有所区别。按照事业部的维度去划分，可以分为 KA 流程、B 客户流程和 C 端流程。

KA 流程：收货—上架—专项接单—需求确认—分拣—箱单+箱签制作—复核—打包—贴单+贴签—预约配送—配送单据准备—约车配送。

B 客户流程：收货—上架—接单—打印—分拣—复核—打包—预约配送—配送单据准备—周期配送/整车配送。

C 端流程：收货—上架—接单—合单打印—一段分拣—二段分拣—复核—打包—面单打印—快递发运。

所以，在进行岗位规划时，就需要参考以上三条。最终 X 企业仓库的岗位规划可能会呈现为：收货员岗、打单员岗、KA 分拣岗、B 客户分拣员岗、C 客户分拣员岗、KA 制单员岗、KA 复核岗、KA 打包员岗、B 客户打包员岗、C 客户打包员岗及发货员岗，各业务线共用和专用流程岗位共计 11 个。在实际应用中，需要参考业务量，当业务体量不足时，部分岗位也可以转换为兼职岗位，以节约成本。当业务量充足时，也可以对岗位做更细致的拆分，以保证效率。

2.管理岗规划

管理岗位是脱离于生产流程，但是又脱胎于流程岗位的。管理岗一般不直接参与生产流程，但是需要负责对管辖范围内的生产活动进行组织和推动。因此，仓内的管理岗设置，主要是以组织架构作为参考，将业务管理半径及人员管理幅宽作为设置依据。

以 X 企业为例，在 X 企业仓库中，按照组织架构来看，每个单独的职能部门都需要有一个对应的管理者。如收货组，可以设置收货组长。三个业务事业部，也可以设置对应的组长。在 KA 事业部下，还可以设置负责不同项目的项目组长。而 B 端业务和 C 业务，则可以继续按照职能小组的形式设置组长。这是从组织架构的角度而言的。

从管理幅宽的角度来看，每名管理者的精力是有限的，能直接管理的员工也是有限的。尤其是在像仓库这样的一线工作部门，管理者除了在负责范围内推动管理工作外，还需要进行大量一线实际工作。所以，不可能是仅仅依据组织架构来设定管理岗位。**当管理范围内的员工超出一定的范畴时，就需要增加管理岗位来分担管理工作**。例如分拣岗位的员工较多，就可以分为分拣一组和分拣二组，并分别设置一组组长和二组组长来负责分拣工作。反过来，如果仓内的人员较少，也可以像流程岗位一样进行合并简化，如分拣和打包可以合并为一组，由一名组长负责。

管理岗位脱离生产流程，是指岗位设置脱离于生产流程，而非管理者自身脱离于一线工作。例如流程中有分拣，有打包，有发货，但是这里是没有打包组长、分拣经理的。所以，是岗位脱离于生产流程，注意，一定是流程。至于在岗位的那位管理者，其作为一线的管理人员，参与一线生产工作是必须要做的工作之一。

在一线管理岗位完成设置后，就可以向上设置更高一层的管理岗位。这一层的管理岗位设置，主要解决的是仓储经理的管理幅宽问题。当下层组织较多时，仓储经理的管理难以做到覆盖，这时就需要设置中间层来承载这部分管理压力。如果管理幅宽在仓储经理的承受范围内，则可以不必再设置中间层，使仓内组织尽量扁平化，以保证仓内具备较强的执行力和反应速度，这是一线的实操部门的生命线。

3.支持岗规划

支持岗位包含的岗位类型比较多，生产流程直接涉及的岗位之外的，都可以称为支持岗。**这样的岗位可以选择在仓内设置，也可以依据实际情况选择共用企业的人员。**支持岗位的设立，主要依据仓内的实际需求进行。例如仓内的人员流失比较严重，需要快速地补充人员，并需要快速地展开员工关系管理工作，降低流失率，就可以在仓内设置人力资源岗，以开展招聘和组织工作。如果仓内有较多的钱款出入项，则可以设置财务出纳岗位，以满足钱款的出入需求。

支持岗位的设定，除了考虑需求项，还需要考虑需求的量。只有具备了一定的数量，才能覆盖增加岗位所需的成本，岗位设定才能成立。

除了自己设立岗位，以及共享企业岗位，仓库还可以和企业的职能部门合作，通过外派的形式，由职能部门安排员工到仓内负责其对应职能的工作。这也就是常说的 BP 岗，既能让支持岗深入业务，也能降低仓内的人力成本。

小结

岗位规划就像是以流程岗位为基础，向上通过管理岗位编制了一个网，将仓内的业务融入。在网之外，又很直接地挂了几个支持岗的沙袋，来确保网的固定。

管理岗位和流程岗位都会对仓内生产产生直接影响，而支持岗位是从间接的层面影响仓内生产效率。

因此，这一策用一句话总结就是："以流程为基础，以架构为骨架，以业务量为尺度，规划能够发挥仓内力量的岗位结构。"

三十六、岗位手册编制：工作红宝书

> 老史说："从结构上，岗位已经明确了，如果还要想让岗位上的员工尽快地产生额外的价值，就需要用到岗位手册。岗位手册能让员工快速地进入角色，胜任工作。"
> 佟伟问道："制作员工手册需要注意什么？"
> 老史回答："简单、易懂、好记、实用，这是岗位手册编制的核心原则。一定不要炫文案，让岗位手册看起来绚丽多彩，却不可理解，这样的岗位手册是没有实际意义的。"

（一）岗位手册的作用

岗位手册在仓储管理中有重要作用，它列明了员工在工作中的职责、工作如何开展、以什么样的标准开展、遇到问题怎么解决、需要用到的工具是什么、如何使用等实际工作中会遇到的问题，**能帮助员工快速地提高工作技能，胜任其岗位工作，实现岗位价值。**

此外，岗位手册还可以促进仓内工作的标准化建设，减少仓库运营对"能人"的依赖，**将能力建立在岗位上而非个人身上，从而提升仓库组织的价值。**

（二）企业及仓库介绍

岗位手册的内容首先需要展现的是企业及仓库的介绍，主要包括三个部分。

第一个部分是企业及仓库的介绍，使员工对企业有初步的了解，知道自己是在什么样的团队中工作。

第二个部分是企业和仓库的基本业务介绍，使员工明白自己每天要运营操作的是什么，在心中有一些初步的概念。

第三个部分是需要介绍企业的组织架构，以及仓库内部的组织架构，使员工明确自己所处的部门在企业的哪一部分，自己的岗位又处于流程中的哪一点。这样，员工在工作中能够清晰地知道自己的上下游是哪些部门、哪些岗位。当需要向外协同的时候，能够找到对应的岗位，以保证流程顺畅。

通过企业和仓内的介绍，员工对于企业和仓库的情况有了一定的了解，同时心中有了一个框架。这样在后面学习岗位职责时更便于理解，也能联系到上下游的情况，对业务和流程理解得更透彻。

（三）岗位职责

岗位职责是岗位手册的核心内容之一。通过这部分内容，员工可以知道在这个岗位上都需要做什么、职责是什么。**根据岗位类型的不同，岗位职责的来源也有所不同。**

对于流程岗来讲，岗位职责主要从实际的运营流程中来，其关键的岗位职责就是在实际的生产中需要进行的动作和需要承担的责任。例如分拣员岗，其岗位职责就可以按照以下几项进行设置：

① 领取分拣单任务，复核分拣单信息是否有误。
② 依照分拣单，在负责的区域内完成分拣工作。
③ 完成分拣的货物，与对应分拣单匹配，放置在特定分拣格内，与其他分拣单及货物区分开。
④ 在进行分拣单及货物分拣时，使用 PDA 扫码，完成数据线上同步。
⑤ 分拣区货物补货、缺货预警。
⑥ 保持分拣区内整洁，无纸屑、异物，货物整齐地在货位内存放。
⑦ 协助仓内完成盘点工作。

管理岗则不同，其岗位职责是以其管理范畴作为依据的，主要内容也是以管理职责为主。前面的岗位规划中也提到过，管理岗位是脱离于生产流程的，所以在岗位职责中也基本不会涉及与具体的操作相关的内容。对于管理岗，以分拣组长为例，编制岗位职责如下：

① 组织及管理分拣小组工作，确保分拣任务按时按量按质完成。
② 改善分拣工作方法，提升分拣效率。
③ 负责员工能力建设，组织员工培训，提高员工的工作效率。
④ 负责分拣区内 6S 管理。

⑤ 负责协调上下游资源，确保分拣工作与上下游对接。
⑥ 负责处理分拣工作中的突发和异常情况。
⑦ 协助仓储经理进行仓内管理体系规划及保证其落地。

由此可见，作为管理岗的分拣组长，其职责主要体现在组织、协调、团队建设、体系建设等管理工作上，与分拣员的岗位职责有比较明显的区别。

（四）工作流程说明

前面的岗位职责，说明的是岗位应该干什么。工作流程说明则是告诉员工，在这个岗位上应该怎么干。这是支持其进行实际工作的内容，一般情况下也是新员工最关注的内容。仍然以分拣员岗位为例，在分拣工作中涉及的主要流程就是分拣流程，下面对分拣流程进行说明。

① 到领单处领取分拣单。
② 核对分拣单信息，确认是否存在错误。
③ 明确分拣单线路，按照线路找到对应货物的货位。
④ PDA扫描分拣单条形码，开始分拣，将分拣单放置在对应的分拣格中。
⑤ 分拣时，PDA扫描货物条形码，完成货物扫描，将匹配分拣单放置在分拣格中。
⑥ 分拣单全部分拣完成，将分拣车送至打包员处，分拣任务完成。

工作流程说明要把岗位涉及的流程进行动作化分解，员工依据流程说明上的步骤，即可完成工作。工作流程说明，尤其要注意言简意赅，不能有过多的修饰性语言，在保证动作拆分完整的情况下，一定要保证流程更易于理解和记忆。

（五）工作标准说明

员工知道了应该做什么，也明确了应该怎么做，接下来需要了解的就是要达到什么标准，这是员工工作要求三位一体的体现。工作标准是依托于工作流程的，很多岗位手册是将两者在一个部分中体现，在每个流程节点里加入此节点的工作标准。一次性地把话说清楚，方便员工理解和记忆。这也是笔者比较推荐的一种方式，在这里单独把标准列出来，是为了说明其在岗位说明中的构成。

并非所有的工作标准都应该和工作流程合并在一起。在工作相对单一，流程及要求相对简单的岗位上，将流程和标准合二为一，是比较便于记忆的。但是如果涉及的业务比较复杂，在一个流程中有可能会涉及多个标准，那么就需要将工作标准独立出来，形成独立的文件，来进行不同维度、不同类别标准的表述。

例如大型电商仓内的打包岗位，涉及的品种众多，如高值商品、易碎品、普通商品、电子产品等。每一种商品所使用的耗材、包装物、填充物都有所不同，每种商品的打包方式也不尽相同。虽然是同样的打包流程，但需要达到的工作标准是完全不同的，没有办法把流程和标准统一起来。在这种情况下，把标准和流程分开，反而更容易让员工掌握。

（六）常用工具使用说明

仓内工作，很多时候是无法徒手完成的，需要使用工具。因此，将岗位常用工具的使用方法在岗位手册中展现，也是帮助员工更快地掌握岗位工作技能的一种重要方式。

常用工具使用说明的展现，需要尽量做到生动，让员工可以快速地掌握工具的功能、用法及注意事项。最好是使用图示说明的方式，将工具上的不同功能部分及按键逐一展示，明确其作用。以仓内常用到的设备 PDA 为例，如图 36-1 所示。

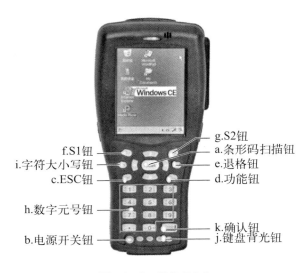

图 36-1　设备 PDA

a. 条形码扫描钮：在需要扫描时，将光条对准商品或单据条形码，按此按钮，即可扫描条形码。
b. 电源开关钮：PDA 电源开关，长按此按钮，即可实现机器的关机和开机。
c. ESC 钮：取消或退出键，当需要从某个界面或程序中退出时，按此钮即可。
d. 功能钮：即功能菜单，员工可以通过此按键找到更多的软件功能。
e. 退格钮：即删除键，员工可以通过此键可对输入错误的数据进行修改。
f. S1 钮：按住 S1 钮，可获得 F11 功能。
g. S2 钮：按住 S2 钮，可获得 F12 功能。
h. 数字元号钮：通过长按此键，来选择是否使用对应的数字。
i. 字符大小写钮：控制字符的大小写功能。
j. 键盘背光钮：在夜间或灯光昏暗的情况下，能够有充足的照明支持工作。
k. 确认钮：确认功能。

（七）管理制度说明

最后一项是对相关的管理制度在手册中说明。这一项是为了帮助员工快速地了解在仓内工作应该遵守什么样的规则，使员工适应仓内的环境，快速融入组织。

管理制度说明不必将所有的制度都罗列进去，让员工逐一背诵，这是不利于员工更快进入工作状态的。**只需要将最主要的部分内容展示出来就可以了，尤其是与员工工作密切相关的内容。**例如考勤制度中，主要的是明确上下班的时间，至于请假相关的制度，可以在员工需要请假的时候再做了解。其他制度，也是以同样的规则进行展示。

小结

岗位手册的最大作用是帮助员工快速地掌握工作技巧，具备工作能力，尽快地发挥岗位价值；也是为了把岗位的关键技能沉淀在仓内，而非掌握在某个能人手里。这是岗位手册的两个核心价值。

岗位手册，在制作上要围绕员工快速开展工作，将涉及的能力流程汇总展现，关键是要充分、简洁，让员工易于学习记忆，方便开展工作。

这两个价值,一个是核心,一个是关键,也是岗位手册比较重要的内容。

三十七、组织文化建设:仓内组织的软实力

> 老史说:"今天的话题是组织文化建设,是仓内组织中的软实力的体现。有的组织文化,员工深信不疑。通过组织文化,能让仓内员工焕发出更大的活力,从而实现降本增效的目的。但是,有些组织文化在推行时并未获得多数员工的认可,且在执行中标准不统一,在员工中的公信力越来越差,这样的组织文化还不如不做推广,推广也只会起到反作用。"
>
> 佟伟问道:"我记得你说过,要是有人和我说采用企业文化来管理企业,让我直接无视,可是今天讲的内容不就是企业文化在管理中的运用吗?"
>
> 老史摇了摇头,笑着说:"我说的是仅仅使用企业文化这一套,而没有其他制度和规则进行支持的管理方式。今天讲的内容是建立在前面讲过的一系列管理规则基础上的,并非空中楼阁。下面我来讲一讲为什么要进行组织文化建设。"

(一)仓内为什么要做组织文化建设

前面多次说过,仓内工作是一线工作,员工的目的很明确,是来出力赚钱的。那么,是否有必要在仓内进行组织文化建设呢?答案是肯定的,而且必须要在仓内进行文化方面的建设工作。这是因为仓内的工作是以体力劳动为主的类型,员工对于未来的发展是相对迷茫的。如果不能在仓内进行一定的文化建设,增强员工的归属感,那么员工和仓库的关系就变成了纯粹的雇佣关系。虽然从法理上来说没有问题,但是从管理的角度来看问题就多了。**员工不以仓内的总体目标为重,而是仅考虑个人短期利益,甚至以此作为筹码要挟管理者,这都是管理上的大问题。**

由此可见,仓内的文化建设比其他场景的文化建设更重要,这是管理员工的软实力。仓内的文化建设要更实在、能落地,更多地讲究以真心换真心,不

能只讲一些假、大、空的东西。仓内员工是不会接受这种类型的企业文化的。

（二）仓内组织文化建设的依据

仓库内部进行组织文化建设，不能凭空想象，要有所依据。首要的依据就是**其所属企业的企业文化，这是仓内组织文化的根源**。仓库作为企业的一部分，组织文化必须和企业一脉相承。这样才能保证企业整体的文化一致、价值观一致，从而更好地在内部统筹资源进行管理。

所以，在仓内的组织文化建设过程中，可以将所属企业的全套企业文化拿过来，作为仓内文化的基材。对于**关键的经营理念、价值观等不做改变，而是在其基础上做仓内解读或延伸**。这就关系到仓内组织文化建设的第二个依据，即仓内实际。

仓内的文化建设，在企业文化的基材上按照仓库内需要的模式进行延伸式和解读式的改造。例如企业文化中经常会提及的以客户为中心，或者以客户为本。在业务部门，以客户为中心的定义及需要采取的措施，与仓库所给出的定义及需要采取的措施一定是不同的。这就要求各个部门按照自己的情况对文化进行改造。但是其核心是不能改变的，即以客户为中心，本质上是要给客户提供更好的服务或产品。这一点在哪个部门都不能改变。

（三）核心文化

不管是仓库内的组织文化还是企业的企业文化，必然有其核心，也有辅助的延伸性文化。在进行文化建设时，**仓库管理者首先要做好文化结构的规划，找出最核心的文化内容，以其为主干，来布局整个文化体系**。

核心的组织文化，通常包括两个方面的内容。

第一个核心内容是愿景，也有叫理念的，是比战略目标还要长远的概念化的目标，是一个组织存在的核心意义，传达给员工的是组织要做什么。组织愿景明确，是企业找寻自身在市场、在行业定位的过程，是发现企业根本价值的过程，也是员工自豪感的源泉。一个空洞的、虚假的组织愿景是无法引起员工共鸣的。所以，在明确组织愿景时，要使目标足够远大，而且是企业真的想要实现的，真正希望体现价值的地方。

第二个核心内容是价值观。价值观通常是指在日常的工作和生活中，对于事物的理解、认知、判断和选择。它是对组织内员工的个人行为的引导和约束，要求组织内的员工在遇到某些问题时，能够按照统一的价值观进行理解、判断、认知和抉择。这样在问题的解决上才能做到思想一致、步调整齐，问题才能快速地解决。例如以客户为中心的组织价值观，在运营中如果遇到客户问题需要解决，在成本和客户需求的抉择中，各部门应该以首先解决客户需求为第一优先级，成本放在后面，这就是统一的价值观。如果价值观并不统一，有人认为需要先满足客户需求，有人认为需要优先考虑成本，从认知到抉择的整个过程就会被无限地拉长，最后也不一定能有明确的方向。这就是价值观的重要性，即告诉员工应该怎么干。

仓库中的组织文化，作为二级文化甚至三级文化，可能并不需要创造一种独特的核心文化，而是以承接上级单位的组织文化为主，在此基础上做仓内的改进。其**整体要和组织保持一致，不能偏离组织文化的核心**。

（四）氛围环境的打造

组织文化建设工作的另一个重点，是氛围环境的打造。氛围造就人，一种符合组织文化的氛围，可以逐步从细微处改变员工的思想，使其向着企业引导的方向转变。对于不能适应组织文化的员工，在这样的氛围下也会有一定的不适感，从而起到一定的淘汰作用，使组织文化更加纯粹。

那么，如何进行氛围环境的打造呢？

首先，最重要的是领导者自身对于组织文化的认同，这是非常重要的一点，是组织文化建设的基础。当领导者本身对组织文化深信不疑，并且坚持践行的时候，组织文化本身就会散发出一种魅力，吸引员工对组织文化产生认同感。只有具备足够的认同，氛围环境才能逐步建立起来。这是第一步，即充分相信和认同。

其次，要让组织文化有充分的曝光率，在工作空间内要有明显的展示，让员工能够时时看到。这样不管是新员工还是老员工，都能快速地将文化内容记在心里。此外，要在各种场合进行文化宣讲，讲解文化内涵，引导员工认同组织文化。

最后，要贴合实际工作，在工作中以文化为基准制定工作流程，在工作中实实在在地体现组织文化，让员工看到组织文化在工作中是有践行的，而不是管理层拿出来唬人的。尤其是对于仓库这样的一线部门，实实在在的内容往往比虚无缥缈的内容更容易获得认同。

（五）组织文化传播途径

组织文化的内容建立起来了，还需要将其传播出去，让新老员工能够尽快地认知和熟悉组织文化。可以通过以下几种途径，将组织文化传播出去。

1. 组织培训

培训是传播知识性内容最直接也是最常用的渠道，尤其是新人培训。新人刚刚入职，对于组织的了解更多的是直观上的，对于内在的文化基本没什么了解。通过入职培训，将组织文化传递给新员工，可以让新员工在思想上与组织保持统一。

对于老员工而言，新的文化内核不太容易让其快速接受，因为受到原有文化氛围的影响，有先入为主思想意识，所以老员工的培训要更加密集、短促，不必经常性地组织大规模培训会，在内容已经熟知的情况下，通过日常工作中的提醒、纠正，日积月累地改变是比较好的方式。

2. 组织文化评优

评优是组织文化传播的一种方式，通过评优活动，可以将氛围带动起来，让员工在这种竞争的环境下，不断地融入组织文化，提高对组织文化的认同感。对于获得评优的员工，荣誉的激励会促使其更加深入地融入组织文化。对于未获得评优的员工，也可以感受榜样的力量，明确方向。

3. 融入者的言传身教

言传身教是最重要的组织文化传播渠道，也是效果最好的。**要让文化取信于人，最好的方式不是让员工知道领导者说了什么，而是做了什么**。新员工也好，老员工也罢，只有看到了领导者在践行文化、在执行价值观，才会去相信，才会去执行。举个最简单的例子，仓内推行八点半上班打卡，这是最简单的管理制度了。如果领导者自身坚持遵守这一规则，从不迟到，员工自然就会慢慢按照制度执行。如果领导者自身不按规则行事，经常迟到，成为规则的破坏者，员工也很难自动、自发地按照规则执行。在组织文化传播中更是如此，很多时候不能像考勤制度那样通过管理手段来推行，只能是潜移默化地影响，这就更需要领导者和已经融入文化者的引导与影响了。

小结

文化的体系,并非在每一个组织中都必须系统化建立的。任何一个组织,只要其稳定运营了一定的时间后,都会自然而然地形成特有的组织文化,也就是这个组织的行事风格、工作习惯等。**在组织相对简单、规模较小时,这些文化不必一定要总结出来并形成体系的,可以在组织中自行运转。**

当出现以下两种情况的时候,需要系统化地梳理文化体系。第一种是组织的文化自身是有问题的,并不是能够促进组织运营和发展的好文化。在这种情况下,就要对现有文化进行清理修正,使其符合组织发展要求。第二种情况是组织发展到一定规模,依靠沉浸在组织内部的文化自主运行,已经不能满足组织要求了,需要将其提炼总结出来,以便更好地在组织内传播。这两种情况下,需要对组织文化进行整理和文化体系建设。

对于仓库的文化建设而言,关键点是在符合企业大文化的前提下尽量使其**落地**,这样才能获得员工的认可。

三十八、新员工培训:新生力量的成长之路

> 老史说:"对于一个组织而言,新员工就意味着新的力量。新员工是组织的一种新鲜血液,能够提升组织的活力。对于仓库来说也不例外,因此在仓内的组织建设中,需要将新员工的培训放在一个重要的位置。"
>
> 佟伟说:"新员工培训应该关注哪些?"
>
> 老史笑着说:"别急,听我慢慢道来。"

(一)新员工培训的目的

对于一个仓库来说,新员工是一个全新的个体,仓库需要把这一新的个体纳入组织。对于新员工来说,仓库同样是一个全新的组织,需要把自己融入组织,这是一个彼此相融合的过程。**在这个过程中,通常需要员工适应组织,而组织则需要帮助员工尽快地熟悉规则、融入进来。**因此,需要通过新员工培训的方式,将仓库的信息展示给新员工,让新员工对仓库和企业有更多的了解,

能够快速地融入组织。

新员工的融入分成两个部分：**一是环境融入**，即能够适应仓内文化、制度、管理规范等；**二是能力融入**，即具备岗位需要的工作技能，能够支持仓内运营的正常开展。这两个部分全部具备了，才算真正融入了仓库这一组织。

（二）培训方式

1.通用部分培训

通用部分内容，是指不区分岗位特性，仓内每一个新员工都需要了解和掌握的内容，如企业发展历程、企业文化、仓内管理制度、仓内组织文化等。这部分内容的培训方式，可以选择集中培训。集中培训有两个好处：一是节省培训成本，人力、场地和时间成本都相对较低；二是这部分内容相对概念化，集中在一起，更有学习氛围，对于新员工记忆和掌握这部分知识更有利。

2.专业部分培训

专业部分培训不具备很强的通用性，有可能是每一个岗位都有相应的培训内容。**因此，这部分最好由新员工的归属部门做专项的岗位培训**。新员工通过小班培训，可以获得更多的工作技能，也可以快速地和同部门的同事熟悉起来，并融入其中。

（三）培训内容

培训内容是新员工培训的核心部分，也是培训工作的基础。它至少需要包含以下四个方面。

1.企业介绍

企业介绍是新员工了解新单位的重要渠道，在这部分内容中，要尽可能全面地向员工介绍企业的情况。**首先是企业的基本情况**，需要让员工了解企业是做什么的，在行业内处于什么样的地位，企业规模是怎样的，有怎样的发展历程，以便员工理解自己在一家怎样的企业里工作。**其次是企业的组织架构**，要让员工清楚，企业是在怎样的结构中运转的，自己又处在组织架构中的哪个板块，了解自己上下游和平行部门的关系，以及隶属关系。

了解了企业的基本情况，就需要将企业的文化部分给新员工宣讲，主要是企业的愿景和价值观,这也是组织文化的核心部分。企业愿景能够帮助员工了解企业的最终目标是什么,了解自己在其中能够发挥什么作用,也可以激起员工思考,是否愿意为了这个愿景目标而发挥作用。价值观则告诉了员工在这个组织内对于事物的认知方式、理解角度、判断规则和抉择方式,使其能够按照组织内的规则开展工作,快速地融入组织。

2. 仓库介绍

仓库的介绍其实和企业的介绍是相似的,只是将内容变化仓库的内容,在更贴近新员工的维度上,让其对于实际的工作环境有所了解。

3. 制度及流程培训

制度和流程是仓内管理的法度,是员工工作的基本准绳。因此,在新员工培训中,相关制度和流程的培训是必不可少的。要使员工能够清楚在仓内如何开展工作,遇到问题时如何解决。当然,仓内相关制度内容较多,再加上企业统一的制度流程,内容繁复。如果一次性地灌输给员工,并不利于其学习。因此,这部分的培训可以先将最重要的部分与其工作直接相关的内容进行宣讲。对于不影响日常工作的制度流程,可以放在后面实际需要的时候再做学习。

4. 专业技能培训

专业技能培训是对新员工岗位技能的培训,主要是对岗位工作职责、工作流程、工作标准等进行讲解和说明,并对岗位常用工具、物料、设备等进行讲解,提升其使用能力。如果仓内整理过相关岗位的手册,也可以直接使用岗位手册作为培训材料,进行岗位能力培训。

(四)老带新制度

新员工培训,不是开一两次培训会就可以结束的,尤其是一线的操作岗位,要掌握岗位技能和组织协同等能力,需要一定的周期。由一个熟练的老员工来带领新员工学习,可以加快这个学习过程。老员工对于工作流程、工作技能熟悉,且对工作中经常遇到问题的解决办法比较熟悉,能够从实践上快速引导新员工进入角色,帮助员工掌握岗位手册之外的工作技巧。

在选择带新的老员工时,首先要考虑的是老员工对组织文化的认同度。 由一个对组织文化不认同的老员工来带领新员工,会对新员工产生不好的影响,甚至有可能造成新员工离职。只有其对组织文化的认同度足够高,才能向组织文化认可的方向引导新员工，使新员工顺利地成为组织中的一员。

其次要考虑的必然是老员工的工作能力。如果若员工工作能力本身不强，对于自身岗位和对外协同的工作存在问题，那么是无法快速带领新员工进入工作状态的，遇到问题解决不了，在工作上不能给新员工指导，老员工的权威也无法建立，新员工也不会愿意跟着这样的老员工学习。

（五）培训效果跟进

前面提到新员工的融入是有一定周期的，在这个周期内完成了新员工的集体培训、岗位培训和老带新组队后，并不是说新员工就可以完全交给老员工，组织自身可以退归二线了。在新员工的整个融入期都需要有组织的参与，要跟进新员工的培训效果，了解新员工的状态，以及其是否需要帮助，随时准备帮助新员工解决问题。

小结

新员工培训，并不需要新员工一字不落地把培训内容背下来，很多内容了解就可以。但内容较多，所以在做培训材料的时候，要使展示方式尽量地易于记忆和理解。对于工作技能，需要员工牢牢掌握，可以在老带新这个环节慢慢地学习。

三十九、员工成长培训：仓内力量的成长之路

> 老史说："新员工要有培训，以加快融入环境和工作的速度。老员工也需要培训，以增强仓库的整体力量。"
>
> 佟伟问道："仓库是一线部门，这是你常说的，那么我的理解是，仓库内老员工的培训应该聚焦在技能的提升上吧？这是最贴近一线的。"
>
> 老史摇了摇头说："技能培训是必需的，但不是全部，仓内老员工的培训可以涉及的类型还是挺多的，可以为员工提供不同的成长路线，为仓库提供不同的力量。"

（一）为什么要做员工成长培训

为什么要在仓库内进行员工成长培训？做员工成长培训的第一层意义的答案就藏在这一问题中，就是促进员工成长。

员工到仓内工作，依靠劳动赚钱肯定是第一个目的。不管是从当前的本职工作来讲，还是从未来的角度看待个人的发展，员工也必然是有意愿向更好的方向发展的，如获得更好的报酬，获得更好的职位，获得更多的认同，这些是每个人都渴望的。所以，**做必要的员工成长培训，可以更好地帮助员工提升自身的能力，获得更好的个人成长和发展空间**。

当员工的期望在仓内员工成长培训的帮助下变得更容易实现的时候，员工是会受到激励的，这是员工成长培训的第二层意义。希望是驱动人的最好方式，当仓内的组织不但给了员工希望，还帮助员工实现这个愿望时，员工获得的激励是非常正向的，员工工作的积极性会被充分调动。

员工被激励后，就引导出了员工成长培训的第三层意义，即增强员工的归属感。员工在仓内组织的帮助下，获得了向更好的方向发展的希望，而这种培训资源的投入本身就是对员工的认可。员工被认可、被帮助，对于组织的认可度会提升，融入组织的意愿更强，这就是员工的归属感的增强。

员工成长培训的第四层意义，是增强仓内的整体力量。这个力量的增强体现在两个方面：一是员工个人能力的提升，附加在仓库的整体能力上，必然带来整体力量的提升；二是员工归属感增强，既调动了员工的积极性和能动性，也增强了员工工作的稳定性，从而在软实力上增强了仓库的力量。

（二）员工成长培训的主要内容

员工成长培训通常可以分为三种类型，**分别是专业技能培训、资格证书培训和管理能力培训**。三种培训对于员工个人的能力培养方向是不同的，对于仓内力量的加持也是不同的。

1.专业技能培训

仓库是一线部门，所以最直接的能力提升方式就是对专业技能进行培训。专业技能培训，可以帮助员工掌握更多的工作技能，在资深员工和专家的专业路线上更进一步。从仓库的角度来看，员工能力的提升，提高了仓内的作业效率，能提高作业质量，是对仓库力量的提升。

对于专业技能培训，需要具备一个前提条件，就是确实要有好的工作技能进行提炼，给员工培训，使培训言之有物，员工听了有所收获，这样才能达到提升的目的。**这需要仓内有能够产出培训内容的人或组织**，产出的新技能、新方法，可以是借鉴外部的，也可以是仓内总结的，来源并不重要，重要的是对仓内工作提升有用，且符合仓库的实际情况。

2. 资格证书培训

资格证书培训，通常需要到外部的机构或政府指定的组织中开展。所以，一般的培训形式为外派，而培训结果就是拿到获得普遍认可的资格证书。**这样的培训，是员工个人生涯中的闪光点**，说明其在某个领域不但具备相关技能，**而且获得了权威的认可**，在员工的职业发展上，可以为其提供不小的助力。对于仓库而言，首先要做的是促进员工自身的能力提升。此外，当企业需要对外展示实力的时候，这些具备资格证书的员工也是组织能力的体现。

这样的培训，因为需要在外部进行，通常价格是不菲的。员工发现组织愿意花代价为其成长铺路，其对仓内的认同度、融入感会大幅提升。

3. 管理能力培训

不想当将军的士兵不是好士兵，只要是有希望的，不是虚无缥缈的，绝大部分员工都希望能够往管理方向进步的。所以，对于部分优秀的有管理意愿的员工，给予一定的管理能力培训，对于员工的激励作用是明显的。员工获得了管理能力，对于仓内组织而言，可以成为管理者的预备役，可以很好地促进仓库整体力量的增强。

一线员工的能力模型和管理者的能力模型有所不同。在管理职位越高，距离一线岗位越远的情况下，两者的差距就越大。因此，要想员工具备管理能力，此方面的培训就显得很重要。

（三）员工成长培训的关键点

员工的成长培训不能流于形式，否则做了培训产生的效果还不如不培训。员工的成长培训要注意方式方法，要重视培训效果。

1. 贴合实际需求，结合实际培训

仓库是一线部门，一线部门的特点是不喜欢花里胡哨的东西，最喜欢的

是实实在在的、贴合实际的，能够解决实际问题的内容。所以，在仓内进行培训，内容一定是员工在实际工作中需要的。

2.注意培训方式，要易于学习吸收

培训内容的展现方式，要易于辨识，易于理解和记忆。仓库内的员工结构比较复杂，受教育程度和学习能力也是参差不齐，要想让培训不流于形式，就要以更易于学习的方式展现，让不同学习能力的员工都能快速掌握培训内容，理解培训的重点，并能够将其应用在实际工作中。

3.注重培训结果

对于每一场培训、每一门课程，都要注重和追求培训的结果。要有检测验证的方法，能够对培训的结果进行测试，包括员工是否掌握了培训内容，能否应用在工作中。如果未能达到培训目标，是否需要增加培训时间和次数，是否需要和员工单独沟通？这都需要在培训结果中展现，并形成跟进计划，最终达成培训的目标。

（四）培训方法

培训的方法有很多种，培训的组织者可以依据培训的内容选择相应的培训方式，下面介绍四种较为常见的培训方式。

1.授课法

授课法是最常见的培训方式，通过讲师讲解的方式向员工传达培训内容。授课的方式可以是面授，也就是组织现场培训，也可以录制视频的方式进行培训。通常来看，面授的效果更好。因为讲师能和员工互动，现场也可以解答员工的疑问。因此，一般由企业内部讲师进行的授课，多以面授的形式进行。

授课法的培训效率比较高，可以在短时间内将大量的知识向外传递，对于繁忙的一线员工而言，是一种经济实惠的培训方式。其缺点是员工是被动接受，对于新知识的消化需要时间，理解的深度受员工自身学习能力的影响较大。

2.小组课题法

小组课题法是以小组的形式，针对某个课题进行小组讨论和研究，在讨论中分析课题，找出问题，总结解决方案。小组课题法是充分利用员工的集体能

力，总结新的知识和方法，员工深度参与其中，从自身出发去发现问题、解决问题，对于知识的理解更为深刻，可以直接应用到工作中。

使用小组课题法对一线员工进行培训，首先要能够带动节奏，把小组讨论的氛围组织起来。让员工能够积极地互动，把课题讨论下去，形成结论。其次，要选择合适的课题分发下去，使得小组讨论的内容对生产和员工是有实际意义的。

小组课题法的关注点相对聚焦，对于单点问题的穿透力更强，但传递知识的广度会相对较小，在新知识、新方法比较多，需要快速下传的时候，就不太适合了。而且其内容是员工在引导下自行得出的，其质量的优劣有所不同，可传播程度不一，需要多次组织开展后才能有比较好的成果。

3.案例分析法

案例分析法是通过对过往的案例进行分析，将分析的过程中得出结论的依据，以及应对策略的制定逻辑展现在员工面前，以一种示例的方式，向员工传递知识和方法。**员工可以更直观地学习到方法论，在遇到类似问题时，可以快速找到解决方案。**

其缺点和小组课题法类似，**涉及内容的比较窄，传播的效率相对较低。**

4.场景法

场景法是到实际的场景中对员工进行培训，将培训内容在实际的工作中展现，让员工更加直观地看到效果，手把手地将知识和方法传授给员工。**场景法的优点在于置身于场景中沉浸式地学习，可以更快地掌握培训内容。其缺点在于场景的覆盖面相对狭窄，适合于相类似岗位的培训，尤其是一线的生产相关的岗位。对于通用型的岗位，适用度相对较低。**

在培训工作中，培训方法不是固定的，也不是单一使用的。组织者可以依照培训的内容和培训的对象不同，选择多种培训方式，在培训的不同阶段交替使用，以获得最佳的培训效果。

小结

培训的本质目的是提升员工的个人能力，获得员工的认同，促进仓内力量的增强。培训的关键点是适合、好学、易用。

四十、员工晋升通道：仓库员工的职业发展之路

> 老史说："员工的职业发展关系到员工的未来，也关系到仓库内的组织建设。管理者应将员工晋升通道的建设放在一个重要的位置。"
>
> 佟伟说："一线员工的职业发展还是挺困难的，如果没有好的职业发展指导和合理的晋升通道，很多人可能一辈子只能在基层从事一些体力劳动。"
>
> 老史点头说："是的，所以仓内的晋升机制对于员工来说就显得更为重要，可能员工自身都没有意识到，但是作为管理者，仓储经理必须认识到这一点。下面就仔细讲一讲晋升通道在仓内组织建设中的意义。"

（一）晋升通道的意义

一个合理的、公平的、通畅的晋升通道，可以为仓内的组织建设提供非常大的助力。这个主要体现在两个方面：**一是促进员工个人的职业发展，对员工形成激励；二是促进仓内组织资源配置优化，形成良性循环。**

当员工的能力超出现有工作岗位的范畴时，员工就会产生向更高层发展的想法，这是自然而然的。因为人的思想都是趋利的，在更高的层级可以获得更好的机会、更优质的资源和更丰厚的待遇。如果员工在岗位上做出了很好的成绩，那么这种晋升的欲望会更加强烈。如果仓库没有明确的晋升标准，没有发现或因为其他原因没有满足员工的晋升需求，那么极有可能造成优秀员工的流失。如果仓内有明确的晋升标准和晋升通道，员工就可以知道自己的情况是不是符合标准，能不能获得晋升。如果还有差距，会激励员工更进一步地努力工作。如果符合晋升标准，也实现了晋升，对于员工来讲是一个莫大的鼓舞，对员工的激励效果会更加明显。

对于仓内组织而言，一个好的晋升通道，可以保证仓内优质人力资源的配置。让合适的人到合适的岗位上，不断地创造机会，不断地优化配置，使仓内的组织变得越来越合理、越来越优质，这是仓内建设晋升通道的第二层意义。

（二）如何设计不同的晋升通道

仓内的岗位类型有很多，大部分是一线的员工岗位，向上晋升的方式有两种：**一种是专业线职级的晋升；另一种是管理线职位的晋升。**

专业线职级的晋升，是鼓励员工在现有岗位上不断地努力，提高自身的专业能力，从基础工作者向资深工作者和专家的方向迈进，给岗位和自身带来更多的价值。专业线职级的晋升，是需要与员工专业能力匹配的。专业能力的提升，可以粗略地分成三个阶段。最初刚刚加入的员工，在专业能力上是比较生涩的，工作技能都需要熟练打磨，这是第一阶段。经过一段时间的积累，其对于工作已经非常熟练，具备了一定的专业能力，这是资深阶段，是通过积累达成的。**第三个阶段是专家，不但需要有足够的积累，而且要在专业上有所创新，提升岗位的价值，提高工作效率、质量、降低成本**等。仓内在制定专业线晋升通道时，可以参照此阶段的逻辑，将其划分成不同的专业等级。

管理线职位的晋升，则是看重专业能力之外的管理能力。组织、指挥、控制、协调和计划是管理的五大职能，**在员工向上晋升到管理岗位后，要依照不同的岗位级别具备相对应的管理能力**。这是管理线职位晋升的条件。管理岗和专业职级不同，是根据仓内的组织架构设置的，因此岗位的数量是有限的。管理岗位在仓内担负的责任更大，能调动的资源也更多，所以管理岗晋升通道的建设要趋于严谨。

管理线职位的晋升，一般情况下不需要去设计晋升的路径，按照组织架构进行晋升是最常见的方式，跨机构晋升也可以。**所以，管理线职位的晋升，更多的是要设计好晋升的规则。**

仓库作为一线部门，很多岗位的技术需求确实比较低，更多的是要以体力劳动为主，但并不代表这些岗位是完全没有技术要求的。很多岗位也需要掌握相应的工作技巧，一个熟练的员工和一个不熟练员工，工作效率差别很大。而且很多的工作流程、工作方式、用到的工具，都是在一代代优秀实践者的不断改进中进步的。再加上仓库内各项技术的应用越来越广泛，专业程度要求在不断增加，仓内的专线晋升通道是很重要的一个晋升机制。

当然，还有一个很重要的原因，**那就是管理岗数量是有限的**。如果员工足够优秀又没有合适的管理岗位晋升，那么通过专业线晋升，也是一种不错的激励方式，可以帮助仓库留住优秀的人才。

（三）如何设置晋升考核条件

员工晋升不是平白无故的，是要具备晋升条件才能发起晋升申请的。而且明确透明的晋升考核条件，也可以增强员工的自信，激励员工为晋升努力。

如何设置晋升考核条件呢？需要在三个方面进行明确。

第一个方面是组织贡献。也就是员工在工作中为组织做了哪些贡献，这是第一要素，所谓计功授爵，不能无功而赏，也不能无过而罚。

第二个方面是个人能力。不论是专业线还是管理线，在履职新的岗位时，员工的个人能力都要和新岗位匹配，避免才不配位，导致工作出问题。这样晋升不但没能成为员工个人成长的基石，反而会产生负面影响，对员工和仓库来讲都不是好事。如果发现员工的贡献非常大，确实需要晋升以作激励，但是在能力上有所欠缺，管理者应有针对性地辅导，使其补齐能力短板后再晋升。当然，不排除边做边学的情况，大多数晋升可能是以这样的方式为主，**那么管理者就需要加强对晋升员工的关注，允许员工犯错**，因为犯错是成长的必经之路。在这个过程中，管理者要不断地予以辅导，帮助员工尽快适应新的岗位，使其具备相应的能力。这和教育孩子是同样的逻辑，在可控范围内放手，让员工尝试成长，一旦要超出可控范围，就要进行把控。

第三个方面是个人意愿。每个人的兴趣点不同，个人发展的意愿也不同，有些员工喜欢向专业方向发展，有些员工喜欢向管理方向发展。管理者在考虑仓内需求的同时，也需要考虑员工的个人意愿。

（四）晋升通道建设的要点

仓内晋升通道的建设，涉及员工的激励和员工的个人成长，是仓内全体员工的关注点。因此，晋升通道的建设中"明确"是最重要的要点。"明确"包含两项内容：一个晋升通道明确，员工知道自己如果足够努力、足够优秀，可以达到什么样的高度；另一个是晋升考核条件明确，员工知道自己在达到什么样的条件下是可以晋升的。这些内容不能模糊不清，不能似是而非，不能晦涩繁复，一定要简单易懂、内容明确，要让所有的员工都能清晰地知道。

此外，晋升是要有公示的，员工的晋升必须是公正的，要获得仓内员工的认可。这样在未来的工作中，晋升员工在新的岗位上也更便于开展工作。

（五）晋升沟通

晋升沟通在常见的晋升场景中是会存在的，但却是存在感比较低的一个环节，但实际上晋升沟通在晋升机制中是很重要的一环。员工晋升后，对于自己的新岗位是不了解的，对于需要承担的新责任是不清晰的，对于自身能力的评估也会由于晋升有些误差。这些问题都需要在晋升沟通中由其直属领导沟通清楚。让员工不只有晋升的喜悦，也能明白自身所处的环境，将要面对的问题，以及需要在哪方面付出更多的努力，让员工更清晰未来工作的要点，更快地进入角色。

（六）薪酬机制

与岗位相匹配的薪酬，是员工晋升的一大动力源，也是对于员工向晋升努力最直接的吸引力。因此，不同程度的晋升要匹配不同层级的薪酬，两者相辅相成。尽量避免仅以晋升作为激励，在收入上不做改变，这样会对员工造成晋升不晋升没有实质意义的印象。说到底，**收入还是员工工作的第一原动力。**

小结

晋升通道的建设，是仓内组织建设的重要组成部分，是组织优化和员工激励的重要手段。因此，晋升通道必须是清晰明确、公正透明的，这样才能取得员工的信任，晋升机制才有作用。工酬相符也是一个重要的关键点，因为收入是员工工作的第一原动力。

结 语

仓储管理是一线管理工作,作为仓储管理者的仓储经理,要保证运营工作的顺利进行,同时需要不断地推动仓储能力的提升、组织的优化,以达到降本增效、提高质量的目的。所以,仓储经理要对仓内的各项实际运营工作进行规划和管理,但是又不能仅仅专注于运营工作,还要从运营之外的组织建设、上下协同及制度建设等角度规范仓内的管理工作。

本书从七个大的方向、四十个小的角度详细介绍了作为一名仓储经理从新仓建设开始要做哪些工作,希望能够更全面地展示仓储经理应该做什么、应该关注什么、怎样在仓内实实在在地开展工作。

老史和佟伟都是虚构的,但是希望书里的内容能够帮到一些正在学习仓储管理知识的朋友和正在从事仓储管理工作的朋友。